中央对手清算译丛

Regulating Financial Derivatives

Clearing and Central Counterparties

金融衍生品监管：清算与中央对手方

[瑞士]亚历山德拉·G. 巴耳末（Alexandra G. Balmer）◎著
银行间市场清算所股份有限公司◎译

中国金融出版社

责任编辑：黄海清
责任校对：刘　明
责任印制：丁淮宾

图书在版编目（CIP）数据

金融衍生品监管：清算与中央对手方/（瑞士）亚历山德拉·G. 巴耳末著；银行间市场清算所股份有限公司译．—北京：中国金融出版社，2024. 11
（上海清算所·中央对手清算译丛）
ISBN 978－7－5220－2350－2

Ⅰ．①金…　Ⅱ．①亚…　②银…　Ⅲ．①金融衍生产品—金融衍生市场—监管制度—研究—中国　Ⅳ．①D922. 280. 4

中国国家版本馆 CIP 数据核字（2024）第 050741 号

金融衍生品监管：清算与中央对手方
JINRONG YANSHENGPIN JIANGUAN：QINGSUAN YU ZHONGYANG DUISHOUFANG
出版
发行　中国金融出版社
社址　北京市丰台区益泽路 2 号
市场开发部　（010）66024766，63805472，63439533（传真）
网 上 书 店　www. cfph. cn
（010）66024766，63372837（传真）
读者服务部　（010）66070833，62568380
邮编　100071
经销　新华书店
印刷　保利达印务有限公司
尺寸　169 毫米×239 毫米
印张　13
字数　219 千
版次　2024 年 11 月第 1 版
印次　2024 年 11 月第 1 次印刷
定价　60. 00 元
ISBN 978－7－5220－2350－2
如出现印装错误本社负责调换　联系电话（010）63263947

译　序

《金融衍生品监管：清算与中央对手方》整体介绍了2008年国际金融危机以来，为稳定金融市场，国际社会对场外衍生品市场推行的监管改革，分析了监管举措的异同、影响、效果等，并提出了完善监管、加强监管协调等建议。本书深入阐述了场外衍生品市场的系统性风险构成、中央对手清算机制及相关风险管理机制，同时本书认为，尽管金融衍生品监管改革已达到一定的预期目标，但影响金融稳定的潜在风险并未完全消除，仍需关注系统性风险的新形式、新问题和新挑战。

防控风险是金融工作的永恒主题，防范化解系统性风险更是防控风险的重中之重。党的二十届三中全会审议通过的《中共中央关于进一步全面深化改革　推进中国式现代化的决定》强调，“建设安全高效的金融基础设施，统一金融市场登记托管、结算清算规则制度，建立风险早期纠正硬约束制度，筑牢有效防控系统性风险的金融稳定保障体系”。金融基础设施在金融市场运行中居于枢纽地位，是金融市场稳健高效运行的基础性保障，是宏观审慎管理和强化风险防控的重要抓手。

上海清算所作为中国人民银行管理的我国重要金融基础设施，立足我国金融实际，根据《金融市场基础设施原则》（PFMI）等国际标准，建设了国际高标准高水平的风险管理体系，建立健全中央对手清算业务、风控和制度体系，形成了有效的风险管理机制、有序的风险准备资源、精准的风险计量方法，协同市场共建风险缓释网络，成功应对疫情突发、包商银行处置等重大突发事件的考验，守牢不发生系统性金融风险的底线。

当前和今后一个时期是以中国式现代化全面推进强国建设、民族复兴伟业的关键时期。近年来，上海清算所通过“中央对手清算译丛”，持续介绍境外中央对手清算领域的研究成果和发展动态，希望可以为我国金融市场建设者、参与者和有识之士提供有用的学习参考资料，为加快建设金融强国贡献力量。

上海清算所

2024 年 11 月

目　录

前　言

2017 年 8 月是全球次贷危机爆发的 10 周年，这场危机始于 2007 年 8 月 10 日。当时，法国巴黎银行（BNP Paribas）公布了巨额亏损，并关闭了旗下三只最大的结构性投资基金。在此之后，瑞银集团（UBS AG）和花旗集团（Citigroup）等其他银行也公布了类似的亏损，规模堪称史无前例，这造成了金融机构间拆借的冻结。这场危机在 2007 年末和 2008 年进一步加剧，各国政府直接或间接地用纳税人缴纳的税款扶持了各金融机构，其形式包括信贷、流动性担保、直接投资，某些个别情况下，政府对金融机构实施了国有化。很显然，各大金融机构，尤以欧洲和美国为甚，对其信贷、市场和流动性风险管理极其不善，引发了灾难性后果。随着危机不断发展，显而易见的是，监管机构并没有真正理解证券化和双边（“场外”）衍生品市场所带来的系统性风险。金融机构通过场外衍生品市场形成了复杂的金融合约网络，对高达数万亿美元的负债和资产进行投机和对冲。2008 年 9 月，雷曼兄弟（Lehman Brothers）投资银行破产，这一事件表明，银行和金融机构并没有深刻理解交易产生的风险，监管机构也是如此。而监管机构的职责本应是保护社会免受此类风险的系统性影响。

亚历山德拉·巴耳末（Alexandra Balmer）博士在其重要著作《金融衍生品监管：清算与中央对手方》中，深入分析了 2007—2008 年国际金融危机后，为应对场外衍生品市场的系统性风险，国际金融监管改革的基本原理和举措。实际上，金融市场的衍生品在监管改革讨论中备受关注。本书严谨地分析了危机后的监管改革，这类改革要求大多数场外衍生品进行合约标准化，并由第三方清算机构或中央对手方集中清算。本书从理论和政策的角度对上述监管改革进行了分析，并阐明这些改革会将风险转移到中央对手方，但没有提供充分的监管和市场规则作为有效管理风险保障。本书重点讨论了监管改革中的这个重要领域，作者对此进行了充分的研究和清晰的阐述。本书采用国际比较的视角，解释了金融监管中这一复杂的难题。作者广泛研究了一次和二次政府文献，其中包括欧盟和美国的法律和监管材料、行业协会报告、学术研究成果，进而分析了衍生品市场（特别是场外衍生品市场）监管的演变历程。通过对危机后国际监管发展的分析，本书为读者提供了丰富的信息，帮助其了解场外衍生品集中清算新型监管框架的主要不足之处，以及中央对手方和衍生品清算所的运作方式。

政策制定者已经了解，如果未能吸取监管改革的教训，那么金融危机就“白白浪费”了。这些教训有助于人们防患于未然，避免或缓解未来的危机。本书可以帮助我们进一步理解场外衍生品市场的系统性风险如何在 2008 年彻底颠覆了金融体系。同时，本书也揭示了危机后的一些监管改革可能给金融市场稳定带来的潜在新风险，并为场外衍生品市场提出了一些有意义的监管改革建议。我相信，本书将有助于丰富相关文献，并为学术界和实务领域提供重要参考。

Kern Alexander 教授
银行与金融市场监管主席
苏黎世大学

致　谢

金融监管从未像今天这样错综复杂、包罗万象。人们认为衍生品是国际金融危机的元凶和催化剂，并因此对其加以严格监管，但却并未减少对衍生品的使用。

监管改革的核心目标，在于确保金融市场的安全和稳定，并保证未来不再出现政府出资救市的局面。然而，金融稳定面对的风险没有消除，而是转移到了中央对手方。由于每个中央对手方都被视为“大而不能倒”的实体，其受到干预的可能性也明显增加。那么，读者现在一定在问：“至少，我们让金融市场变得更安全了，不是吗?”这将是本书重点论述的核心问题。作为作者，我的愿望是为读者提供全部信息，帮助他/她找到自己的答案。至于我本人，已经有了自己的答案。

本书的完成，离不开许多人的支持。我要特别感谢 Kern Alexander 教授、Aline Darbelay 教授、Seraina Grunewald 教授、Francesco De Pascalis 博士和法律硕士 Samir Ainouz。我也衷心感谢 Edward Elgar 在整个出版过程中对我的支持。最后，我衷心感谢我的父母，是他们一如既往地鼓励我追逐梦想，并支持我实现抱负。我谨将本书献给他们。

所有错误由作者本人承担。

Alexandra G. Balmer

2017 年 10 月 17 日，写于苏黎世

缩略语

AAA	标普最高信用评级
AIG	美国国际集团
AIGFP	美国国际集团金融产品部门
Basel Ⅱ	巴塞尔协议Ⅱ
Basel Ⅲ	巴塞尔协议Ⅲ
BCBS	巴塞尔银行监管委员会
BIS	国际清算银行
BOTCC	芝加哥期货交易所结算公司
BRRD	银行恢复与处置指令
CBOT	芝加哥期货交易所
CCP	中央对手方
CCPRRR	中央对手方恢复与处置条例
CDO	担保债务凭证
CDS	信用违约互换
CEA	商品交易法
CFMA	商品期货现代化法案
CFTC	美国商品期货交易委员会
CIGI	国际治理创新中心
CME	芝加哥商品交易所
CPMI	支付与市场基础设施委员会
CPSS	支付与结算体系委员会
CRD	资本要求指令
CRR	资本要求条例

CSD	中央证券存管机构
DCO	衍生品清算组织
Dodd - Frank	多德—弗兰克华尔街改革与消费者保护法案
EBA	欧洲银行管理局
EC	欧洲共同体
ECB	欧洲中央银行
EIOPA	欧洲保险与职业养老金管理局
EMIR	欧洲市场基础设施监管条例
EMIR II	欧洲市场基础设施监管条例Ⅱ 欧洲委员会、欧洲议会和理事会关于修订（EU）第648/2012号条例的提案，涉及清算义务、暂停清算义务、报告要求、未经中央对手方清算的场外衍生品合约的风险缓释措施、交易报告库的注册和监管以及对交易报告库的要求。
ESMA	欧洲证券与市场管理局
ESRB	欧洲系统性风险委员会
EU	欧盟
EUR	欧元
FASB	财务会计准则委员会
FDIC	联邦存款保险公司
Fed	美联储
FINMA	瑞士金融市场监督管理局
FMI	金融市场基础设施
FN	脚注
FSAP	金融服务行动计划
FSB	金融稳定理事会
FSF	金融稳定论坛
FSOC	金融稳定监督委员会
FTT	金融交易税
FX	外汇
G7	七国集团
G10	十国集团

G20	二十国集团
G – SIFI	全球系统重要性金融机构
ICMA	国际资本市场协会
IMF	国际货币基金组织
IOSCO	国际证监会组织
ISDA	国际掉期与衍生工具协会
LCH	伦敦清算所
LOLR	最后贷款人
LTCM	长期资本管理公司
MAD	市场滥用指令
MAR	市场滥用条例
MBS	抵押贷款支持债券
MiFID I	金融工具市场指令Ⅰ
MiFID II	金融工具市场指令Ⅱ
MiFIR	金融工具市场监管条例
ODSG	场外衍生品监管者小组
OJ	欧盟官方公报
OLA	有序清算权
OTC	场外
OTF	有组织交易设施
PFMI	金融市场基础设施原则
Pub. L.	公法（美国）
REFIT	欧盟监管评定和绩效
SEC	美国证券交易委员会
SIDCO	系统重要性衍生品清算组织
SIFI	系统重要性金融机构
SIFMA	证券业与金融市场协会
SIX	瑞士交易所
SSS	证券结算系统
Stat	美国制定法大全
TARP	问题资产救助计划

TFEU	欧盟运作条约
TR	交易报告库
USC	美国法典
USD	美元
WTO	世界贸易组织（世贸组织）

1. 介绍

让今天的监管者用昨天的工具把我们从明天的危机中拯救出来，就相当于叫一只边牧犬利用牛顿万有引力定律来抓飞盘。[①]（Andrew G Haldane）

覆盖各个方面的当代金融监管，正在向着更加严格和过度管理的方向发展。监管机构的权力已不再局限于金融监管的某个特定领域或国家范围之内，已不仅监管特定的机构或仅服务国家利益。通过对市场准入和第三国加以监管，已不断将监管范围覆盖到之前不受监管的领域，目前监管权力已经超越了国界，而且上升到保护主义的层面。但是，为何必须这样做呢？每一项新法规的出现都源于金融危机或其他丑闻。大部分新出台的监管措施，都源于2008年的国际金融危机。尽管10年过去了，我们在世界范围内依然没有看到“金融危机的教训”被有效使用。人们将衍生品视为罪魁祸首，不断出台管理衍生品市场的监管措施，起草新的监管规定。这种举动是否是对纳税人的安抚之策，告诉他们：如果监管得当，他们将免受私募市场和银行的影响；他们的储蓄是安全的，可以进行无风险投资；他们的税款永远不会再用来救助濒临倒闭的金融机构或金融服务商？

作者无法一一论述金融危机以来重新编撰和推出的所有监管主题。因此，本书讨论的焦点将集中在一个话题：通过场外衍生品强制清算，对衍生品市场进行改革。本书分析了各国际组织的目标和监管新规持续实施情况，向读者深入阐述这些新的规定。本书将展示这些新规是否对衍生品市场产生了影响，如有，影响是什么。至于新规是否实现其目标，即不再使用税收来消除系统性风险的负面影响，最终答案将留给读者自己决定。

---

① Andrew G Haldane and Vasileios Madouros, “The Dog and the Frisbee” (Federal Reserve Bank of Kansas City's 366th Economic Policy Symposium “The Changing Policy Landscape”, Jackson Hole WY, 31 August 2012), 152.

对大多数人来说，衍生品是一种晦涩难懂的金融工具，他们既不理解也不想理解，因为经济学家和华尔街的银行家将其过分复杂化。因此，衍生品被视作2007—2009年金融危机的主要原因，那场危机让华尔街陷入困境，却同时也让少数人的腰包鼓了起来。报纸上的文章大肆宣传，根据迈克尔·刘易斯（Michael Lewis）书籍改编并由一线明星领衔主演而轰动一时的好莱坞电影《大空头》也在不断重申这一信息：衍生品不是好东西！然而，作为存在了几个世纪的事物，衍生品的背后是价值数万亿美元的行业，难道只有百害而无一利吗？

简而言之，衍生品是一种博弈。衍生品是双方达成的协议，规定一方将根据未来事件的结果向另一方支付一定数额的金额。常识告诉我们，博弈永远只有一方成为赢家。由于其社会和经济影响，衍生品在过去30年里饱受争议。

2002年，沃伦·巴菲特（Warren Buffett）将衍生品称为“大规模杀伤性金融武器”①，事实证明，他的观点是正确的。衍生品可以在市场上转移风险，其目的是降低系统性风险。考虑到市场因素，价格可能会上涨或下跌，这取决于个人无法控制的外界因素，如干旱或洪水导致的粮食短缺。为了防止价格突然上涨，衍生品可以用来锁定未来价格，从而保护买方不受价格上涨的影响。在这里，衍生品合约则再次变为博弈，通过采取保险的形式，降低买家的风险。博弈不仅仅是防范风险，有时与之相反，通过预测未来价格进行投机获利。衍生品的投机成分使其对金融稳定和社会福利构成潜在影响，因为投机并不能保护厌恶风险的市场参与者免受未来风险的影响，相反，它们会创造本来不会暴露在其中的风险。②

当衍生品被用来对冲现有风险，它们就会通过降低风险来促进社会福利。当衍生品被用来投机时，它们就会给个人和金融体系带来以前不存在的风险，从而降低社会福利和金融稳定性。博弈结束时，交换财富，其中一方因判断失误而赔钱。金融风险取决于财富交换规模。考虑到2008年全球衍生品市场规模达到670万亿美元，其对经济整体的潜在风险就显而易见了。③ 金融机构④和政

① Berkshire Hathaway，“2002 Annual Report Berkshire Hathaway Inc.”（2003），15.

② Lynn A Stout，“Legal Origin of the 2008 Financial Crisis”（2011）1 Harvard Business Law Review 1，9-10.

③ Lynn A Stout，“Legal Origin of the 2008 Financial Crisis”（2011）1 Harvard Business Law Review 1，24.

④ 例如对冲基金、退休金、共同基金、投资银行以及商业银行和保险公司自营的交易部门。见Lynn A Stout，“Legal Origin of the 2008 Financial Crisis”（2011）1 Harvard Business Law Review 1，25。

府在全球范围内发行和使用衍生品，对冲借入资产的风险，使衍生品具有了系统相关性，因为市场中任何参与者行为的干扰都可能造成市场不稳定，进而破坏金融稳定性。①

随着监管机构和国际标准制定者试图驾驭和驯服衍生品，过去 8 年围绕这一金融工具的监管开展了重大公共政策辩论。然而，这些监管并不新鲜，本研究将表明，1993 年衍生品曾在美国受过监管。早期的监管已经禁止了纯粹的投机性衍生品交易，特别是双边的场外交易（或称场外衍生品）。那么，为什么重新监管某个市场领域如此重要，还引发争议呢？原因是对某些衍生品合约进行了“强制清算”。强制清算需要一个私人组织，即中央对手方（CCP），承担公共政策目标，并为其清算的每一份衍生品合约提供担保。考虑到 2008 年全球场外衍生品市场的名义价值为 670 万亿美元，核心问题变成了哪个私人机构或政府可以为这样的风险头寸提供担保？

这个问题激发了这本书的写作动力。本研究将涵盖以下主题：首先，作者将确定衍生品是什么，以及它们是做什么用的。其次，从当前这个时期的角度分析集中清算，考虑如果中央对手方需要为衍生品合约提供担保，它们被赋予了哪些工具和能力来管理其风险敞口及处理违约。在明确衍生品和清算的重要性之后，本研究接着向衍生品和清算的法律规制延展。从衍生品最初是如何受监管的历史开始，追溯对它们的监管放松及影响。最后，总结了国际准则制定者在危机后的应对措施。基于对全球范围内的激励措施和阻力理解，对欧盟和美国为应对危机而提出的法规进行了比较分析。

这一雄心勃勃的监管工作最初以极大的热情开始，现在演变为了一场不成功的开幕。尽管美国在 2010 年创建了一个广泛的衍生品监管框架，但欧盟尚需立法，以履行二十国集团（G20）的一半承诺并推进衍生品改革。此外，美国和欧盟作为两个最具影响力的衍生品市场，都表明了自己无法就对方的监管达成共识，从而导致市场支离破碎并引发一场出于政治动机的圈地战争。

目前推行的改革是基于中央对手方可以消除系统性风险的理解，但核心监管分析显示，由于强制清算，中央对手方变得太重要而不能倒。因此，对管理中央对手方衍生品风险敞口的新建议是：创建一只全球中央对手方纾困基金。

① Garry J Schinasi, “Defining Financial Stability” (October 2004) IMF Working Paper 04, 6; Lynn A Stout, Legal Origin of the 2008 Financial Crisis' (2011) 1 Harvard Business Law Review 1, 25.

这样的全球中央对手方纾困基金，叠加中央对手方的严格风险管理措施，可以减少政府的参与（特别是使用纳税人的资金），这是最初引入强制清算的核心原因之一。这种新颖的方法为今天的监管者提供了应对明天危机的新工具，而不是目前的方法，即对已经成为超级系统重要性的中央对手方睁一只眼闭一只眼，简单祈祷它们可以使用昨天失效的方法来成功管理明天的风险。

在2007—2009年金融危机爆发前的几年里，由于交易对手为了利润而让风险过度放大，监管改革势在必行。衍生品的复杂性和不同司法管辖区市场的关联性使改革过程尤为复杂，这就解释了为什么新制度在跨司法管辖领域被分阶段推进。这一正在进行的立法和实施过程使本书非常具有时代性，并让作者对正在进行的争论作出贡献。令人惊讶的是，应如何监管中央对手方以实现金融稳定政策目标的话题鲜有人涉足。

1.1 金融稳定

金融稳定的定义是“金融体系——中介机构、市场和市场基础设施——能够经受住冲击，而不会对金融中介和金融服务的供给造成重大干扰”。[①] 如果金融稳定被冲击打乱，那么金融基础设施和金融体系也可能被打乱。私营部门滥用衍生品导致金融基础设施发生动荡，并在2007—2009年的国际金融危机中达到顶峰，侵蚀了11万亿美元[②]的家庭财富。美国纳税人被要求以1 800亿美元救助美国国际集团（AIG），此外还有“问题资产救助项目”（TARP）所需的7 000亿美元，以及向银行和对冲基金提供超过3.3万亿美元的其他短期信贷，以防止金融体系因金融机构拒绝相互融资而崩溃。[③] 为了防止这种情况再次发生，美国还起草了监管改革方案。然而，尽管如此，最根本的问题是，能否通过改革将衍生品的影响从“大规模杀伤性武器”的级别降至五彩装饰纸的水平，

① 见欧洲央行：“Financial Stability and Macro - prudential Policy”（3 September 2017）<https://www.ecb.europa.eu/ecb/tasks/stability/html/index.en.html> accessed 3 September 2017。

② The Financial Crisis Inquiry Commission, “The Financial Crisis Inquiry Report”（January 2011）, xv.

③ Lynn A Stout, “Legal Origin of the 2008 Financial Crisis”（2011）1 Harvard Business Law Review 1, 2 - 3 and 28 - 9.

还能几乎不对金融稳定构成风险。[①]

由于衍生品处于金融、经济、数学、计算机科学和法律之间的交界地带，解决这个问题非常复杂。本书的讨论仅限于法律层面的分析，也会涉及部分金融和经济学知识，帮助读者更好地理解这一话题。一般而言，多数作者侧重于衍生品监管或清算的某一具体问题。因此，在整体性研究方面，本领域的文献存在空白。这正是本书有别于以往研究成果的特点。本书旨在引领读者踏上一段探索之旅，以衍生品为什么与金融稳定紧密相关作为起点，落脚于通过衍生品加强金融稳定（而非对其构成新风险）的措施。

1.2 系统性风险与宏观审慎政策

系统性风险和宏观审慎在金融市场监管中都缺乏统一的定义。[②] 金融系统依赖金融市场稳定和健康的运作。因此，遏制可能导致金融系统全盘崩溃的风险非常必要。最近的金融危机反映了缺乏整体金融监管和监督措施的影响，表明必要将对银行的个体监管与对金融体系的更广泛监督联系起来。[③] 狭义地对个体机构的考量被称为微观审慎监管，而对金融体系更广泛、更全面的监管则是宏观审慎监管。[④]

首先，一家或多家机构出现不稳定，可能会蔓延并影响其他机构，最终引发系统性风险，进而影响整个金融体系。银行间拆借、衍生品和支付结算系统之间相互关联，金融体系因为系统性关联而尤为危险。金融机构之间较快的交易速度，增加了监管不力交易对手的信用风险和流动性短缺风险进一步扩散的可能性。大型银行的突然违约或流动性短缺可能会立即影响所有与之交易的其

① John Dizard, "The next Financial Crisis: I Told You so, and It Wasn't My Fault", Financial Times (London, 1 May 2015) <http://www.ft.com/intl/cms/s/0/b40fb70e-effa-11e4-bb88-00144feab7de.html#axzz3zfz1zo5c> accessed 3 September 2017. Dizard claims that CCPs will be the next AIG.

② 见 Eilís Ferran and Kern Alexander, "Can Soft Law Bodies Be Effective? Soft Systemic Risk Oversight Bodies and the Special Case of the European Systemic Risk Board" (June 2011) 36, 26-7。

③ 见 Eilís Ferran and Kern Alexander, "Can Soft Law Bodies Be Effective? Soft Systemic Risk Oversight Bodies and the Special Case of the European Systemic Risk Board" (June 2011) 3。

④ 同③。

他机构。[①] 其次，还有一个风险因素是利用债务而不是股权来实现利润。这种操作被称为杠杆化。在景气时期，这样做可以用很小的成本获得高额利润，但在金融低迷时期会增加风险敞口，最近的金融危机就证明了这一点。[②] 最后，金融机构倾向于用短期债务为长期非流动性头寸融资。在金融低迷时期这种期限错配可能极其不利，如果短期债务被突然要求偿付，例如储户提取存款，会造成实质性的流动性枯竭，并有可能迫使金融机构破产。[③]

流动性的丧失、破产和政府干预导致其他金融市场参与者对各个公司都失去信心。由此可见，金融市场的关联性会加剧危机的蔓延。这种影响整个金融体系的突发性市场变化就称为系统性风险。十国集团（G10）对系统性风险的定义如下：

系统性金融风险是指，一个事件将引发金融体系相当大部分的经济价值损失或致使市场信心崩塌，并伴随不确定性增加的风险，其严重程度很可能对实体经济产生重大不利影响。系统性风险事件可能是突然发生、意想不到的，或者在缺乏适当政策反应的情况下，发生的可能性随着时间的推移而增加。人们普遍认为，系统性问题对实体经济的不利影响通常是由支付系统中断、信贷流动和资产价值破坏所导致。这一定义基于两个相关的假设。首先，因为金融体系受到严重干扰会产生负外部性，经济冲击可能会演化为系统性冲击。如果没有溢出效应或负外部性，公共政策就没有用武之地了。其次，在缺乏适当政策反应的情况下，系统性金融事件极有可能引发不良的实体经济影响，例如产出和就业的大幅减少。根据此定义，对实体经济活动不会造成重大干扰的金融中断不算是系统性风险事件。[④]

要抵消并预防系统性风险的负外部性，宏观审慎政策尤为重要。在宏观审慎政策中，政策制定者将金融体系作为一个整体进行考量，通过政策实现在风

---

① James Bullard, Christopher J Neely and David C Wheelock, “Systemic Risk and the Financial Crisis: A Primer” (2009) 91 Federal Reserve of St Louis Review 403, 408 – 9; Lynn A Stout, “Legal Origin of the 2008 Financial Crisis” (2011) 1 Harvard Business Law Review 1, 2 – 3.

② James Bullard, Christopher J Neely and David C Wheelock, “Systemic Risk and the Financial Crisis: A Primer” (2009) 91 Federal Reserve of St Louis Review 403, 409.

③ 在 2008 年 3 月，贝尔斯登出现了该事件，在 2008 年 9 月，同样的情况在美林集团再次上演。见 ames Bullard, Christopher J Neely and David C Wheelock, “Systemic Risk and the Financial Crisis: A Primer” (2009) 91 Federal Reserve of St Louis Review 403, 409; Lynn A Stout, “Legal Origin of the 2008 Financial Crisis” (2011) 1 Harvard Business Law Review 1, 26。

④ G10, “Consolidation in the Financial Sector” (January 2001), 126.

险造成损害前有效预防风险积累，在风险蔓延到其他机构形成系统性风险前及时缓解。①

在2007—2009年金融危机后，监管部门和公众开展讨论，论证焦点从微观审慎逐渐转向宏观审慎。微观审慎方法认为，通过在公司层面实施监管来消除风险，能降低整体市场风险敞口，而宏观审慎监管则在金融体系的更大图景下，整体降低市场风险敞口。② 应用这样一种宏观审慎的规则将直接影响对个体机构的监管力度，因为规则影响是严格还是宽松，具体取决于该机构的系统相关性有多大。③ 宏观审慎监管的目标是在经济繁荣期过后先发制人地控制风险和潜在的下行，采取逆周期的行动。④ 因此，降低系统性风险的监管举措，应该主要通过消除溢出效应来使市场呈现逆周期性。⑤ 系统性风险本身通常是由金融自由化或过度创新导致的资产泡沫，以及未能正确评估参与者对宏观经济稳定的影响程度而造成的。⑥ 最终，微观审慎规则需要与宏观审慎治理体系相结合，确保在个体机构层面落实风险管理实践，并协调全球治理规则。⑦ 这种微观审慎和宏观审慎规则的结合，可以在场外衍生品和集中清算的新监管规则中找到。在微观审慎方面，监管包括针对单一中央对手方（CCP）的规则；在宏观审慎方面，

① European Central Bank, "Macro - prudential Policy Strategy" (3 September 2017) < https://www.ecb.europa.eu/ecb/tasks/stability/strategy/html/index.en.html >2017年9月3日查阅。

② Kern Alexander and Steven L Schwarcz, "The Macro - prudential Quandary: Unsystematic Efforts to Reform Financial Regulation" in Ross P Buckley, Emilios Avgouleas and Douglas Arner (eds), Reconceptualising Global Finance and its Regulation (Cambridge University Press 2016), 127.

③ Kern Alexander and Steven L Schwarcz, "The Macro - prudential Quandary: Unsystematic Efforts to Reform Financial Regulation" in Ross P Buckley, Emilios Avgouleas and Douglas Arner (eds), Reconceptualising Global Finance and its Regulation (Cambridge University Press 2016), 128; Markus Brunnermeier and others, "The Fundamental Principles of Financial Regulation" (June 2009) 11, xviii.

④ Kern Alexander and Steven L Schwarcz, "The Macro - prudential Quandary: Unsystematic Efforts to Reform Financial Regulation" in Ross P Buckley, Emilios Avgouleas and Douglas Arner (eds), Reconceptualising Global Finance and its Regulation (Cambridge University Press 2016), 11, xviii - xix.

⑤ Kern Alexander and Steven L Schwarcz, "The Macro - prudential Quandary: Unsystematic Efforts to Reform Financial Regulation" in Ross P Buckley, Emilios Avgouleas and Douglas Arner (eds), Reconceptualising Global Finance and its Regulation (Cambridge University Press 2016), 31 - 32.

⑥ Kern Alexander and Steven L Schwarcz, "The Macro - prudential Quandary: Unsystematic Efforts to Reform Financial Regulation" in Ross P Buckley, Emilios Avgouleas and Douglas Arner (eds), Reconceptualising Global Finance and its Regulation (Cambridge University Press 2016), 3 - 4.

⑦ Kern Alexander and Steven L Schwarcz, "The Macro - prudential Quandary: Unsystematic Efforts to Reform Financial Regulation" in Ross P Buckley, Emilios Avgouleas and Douglas Arner (eds), Reconceptualising Global Finance and its Regulation (Cambridge University Press 2016), 129.

讨论了中央对手方准入、报告和清算方面的整体风险管理做法。

Tucker 的观点：

宏观审慎政策制定者的目标，是在明显产生稳定性威胁的繁荣时期，建立起金融体系的韧性。这可能会抑制繁荣本身，但至关重要的是，它将使金融体系更好地做好准备，能够经受住萧条的考验且不至于崩溃。因此，信贷周期的幅度将受到抑制，深度衰退的可能性或将降低。与货币政策一样，宏观审慎政策制定者的行动也是逆周期的。在这两方面的努力中，央行（或监管机构）将根据法定职责采取符合更广泛公共利益、符合系统整体利益的行动。①

金融危机后场外衍生品市场被认为是系统性风险的主要来源。② 因此，驯服场外衍生品和强制中央对手清算，成为防止未来发生金融危机的普遍解决方案之一。中央对手方被认为是降低风险的灵丹妙药，可以有效地防止衍生品市场风险在对手方之间蔓延。其目的是通过清算将风险管理制度化，从而改革衍生品市场，防止交易对手之间对风险的误判。这一新的思路，让市场对中央对手方的正常运作和可信度产生了很大的依赖。有人可能会争辩说，我们过度依赖中央对手方。监管旨在让衍生品用户通过中央对手方清算其合约，从而退出双边直接交易市场（场外交易市场），进入受监管的交易场所。由于在危机前的场外交易中中央对手清算并不普遍，因此，依赖中央对手方来保证风险计算和金融稳定的运作，是监管改革带来的新发展。鉴于依赖中央对手方及其根据监管规定计算和缓释风险能力的情况，中央对手方的目标及其为实现监管目标而使用的相关举措值得进一步深入分析。

1.3 结构

鉴于监管机构已经建立了中央对手方来管理场外衍生品，因此有必要问一问，这是否是权宜之计，或者这是否会导致另一场金融危机。这些从宏观审慎角度分析的问题，将会带领读者从导言到结论逐步了解。

宏观审慎的视角使本书以系统性风险管理为核心议题进行法律政策讨论。

---

① Paul Tucker, "Are Clearing Houses the New Central Banks?" (Over－the－counter Derivatives Symposium, Chicago, 11 April 2014), 7.

② Rena S Miller and Kathleen Ann Ruane, "Dodd－Frank Wall Street Reform and Consumer Protection Act: Title VII, Derivatives" (November 2012), Congressional Research Service R41298, ii.

关于当前监管改革对系统性风险的影响，将主要围绕场外衍生品展开。这些衍生品是过去40年的发展现象，传统上不受强制清算的约束，因此本书聚焦在通过中央对手方清算的场外衍生品上。

本书第2章解释了衍生品合约作为风险管理工具的基本性质。这一工具既可以通过对冲来防范现有风险，也可以通过投机带来新的风险。根据衍生品在类似环境中的使用频率，它们可能会或多或少变得标准化。标准化影响着衍生品的交易方式，标准化衍生品在交易所交易，定制合约在场外双边交易，本章介绍了四种核心类型的衍生品。最后，讨论了信用衍生品，特别是信用违约互换和美国国际集团（AIG）的金融危机。

第3章描述和定义了清算，尤其是在后危机金融体系中清算的重要性。传统上，只要求交易所交易的衍生品进行清算，但监管改革也强制场外衍生品进行清算。清算的影响体现在2008年雷曼兄弟特别金融公司（Lehman Brothers Special Financing Inc.）的违约案例，以及伦敦清算所作为中央对手方成功减少了其成员之间9万亿美元风险敞口的能力。雷曼兄弟的案例表明了扎实的风险管理实践对中央对手方的重要性。伦敦清算所设法控制住了未平仓头寸的风险，这与系统性风险管理紧密相关。本章还概述了清算和中央对手方的发展历史。

第4章首先考察了欧盟和美国在危机前对场外衍生品的监管。虽然场外衍生品的金融创新无疑增加了衍生品的风险，但有证据表明，其实是场外衍生品市场的彻底放松监管，特别是2000年的《商品期货现代化法案》使场外市场的交易量达到670万亿美元。危机之后，国际标准制定机构开始推动建立一个协调一致的全球框架，以改革金融体系、推进宏观审慎政策目标并降低系统性风险。本章将介绍这些标准。全球改革活动使中央对手方对金融稳定具有了系统重要性。中央对手方一旦违约，相互联系的各金融机构都会受到影响，而且这种系统相关性导致这些机构“大而不能倒”。

在第5章，我会对欧盟和美国实施的衍生品改革进行比较分析。在分析过程中，本章始终将关注目标放在协调全球各国的相关改革上，并比较各司法管辖区在实施改革方面的异同，及其对抵押品需求和金融稳定性的影响。鉴于中央对手方是系统重要性机构，而且具有太广泛联通而不能倒的特点，监管机构竟没有考虑到中央对手方潜在违约的可能性，这个疏忽使通过强制清算的策略来预防未来紧急救助（正如美国政府对AIG的援助）的动机变得不可靠。这也引发一个问题：改革是否增加了系统性风险，而没有缓释风险？

监管者已经认识到改革远远没有完成，他们也发现了有待改进的领域。在第6章，基于对中央对手方恢复和处置机制的提案草案，以及重新起草旨在弥补差距、减轻交易对手监管负担的《欧洲市场基础设施监管条例》方案，我们将着眼于欧盟的改革，并讨论交易报告中的信息错配现象。本章还讨论特朗普总统对于美国金融市场监管行政命令的影响，以及欧盟对英国即将脱离欧盟的反应。

第7章将会分析改革对金融稳定性的影响。场外衍生品的双边交易使交易对手方面临对手方违约风险。净额结算、合约替代，一方面可以降低金融市场交易对手方的信用风险敞口，另一方面也给为每份合约提供担保的中央对手方带来了新的风险。为抵消这些风险，中央对手方会收取抵押品，并建立违约基金。然而，事实表明，中央对手方在场外衍生品风险定价方面面临难题：此前交易的可靠数据有所缺失，而作为交易对手方的大型银行却拥有优秀的模型、评估对交易对手风险敞口的经验。在监管机构要求对信用违约互换等新产品强制清算的背景下，这种情况尤甚。中央对手方集中了风险，它们也因此具有系统相关性，导致它们容易出现逆向选择和道德风险，最终导致“大而不能倒”的局面。然而，监管却无法解决这一困境。本章在最后为这一讨论提供了原创见解，作者建议成立中央对手清算保险基金。设立这一基金的目的在于向资不抵债、在系统中至关重要的中央对手方提供流动性，同时加强中央对手方自身的风险管理，降低道德风险，并确保从清算中获利的各方提供成本支持。

第8章对危机和监管改革中吸取的教训加以总结。本章重申了研究的核心成果，并提出完善建议以确保实现监管改革的目标，为改善金融市场稳定性的讨论作出贡献。

2. 衍生品

2.1 定义

衍生品是一种金融工具，公司通过衍生品能够实现的效率和复杂水平是二三十年前想象不到的。[①] 国际清算银行关于全球场外衍生品市场的最新统计数据显示，截至2015年底，未偿付的衍生品名义总额[②]总计493万亿美元。[③] 这一市场规模令人难以置信，这既表明衍生品对全球金融体系稳定的重要性，也表明它对全球金融体系稳定性的潜在不利影响。为了理解衍生品的威力，本章将向读者介绍衍生品的概念，解释衍生品的类型、使用场景及使用程度，以及这些金融产品在维护金融稳定中扮演的角色。

本质上，衍生品是一种重新分配风险的合约。[④] 然而，由于衍生品在内容和应用上差异很大，几乎可以用于任何场景，因此很难下定义。尽管如此，各类

---

① Norman M Feder, "Deconstructing Over – The – Counter Derivatives" (2002) 2002 Columbia Business Law Review 677, 678.

② 名义价值是指衍生品合约所基于的标的金融资产的价值。由于无法预先确定合约到期时的价值，名义价值并不是计算衍生品市场规模最完美的方法，不过，这一概念可以让人们对衍生品交易的总市场规模和风险敞口有一个大致印象。见 Lynn A Stout, "Legal Origin of the 2008 Financial Crisis" (2011) 1 Harvard Business Law Review 1, 22 –3. 不过，衍生品的总风险敞口，即所有合约同时平仓和结算的总价值，仅占名义价值的一小部分，即不到10%。见 J Jan D Luettringhaus, "Regulating Over – the – Counter Derivatives in the European Union – Transatlantic (Dis) Harmony After EMIR and Dodd – Frank: The Impact on (Re) Insurance Companies and Occupational Pension Funds" (2012) 18 The Columbia Journal of European Law 19, 20。

③ BIS, "Global OTC Derivatives Market" (3 September 2017) <http://stats. bis. org/statx/srs/table/d5. 1>1 2017年9月3日查阅。

④ Norman M Feder, "Deconstructing Over – The – Counter Derivatives" (2002) 2002 Columbia Business Law Review 677, 682; The Financial Crisis Inquiry Commission, "The Financial Crisis Inquiry Report" (January 2011), 45 –6.

衍生品还是有一定结构上的共性。国际掉期与衍生工具协会（ISDA）为衍生品提供了如下简单定义：

衍生品是一种风险转移协议，其价值来源于标的资产价值。①

这一定义囊括了衍生品合约的所有必要结构：两个交易对手方、一个或多个标的资产以及合约到期日。首先，这涉及一个会影响财务的外部因素②——风险，市场参与者不愿将其纳入内部考量。因此，市场参与者必须找到愿意与之签订合约的另一方，以免受外部因素（称为“标的”）造成的潜在损失。③ 其次，衍生品合约缺乏内在价值，它们的价值来自④一项或多项标的资产。⑤ 最后，由于衍生品为标的的市场估值变化提供保护，因此需要为其设定履约到期日。⑥

尽管衍生品有时被称为证券，但衍生品与证券并不相同。衍生品的合约对手方对彼此持有求偿权，但证券持有人对这些证券拥有所有权，不仅对对手方，而且相对于其他任何一人而言，都拥有所有权。⑦

2.2 衍生品的功能

衍生品合约通过合约关系来处理孤立的风险，并将风险从一方转移到另一方。这些合约的设计是为了反映标的的价值及其变化，从而转移风险敞口，并将特定风险转移给愿意承担风险的一方。⑧ 因此，衍生品的目的不是消除风险，而是在市场上转移风险，并将其转至有意愿和有能力承担风险的交易对手方。

---

① ISDA，“Product Description and Frequently Asked Questions”（3 September 2017）< http：//www. isda. org/educat/faqs. html#1 >2017 年 9 月 3 日查阅。

② Norman M Feder，“Deconstructing Over－The－Counter Derivatives”（2002）2002 Columbia Business Law Review 677，681.

③ 同注②。

④ 从词源上看，拉丁语动词“derivare”，翻译成英语，意为“从中派生”；Dennis Kunschke and Kai Schaffelhuber，“Die OTC－Derivate Im Sinne Der EMIR Sowie Bestimmungen Der Relevanten Parteien－Eine Juristische Analyse”in Rüdiger Wilhelmi and others（eds），Handbuch EMIR（Erich Schmidt Verlag 2016），N 1。

⑤ Norman M Feder，“Deconstructing Over－The－Counter Derivatives”（2002）2002 Columbia Business Law Review 677，681－2.

⑥ Michael Durbin，All About Derivatives（2nd ed，McGraw－Hill Education 2010），1.

⑦ Chryssa Papathanassiou，“Central Counterparties and Derivatives”in Kern Alexander and Rahul Dhumale（eds），Research Handbook on International Financial Regulation（Edward Elgar 2012），219.

⑧ Norman M Feder，“Deconstructing Over－The－Counter Derivatives”（2002）2002 Columbia Business Law Review 677，682.

根据特定的愿望和需求对风险进行选择与转移，这种行为称为风险管理。①

风险在所有交易中永恒而普遍存在，因而产生了防范市场意外变化的需求。衍生品显然不是一种现代发明。事实上，衍生品合约的最早使用记录可以追溯到亚里士多德时代。② 现代风险起源于标的资产。任何可以定期定价或在交易所交易的产品，都可以被视为标的资产。最常见的标的资产是股票、大宗商品、利率和指数。③

2.2.1 衍生品的目的

由于衍生品允许风险在交易对手之间转移，市场参与者从事衍生品交易不仅是为了保护自己免受风险，也是为了投机，因此衍生品可以用于对冲、投机和套利。从历史角度看，农民希望在播种之前锁定价格，农业安全的需求驱动了第一波商业衍生品的使用，用于防止价格波动的不利影响。④ 投机者在市场上持有头寸，目的是利润最大化，然而套利者并不持有市场头寸，而是从不同市场的价差中获利。⑤

2.2.1.1 套期保值

对冲就是保护自己免受风险的不利影响，而金融中的风险指财富的变化。⑥ 对冲交易的目的是保护免受风险敞口的影响并获利，如果不这样做，就可能导致亏损。⑦ 衍生品合约具有重新分配风险的能力，这使其成为对冲抵消未来价格波

---

① Norman M Feder, “Deconstructing Over – The – Counter Derivatives” (2002) 2002 Columbia Business Law Review, 683.

② 据亚里士多德讲述，数学家 、哲学家泰利斯在米利都和基奥斯使用橄榄作为期权赚了一大笔钱，这成为最早记载的衍生品用例之 一。见 Internet Encyclopedia of Philosophy, “Thales of Miletus (c 620 BCE – c 546 BCE)” (3 September 2017) <http://www. iep. utm. edu/thales/#H14>2017 年 9 月 3 日查阅。

③ ISDA, “Product Description and Frequently Asked Questions” (3 September 2017) <http://www. isda. org/educat/faqs. html#1>2017 年 9 月 3 日查阅；Franca Contratto, Konzeptionelle Ansatze Zur Regulierung von Derivaten Im Schweizerischen Recht (Schulthess Juristische Medien 2006), 8; Norman M Feder, “Deconstructing Over – The – Counter Derivatives” (2002) 2002 Columbia Business Law Review 677, 681.

④ Chryssa Papathanassiou, “Central Counterparties and Derivatives” in Kern Alexander and Rahul Dhumale (eds), Research Handbook on International Financial Regulation (Edward Elgar 2012), 217.

⑤ CPSS, “A Glossary of Terms Used in Payments and Settlement Systems” (March 2003) <www. bis. org/cpmi/publ/d00b. pdf>2017 年 9 月 3 日查阅。

⑥ Lynn A Stout, “Legal Origin of the 2008 Financial Crisis” (2011) 1 Harvard Business Law Review 1, 7.

⑦ Norman M Feder, “Deconstructing Over – The – Counter Derivatives” (2002) 2002 Columbia Business Law Review 677, 717.

动的理想选择。[①] 套期保值只针对影响未来价格或商品、货币交割的外部因素变化。操作风险如产品失效的风险，是影响未来估值发展的一个内部因素，因此，这种风险不会在衍生品合约中再现。[②] 套期保值在促进宏观审慎稳定性方面发挥着重要作用，通过允许风险等同但方向相反的各方进行相互对冲，这些实体得以减少不确定性，最终降低总风险敞口，从而为经济更稳定的发展作出贡献。[③]

衍生品可以对冲两类风险：市场风险和信用风险。市场风险是指市场波动带来的风险，而信用风险是指交易对手在合约到期时因资不抵债而违约所产生的风险。[④] 每当交易对手方预计接收或者交付货物、资金时，他们都面临这两种风险，因为外部市场因素可能会降低货物或货币的价值或者其实际交换价值。

套期保值不仅被机构投资者及其他大型金融和非金融交易对手所运用，而且也成为投资组合较丰富的个人投资者的选择。这些个人投资者希望借此对冲其投资组合中的潜在风险。[⑤]

市场风险：为了防范未来市场波动的影响，人们通过购买衍生品来防范价格、利率或价值的变化。在这种情况下，由于衍生品合约是希望摆脱风险的一方与希望获得风险的一方之间的附带交易，因此原来的合约不会受到影响。[⑥] 由于价格早已预先确定，衍生品合约交易对手方商定的价值可能最终与到期日的市场价值大相径庭。在某些情况下，市场价值可能低于双边协议，导致收款方获得比在公开市场上更高的收益（价内）。另一种相反的情况是，公开市场上的价值更高，从而出现交易亏损（价外）。[⑦] 这是每一笔衍生品交易都会面临的固有风险。

信用风险：信用风险是每个合约固有的第二类独立风险，交易对手的信誉可能在合约过程中恶化，甚至到无法履行合约义务的程度。交易对手资不抵债的风

---

① 会计工具。

② Norman M Feder, "Deconstructing Over - The - Counter Derivatives" (2002) 2002 Columbia Business Law Review 677, 687 - 8.

③ Norman M Feder, "Deconstructing Over - The - Counter Derivatives" (2002) 2002 Columbia Business Law Review 677, 718.

④ Norman M Feder, "Deconstructing Over - The - Counter Derivatives" (2002) 2002 Columbia Business Law Review 677, 687 - 91.

⑤ Franca Contratto, Konzeptionelle Ansatze Zur Regulierung von Derivaten Im Schweizerischen Recht (Schulthess Juristische Medien 2006), 24.

⑥ Norman M Feder, "Deconstructing Over - The - Counter Derivatives" (2002) 2002 Columbia Business Law Review 677, 688.

⑦ Michael Durbin, All About Derivatives (2nd ed, McGraw - Hill Education 2010), 44 - 6.

险也可以通过衍生品合约来解决，然而这并不包括和信用无关的违约。[①] 信用风险针对特定的实体，即所谓的参考实体。参考实体的信用价值可与市场走势和风险敞口相关联，但为防范信用风险而量身定做的衍生品只有在参考实体发生信用事件时才会要求保护卖方履行其合约义务。[②]

因此，针对上述风险的衍生品允许信用风险转移，在这种情况下，保护买方向保护卖方支付费用，保护卖方承担交易对手信用恶化或违约的风险并补偿保护买方。[③] 由于相互关联性，市场风险和信用风险可能同时发生，一种风险可能影响另一种风险。[④] 尽管如此，二者是截然不同的独立风险，各自在各个衍生品合约中得以体现。[⑤]

套期保值的风险：尽管套期保值对金融市场和经济的整体稳定性有积极作用，但也存在一定的风险。此类风险可能包括：未能有效针对预期风险或未能按预期执行的不准确的合约、衍生品交易对手违约、对于标的资产未曾产生的风险缺乏事后合约安排，以及衍生品交易对手方之间的估值错误。[⑥] 人们还经常将衍生品合约作为标的，不仅增加交易对手的信用风险敞口，还增加了很可能永远不会派上用场的昂贵合约。[⑦]

2.2.1.2 投机行为

与使用衍生品对冲的人相反，投机者在没有或不考虑标的资产风险敞口的情况下买卖衍生品。[⑧] 投机者通过利用对未来价格变化的预期或市场上错误的信

---

① Norman M Feder, "Deconstructing Over – The – Counter Derivatives" (2002) 2002 Columbia Business Law Review 677, 689 – 90.

② Michael Durbin, All About Derivatives (2nd ed, McGraw – Hill Education 2010), 60.

③ 同上 61, Norman M Feder, "Deconstructing Over – The – Counter Derivatives" (2002) 2002 Columbia Business Law Review 677, 690。

④ Counterparty Risk Management Policy Group II, "Toward Greater Financial Stability: A Private Sector Perspective" (25 July 2005), 6 – 7.

⑤ Norman M Feder, "Deconstructing Over – The – Counter Derivatives" (2002) 2002 Columbia Business Law Review 677, 690.

⑥ Norman M Feder, "Deconstructing Over – The – Counter Derivatives" (2002) 2002 Columbia Business Law Review 677, 718.

⑦ Norman M Feder, "Deconstructing Over – The – Counter Derivatives" (2002) 2002 Columbia Business Law Review 677, 718.

⑧ Norman M Feder, "Deconstructing Over – The – Counter Derivatives" (2002) 2002 Columbia Business Law Review 677, 719.

用判断所产生的机会来寻求利润。这种预测未来市场变化的行为，以及从中牟利的心态，让投机者和赌徒们看起来并无二致。[①]

由于投机者往往愿意反常规之道持仓，并愿意承担比常人更大的风险，因此他们填补了衍生品交易对手方的重要空白。通过成为对冲交易对手方的角色，投机者为市场提供了流动性。在理想的世界里，这种流动性将为短期和长期套期保值者提供机会。[②] 最理想的情形是，套期保值者和投机者彼此签订合约，允许套期保值者减少风险敞口，而投机者增加风险敞口。随着投机者不断承担其他参与者试图从账面上转移出去的市场风险，这种最终用户的多样性构成可以实现衍生品在市场上重新分配风险的目的。[③]

鉴于套期保值者需要识别潜在的未来风险和标的资产敞口，以确定衍生品合约的经济敏感性，而投机者也会进行同样的计算，两者的最终目标都是从本来会亏损的局面中获得利润。[④] 这样一来，很难确定套期保值在哪里结束，投机从哪里开始。套期保值当然包含投机的因素，不然为什么要套期保值呢？如果事后证明套期保值交易没有任何作用，因为信用事件没有发生或市场情况不同，那么套期保值者输掉的"赌注"与投机者没有什么不同。[⑤] 因此，使用衍生品实现套期保值和投机是很难确定界限的。虽然单纯的套期保值可能有利于增进社会福利，纯粹的投机行为会危害社会福利，但是金融体系中常会产生不必要的风险头寸，投机赌注中总有一方会押注失败。[⑥]

衍生品不仅在一开始就是零成本，而且由于潜在收益远远超过赌注，这就

---

① Norman M Feder, "Deconstructing Over - The - Counter Derivatives" (2002) 2002 Columbia Business Law Review 677, 719.

② Norman M Feder, "Deconstructing Over - The - Counter Derivatives" (2002) 2002 Columbia Business Law Review 677, 719.

③ Norman M Feder, "Deconstructing Over - The - Counter Derivatives" (2002) 2002 Columbia Business Law Review 677, 719; 见 Franca Contratto, Konzeptionelle Ansatze Zur Regulierung von Derivaten Im Schweizerischen Recht (Schulthess Juristische Medien 2006), 25 fn 105, with additional references. 另一种观点见 Schweizerischen Recht (Schulthess Juristische Medien 2006), 25 fn 105, with additional references. For a different opinion see Lynn A Stout, "Legal Origin of the 2008 Financial Crisis" (2011) 1 Harvard Business Law Review 1, 30 - 31, 其中认为衍生品的投机交易并没有增加标的市场的流动性。

④ 见第二章 2.2.1.1. 节。

⑤ 见 Norman M Feder, "Deconstructing Over - The - Counter Derivatives" (2002) 2002 Columbia Business Law Review 677, 720, 参考了有关投机者和套期保值者之间的区别。

⑥ Lynn A Stout, "Legal Origin of the 2008 Financial Crisis" (2011) 1 Harvard Business Law Review 1, 10 - 11.

简化了其出于投机目的的使用。在投机者看来，通过使用衍生品杠杆交易，预期收益会成倍增加，相比而言押注所产生的风险就会降低。[①] 尽管对冲基金经常证明其使用衍生品的正当性，但此类对冲不应与典型套期保值混淆，因为该基金是利用衍生品在投机交易中对冲潜在损失。因此，从一开始就没有签订衍生品合约的内在要求，它们只是在"对冲赌注"。[②]

2.2.1.3 套利

衍生品市场上第三类参与者是套利者。简单地说，套利是在一个市场购买物品，同时在另一个市场出售，在这个过程中赚取价格差（即价差）。套利者在市场作出反应之前，利用价格错配、人为限制的机会或市场预期等市场内在变化，将其转化为自身的财务优势。[③] 要想实现套利，市场必须要有一定缺陷，而套利者则必须眼疾手快。要想通过套利盈利，快速利用市场缺陷（哪怕是最轻微的市场错配）是关键所在。[④] 交易设施（如交易所）公布的产品价格是透明的，交易产品可能会因错误的价格变动而沦为套利者的猎物，一旦出现价格错配，套利者就会对其加以利用。

总而言之，衍生品的三个目的在运作方式上有惊人的相似之处，但一个正常运作的衍生品市场（尤其是出于对冲目的），其重要性毋庸置疑。是否有能力对冲市场价格波动，决定了企业在市场动荡中继续生存还是不幸违约。投机者和套利者都可以贡献流动性，并防止市场出现错配而扰乱平稳运行。由此可见，衍生品发挥了维护金融稳定的核心功能，但也可能给市场带来了额外的风险。

2.2.2 衍生品交易

在分析衍生品在金融市场的用途时，我们提到衍生品可以在交易所交易。在接下来的部分，我们将确定衍生品可以在哪些不同的场所交易，以及为什么

---

① Lynn A Stout, "Legal Origin of the 2008 Financial Crisis" (2011) 1 Harvard Business Law Review 1, 7 - 10.

② Lynn A Stout, "Legal Origin of the 2008 Financial Crisis" (2011) 1 Harvard Business Law Review 1, 25.

③ Norman M Feder, "Deconstructing Over - The - Counter Derivatives" (2002) 2002 Columbia Business Law Review 677, 720; John C Hull, Options, Futures and Other Derivatives (6th ed, Pearson 2006), 10 - 16.

④ Norman M Feder, "Deconstructing Over - The - Counter Derivatives" (2002) 2002 Columbia Business Law Review 677, 721.

会存在这种差异。想要签订衍生品合约的各方可以在两个市场中进行选择：他们可以去交易所购买衍生品合约，或者通过双边途径寻找可以根据特定情况谈判并根据需求决定合约内容的交易对手方，后者被称为场外（OTC）衍生品。了解两个衍生品市场的不同之处，有助于更好地区分不同衍生品带来的风险。

2.2.2.1 交易所衍生品

交易所有着严格的监管法律，其目的是保护用户免受市场操纵影响。[①] 监管的范围不仅包括交易所交易的衍生品的标的范围，还包括合约结算日期、结算金额和到期日。[②] 虽然这限制了交易对手对其特定风险建模的灵活性，但却可以允许合约从起始日至到期日之间在交易所多次交易，交易对手可以更换。可更换交易对手的好处在于，各方能够在到期前出售合约，买方可以在需要实物交割标的之前出售合约，并在必要时限制其风险敞口。[③] 交易所交易的衍生品必须面向众多交易对手，因此需要流动性。此外，为了吸引此类需求，交易所衍生品必须高度标准化。[④] 这种标准化是通过交易所自身对其衍生品施加不可变更的条款和条件来实现的。这其中包括结算日期、结算金额和执行价格，对合约标的进行实物结算的要求，以及到期日。[⑤]

交易所有严格的政策要求各方提供充分的信息，以确定定价和交易准备情况，并提供对（电子）交易平台的访问权限。[⑥] 虽然交易所本身拥有庞大的用户群，因而可以吸引流动性强、交易频繁的产品，但场外交易市场可以提供更具定制化的工具。

---

① 有关美国交易所监管的普通法的历史演变 、1922 年谷物期货法案和 1936 年商品交易法，见 Lynn A Stout，"Legal Origin of the 2008 Financial Crisis"（2011）1 Harvard Business Law Review 1，11 –8。

② Norman M Feder，"Deconstructing Over – The – Counter Derivatives"（2002）2002 Columbia Business Law Review 677，721.

③ Norman M Feder，"Deconstructing Over – The – Counter Derivatives"（2002）2002 Columbia Business Law Review 677，732.

④ Randall S Kroszner，"Can the Financial Markets Privately Regulate Risk?"（1999）31 Journal of Mon – ey，Credit，and Banking 596，608.

⑤ Norman M Feder，"Deconstructing Over – The – Counter Derivatives"（2002）2002 Columbia Business Law Review 677，731 –2；Michael Durbin，All About Derivatives（2nd ed，McGraw – Hill Education 2010），24.

⑥ Stephan G Cecchetti，Jacob Gyntelberg and Marc Hollanders，"Central Counterparties for Over – the – Counter Derivatives"［2009］BIS Quarterly Review 45，49.

2.2.2.2 场外衍生品

与严格的交易所规则不同，场外衍生品对交易对手方没有任何要求：双边的性质使它们能够反映交易对手方的需求。场外交易中的对手方可以使用任何标的，也可以协商个性化的条款和条件，这样可以保证最大程度的灵活性。[①] 这种灵活性允许各方根据自身情况对风险敞口进行对冲，这是在交易所无法实现的。但这又限制了合约的流动性，并且使交易对手不可更换。[②] 鉴于场外衍生品能够对任何风险进行建模，希望管理特定风险的投资者会选择其用作投资工具。这也导致了到期日的差异，与交易所衍生品相比，场外衍生品通常期限更长。[③]

在1989年商品期货交易委员会发表“避风港”政策声明后，美国才允许在交易所以外进行衍生品交易。[④] 现代场外交易市场的起源可以追溯到20世纪80年代，当时银行和企业开始进行利率互换交易。[⑤] 在20世纪90年代，场外衍生品市场比交易所市场增长更快，到2008年，所有场外衍生品未平仓合约的名义价值达到592万亿美元。[⑥]

随着新的风险管理技术（包括信用评级机构的崛起）和金融创新的出现，交易对手方越来越愿意离开受监管的市场，转而选择场外市场，签订定制化的衍生品合约。[⑦] 双边市场的存在促进了新金融工具的诞生，用户可以根据自身需要定制产品[⑧]，从而促进交易、降低成本。截至2015年底，全球场外衍生品市场规模达到

---

① Norman M Feder, “Deconstructing Over - The - Counter Derivatives” (2002) 2002 Columbia Business Law Review 677, 734.

② Norman M Feder, “Deconstructing Over - The - Counter Derivatives” (2002) 2002 Columbia Business Law Review 677, 735.

③ Randall S Kroszner, “Can the Financial Markets Privately Regulate Risk?” (1999) 31 Journal of Money, Credit, and Banking 596, 609.

④ 见 Board of Trade of Chicago v Christie Grain & Stock Co (1905), 198 US 224, 236。欲了解1993年之前的情况，见 Lynn A Stout, “Legal Origin of the 2008 Financial Crisis” (2011) 1 Harvard Business Law Review 1, 17 -20。

⑤ Lynn A Stout, “Legal Origin of the 2008 Financial Crisis” (2011) 1 Harvard Business Law Review 1, 19.

⑥ Stephan G Cecchetti, Jacob Gyntelberg and Marc Hollanders, “Central Counterparties for Over - the - Counter Derivatives” [2009] BIS Quarterly Review 45, 46; Randall S Kroszner, “Can the Financial Markets Privately Regulate Risk?” (1999) 31 Journal of Money, Credit, and Banking 596, 608.

⑦ Randall S Kroszner, “Can the Financial Markets Privately Regulate Risk?” (1999) 31 Journal of Money, Credit, and Banking 596, 608.

⑧ Stephan G Cecchetti, Jacob Gyntelberg and Marc Hollanders, “Central Counterparties for Over - the - Counter Derivatives” [2009] BIS Quarterly Review 45, 49.

493万亿美元。[①] 因此，本书将重点讨论场外衍生品，也会简单提及交易所衍生品。

场外衍生品是复杂的金融工具，[②] 其复杂性和双边性质降低了其流动性，并使其不容易定价。流动性的定义基于交易的平均频率和规模，并考虑了市场状况，以及同类衍生品类似产品的性质和生命周期。同时，还考虑了活跃市场参与者的数量和资质，以及市场参与者与所分析市场交易合约之间的比率。最后，这一概念也考虑了价差平均水平。[③] 如果合约过于专业化、无法实现所需流动性，将会在场外市场找到一席之地。为这些工具定价的困难增加了双边产品的市场风险及复杂程度，而且严重依赖合约各方披露所有相关信息，以便进行风险监测和管理。

2.2.3 衍生品的类型

了解了衍生品合约的市场后，下一步就是确定衍生品的类型。衍生品可以细分为金融衍生品和信用衍生品，这取决于针对市场风险还是针对信用风险。

2.2.3.1 金融衍生品

金融衍生品用于解决与市场风险有关的未来价格变动所产生的风险。尽管衍生品的复杂性质允许其对任何风险进行建模，但衍生品仍然具有基本结构。这些结构包括远期、期货、期权和掉期，这些内容将在以下小节中介绍。

远期/期货：远期合约可以消除未来价格的不确定性。每份远期合约至少包含一个标的、到期日、收付交割日，以及交易对手预先确定的远期价值。[④] 远期合约规定一方有义务购买（多头方）商定的标的商品或证券，另一方有义务在

---

① BIS, "Global OTC Derivatives Market" （3 September 2017） <http：//stats. bis. org/statx/srs/table/d5. 1>2017年9月3日查阅。

② Counterparty Risk Management Policy Group II, "Toward Greater Financial Stability：A Private Sector Perspective"（25 July 2005）, 24 –6.

③ 欧盟金融工具市场法规 第32（3）条，这些类别是否可以加权平均，或者是否应该给予其中一些类别更大的权重，还有待观察：Eversheds Sutherland, "MiFID II and the Trading and Reporting of Derivatives：Implications for the Buy – Side"（23 September 2014） <http：//www. eversheds. com/global/en/what/articles/index. page? ArticleID = en/Financial _ institutions/MiFID _ II _ and _ the _ trading _ and _ reporting _ of _ derivatives>2017年9月3日查阅。

④ Norman M Feder, "Deconstructing Over – The – Counter Derivatives" （2002） 2002 Columbia Business Law Review 677, 698.

特定的未来日期（交割日）以商定价格（交割价或合同价）卖出标的（空头方）。[①] 远期合约只有在市场价格（现货价格）高于协议价格时才会执行，也就是说，如果实际市场价值没有优势，远期合约就会被取消。[②] 因此，远期合约既可用于投机，也可用于套期保值。最常用的远期是外汇远期。[③] 远期合约不在交易所交易，而是在场外交易。远期合约的双边性质可用来签订复杂和非标准化的合同。传统上，远期合约在到期日进行实物结算（付款交割）或现金结算，这意味着除非预先解除或取消了合约，否则在交割日之前不会进行结算。[④]

期货合约的概念与远期合约相同，即一方同意买入（多头方），另一方同意在特定日期以指定价格卖出（空头方）标的商品或证券。[⑤] 二者主要区别在于，期货是高度标准化的远期合约，因此在证券或大宗商品交易所交易。[⑥] 从历史上看，一度被称为"差价合约"[⑦] 的期货，不可以用于投机目的或场外交易，因此，实物交割成为期货唯一有效的结算形式。在美国，直到20世纪后期，不在到期日交割商品的合约或不在交易所交易的合约才在法律上被认可执行。[⑧]

期权：期权既可以在场外交易，也可以在交易所交易。[⑨] 期权合约包括标的、执行价（由交易对手方通过实际或假定的方式预先确定转让的价格）、期权到期的执行日（到期日），以及支付给期权卖方的期权费，用来补偿其没有执行看涨期权或看跌期权。[⑩] 由于期权持有者不会被强制履行合约，因此期权合约造成交易对手方之间的不对称；交易对手方之间会交换期权费，从而在一定程度上补偿期权卖方。因此，期权给人一种类似保险的感觉。[⑪] 有权买入的期权被称

---

① Michael Durbin, All About Derivatives (2nd ed, McGraw – Hill Education 2010), 13; Norman M Feder, "Deconstructing Over – The – Counter Derivatives" (2002) 2002 Columbia Business Law Review 677, 698.

② Michael Durbin, All About Derivatives (2nd ed, McGraw – Hill Education 2010), 14.

③ 同上14。

④ 同上24。

⑤ 同上23。

⑥ Norman M Feder, "Deconstructing Over – The – Counter Derivatives" (2002) 2002 Columbia Business Law Review 677, 698; Michael Durbin, All About Derivatives (2nd ed, McGraw – Hill Education 2010), 23.

⑦ Lynn A Stout, "Legal Origin of the 2008 Financial Crisis" (2011) 1 Harvard Business Law Review 1, 29.

⑧ Irwin v Willar (1884), 110 US 499, 508 –9; Lynn A Stout, "Legal Origin of the 2008 Financial Crisis" (2011) 1 Harvard Business Law Review 1, 11 –13, 19.

⑨ Norman M Feder, "Deconstructing Over – The – Counter Derivatives" (2002) 2002 Columbia Business Law Review 677, 695.

⑩ 同上692。

⑪ 同上693。

为“看涨期权”，而有权卖出的期权被称为“看跌期权”，卖方被称为“立权者”或“期权卖方”，交易对手方，即买方，被称为“期权持有者”或“期权买方”。[①]

期权是价格保证，可以（但不一定）与未来卖出相挂钩。期权只有在对期权持有者有利的情况下才会被行权，为了弥补这一点，期权持有者必须预先向交割方支付期权费。[②]

掉期：掉期合约是各方之间交换未来现金流的协议。[③] 最频繁的现金流来自利息支付。[④] 传统上，掉期在场外市场交易，利率互换是交易最频繁的掉期类型。[⑤] 掉期包含双方之间的一系列支付义务，从多个预定结算日期中的第一个开始至到期日结束，两者之间的时间被称为“期限”。在不交换名义本金的掉期合约中，掉期是基于名义本金进行的；如果交换名义本金，则掉期是基于实物基础进行的。[⑥]

在这里，我们有必要对“掉期”这一术语作出区分。自 2010 年美国颁布《多德—弗兰克华尔街改革与消费者保护法案》以来，如同其旧名称“差价合约”一样，“掉期”一词已成为场外衍生品的新名词。[⑦] 除非另有说明，本书将遵循欧洲市场对掉期的理解（即未来现金流的交换）进行探讨。

2.2.3.2　信用衍生品

信用衍生品和市场风险无关，只和信用风险有关。信用风险是指债务人因信用事件而无法履行其财务义务的风险。信用衍生品可以解决特定债务人（参考实体）的信用风险敞口，并将这种风险转移给愿意承担的另一方。[⑧] 将信用衍

① 同上 692. Michael Durbin，All About Derivatives（2nd ed，McGraw – Hill Education 2010），37。

② Norman M Feder，“Deconstructing Over – The – Counter Derivatives”（2002）2002 Columbia Business Law Review 677，692.

③ 同上 698.

④ Michael Durbin，All About Derivatives（2nd ed，McGraw – Hill Education 2010），29.

⑤ 同上 61，Norman M Feder，“Deconstructing Over – The – Counter Derivatives”（2002）2002 Columbia Business Law Review 677，702，704.

⑥ Norman M Feder，“Deconstructing Over – The – Counter Derivatives”（2002）2002 Columbia Business Law Review 677，702.

⑦ Title VII，Subtitle A，“Regulation of the Over – the – Counter Swaps Market” and definition in Section 721（a）（2）Dodd – Frank Act.

⑧ Norman M Feder，“Deconstructing Over – The – Counter Derivatives”（2002）2002 Columbia Business Law Review 677，706 – 7.

生品与其他提供信用风险保护的第三方区分开来的要素是，风险保护与参考资产相互分离，可以独立于其标的进行交易。市场上有多种信用衍生品，但在后金融危机时代最值得讨论的信用衍生品是信用违约互换（CDS）。由于本书的重点在于危机后对清算和场外衍生品的监管变化，因此，本书将着重探讨信用违约互换。

信用违约互换是一方对另一方的承诺，即在第三方债务违约的情况下向另一方偿还债务。[①] 因此，信用违约互换可以被描述为“保险衍生品”，因为它转移了潜在信用损失的风险，这通常与特定的参考实体有关。[②] 风险持有人向保护卖方购买保护，以防参考实体发生信用事件，如违约、破产或信用评级损失。[③] 同时，风险持有人向保护卖方支付合约期限的保护费用。如果发生信用事件，会对参考实体价值产生负面影响，保护卖方有义务进行偿付。[④] 购买的保护产品被称为信用违约互换（CDS），不过它与实际的掉期没有任何关系，因为不会交换未来的现金流。由于信用事件通常指的是参考资产（如债券）的发行人资不抵债的情形，因此信用事件的付款用于补偿参考资产的本金金额与其违约后回收价值之间的差额。[⑤] 这样一来，投资者可以转移账面上的信用风险，而且与潜在收益相比，成本相对较低。Durbin 甚至这样描述信用违约互换：“事实上可以提出一个合理论点，即信用衍生品根本不是衍生品，人们将保险单粉饰为‘金融衍生品证券’，就是为了让保险监管机构望而却步。”[⑥]

只有在标的资产的价值受到信用事件的影响时，信用衍生品才会使用。建立一个可以出售第三方违约风险的市场，无异于给投机者打造了一个博彩池。

---

① 同上 707。

② Jeremy C Kress，“Credit Default Swaps，Clearinghouses and Systemic Risk：Why Centralized Counterpar－ties Must Have Access to Central Bank Liquidity”（2011）48 Harvard Journal on Legislation 49，52. N.

③ Norman M Feder，“Deconstructing Over－The－Counter Derivatives”（2002）2002 Columbia Business Law Review 677，708.

④ Jeremy C Kress，“Credit Default Swaps，Clearinghouses and Systemic Risk：Why Centralized Counterpar－ties Must Have Access to Central Bank Liquidity”（2011）48 Harvard Journal on Legislation 49，52.

⑤ Michael Durbin，All About Derivatives（2nd ed，McGraw－Hill Education 2010），13；Norman M Fe-der，“Deconstructing Over－The－Counter Derivatives”（2002）2002 Columbia Business Law Review 677，708.

⑥ 同上。违约是最常见的信用事件，信用违约互换可以扩展到包括参考资产到期所有的未支付款项，甚至包括被降级的信用评级，而参考资产可以是单个项目或一篮子项目。当采用一篮子参考资产时，信用违约互换通常包括一项先违约条款，在篮子中的第一项资产违约时，便会立即触发。见 Norman M Fe－der，“Deconstructing Over－The－Counter Derivatives”（2002）2002 Columbia Business Law Review 677，708－10；Michael Lewis，The Big Short：Inside the Doomsday Machine（Norton 2011），49。

任何认为债券发行者违约风险几乎为零的投机者都可以出售信用违约互换，并只需收取保护费用就可以轻松赚钱。[①] 这样做的好处是，信用保护有了一个流动性市场，因此更容易购买。[②]

信用衍生品是20世纪90年代末才出现的衍生品品种。[③] 信用衍生品通常通过做市者在场外交易，并在电子平台上发布无约束的指示性价格。最终的双边合约会根据国际掉期与衍生工具协会发布的准则履行。[④] 虽然信用违约互换相对来说是新鲜事物，但其数量在2002—2008年每年翻一番，并在2007年达到了62万亿美元的峰值。[⑤] 2008年，大规模信贷事件激活了信用违约互换，而这又反过来导致信用违约互换卖方（如美国国际集团）蒙受了巨额损失。在当时，所出售的信用违约互换本应提供信用保护，但由于风险管理失败和缺乏流动性，这种保护并没有实现。[⑥]

2.2.3.3 比较总结

衍生品可以对冲两类风险：市场风险和信用风险，然而它们并不能对冲操作风险。原因在于，一种产品是否会在市场上取得成功，并不取决于宏观经济趋势，而衍生品的目的则是转移与宏观经济趋势相关、超越个体影响的风险。虽然期货和信用违约互换都可以称为衍生品，但二者的风险却大相径庭，各自都可以产生独特的市场风险。期货价格的不确定性会受限于到期时交付给买家的真实市场价值，这也为价格走势提供了内在制衡机制。[⑦] 远期、期权和掉期也是如此，这四种金融衍生品的公开市场价值是相互关联的。相比之下，信用衍生品缺乏类似的天然防护，它们更像是一种“不对称押注”。[⑧] 信用违约互换的买方只有在固定的合同存续期内没有发生信用事件的情况下，才会失去保护费

---

① 同上197。

② 同上197。

③ 同上61。

④ 同上61。

⑤ Jeremy C Kress，“Credit Default Swaps，Clearinghouses and Systemic Risk：Why Centralized Counterpar－ties Must Have Access to Central Bank Liquidity”（2011）48 Harvard Journal on Legislation 49，54.

⑥ Michael Durbin，All About Derivatives（2nd ed，McGraw－Hill Education 2010），61；Michael Lewis，The Big Short：Inside the Doomsday Machine（Norton 2011），49.

⑦ Jeremy C Kress，“Credit Default Swaps，Clearinghouses and Systemic Risk：Why Centralized Counter-par－ties Must Have Access to Central Bank Liquidity”（2011）48 Harvard Journal on Legislation 49，54.

⑧ Rolf H Weber and others，“Addressing Systemic Risk：Financial Regulatory Design”（2014）49 Texas International Law Journal 149，177.

用。然而，一旦发生信用事件，买方可以通过杠杆手段获取高达保护费用50倍的利润，这样一来，信用违约互换就成为一个非常有趣的工具，对对冲者和投机者都是如此。① 与此同时，衍生品之间存在显而易见的联系：为了缓释自身风险的不同需要，投资者可以利用不同类型的衍生品保护自己免受负面影响。利率互换和信用违约互换的组合屡见不鲜。②

要想在金融危机的背景下讨论衍生品市场的投机本质，不妨看看信用违约互换，它就是一个很好的例子。购买信用违约互换是为了防止出现企业违约或抵押贷款债券违约。信用违约互换交易③是一种双边或场外交易的衍生品，其中，卖方同意，一旦出现违约情形，就向买方支付市场价格和债券面值之间的差额，即便双方都没有实际拥有标的债券；相应地，信用违约互换的买方会预先支付一笔保护费用。2007 年，信用违约互换市场总值已经高达 67 万亿美元，然而相对应的需要弥补违约的美国抵押贷款总额④却只有 15 万亿美元⑤。

考虑到不同类型的衍生品会带来的不同风险敞口，审慎的监管者应当有能力辨识出不同类型衍生品的优势和局限性进行对症下药。其中，增强市场稳定性的因素应当拓展，而增加市场风险的因素则需要加以管制。本研究也将进一步讨论这一理念。

2.3 衍生品与 2007—2009 年的金融危机

2.3.1 金融危机概览

作为 2007—2009 年金融危机的导火索，信贷繁荣和房地产泡沫之间的相关性几乎毋庸置疑⑥。金融危机的罪魁祸首是银行向低收入美国民众放贷，这部分人群希望通过较低的利率借款，购买自己的房子，或者以更低的借贷成本偿还信用卡债务或其他贷款，但他们其实并没有偿还债务的财务能力，这就引发了

---

① Michael Durbin, All About Derivatives (2nd ed, McGraw – Hill Education 2010), 25.

② Michael Lewis, The Big Short: Inside the Doomsday Machine (Norton, 2011), 29.

③ 同上 29 – 30。

④ Michael Durbin, All About Derivatives (2nd ed, McGraw – Hill Education 2010), 60.

⑤ 关于信用违约互换的完整定义，请见 2. 2. 3. 2. 节。

⑥ 美国抵押贷款是信用违约互换的核心所在。见 Lynn A Stout, “Legal Origin of the 2008 Financial Crisis” (2011) 1 Harvard Business Law Review 1, 24。

所谓的次级贷款危机[①]。到 2025 年，次级抵押贷款市场已增长到 6250 亿美元，这是在俄罗斯债券违约不到 10 年时间里，次级抵押贷款市场就爆发式增长了。[②]债券市场如何在次级贷款中发挥作用？那些提供次级贷款的机构从第一次次级抵押贷款危机中吸取了教训。通过这些教训，他们并未停止向无力还贷的人提供贷款，而是将次级贷款的风险出售给华尔街的大型投资银行，从自己的资产负债表中剔除风险，并将少量风险集中分配给众多投资者，这种行为被称作"证券化"。[③] 根据巴塞尔银行监管委员会的规定，经过证券化之后，银行可以持有较少资本。巴塞尔银行监管委员会在 2004 年发布了巴塞尔协议Ⅱ，要求银行持有更高比例的资本以抵御金融和运营风险。[④] 证券化允许银行将贷款出售给其他银行，并规避持有更多昂贵的资本。[⑤]

由于贷款利率较低，次贷借款人被鼓励借贷。同时，贷款方进一步降低贷款标准，最后甚至给没有任何收入的人提供贷款。[⑥] 大多数人没有意识到，利率溢价只在头几年是固定的，随后就会开始波动[⑦]，并会随着市场行情上升。实际上，美联储在 2005 年第二季度就提高了利率。[⑧] Brown 和 Hao 指出，尽管家庭债务证券化使各收入层次和信用水平的消费者都可以获得信贷机会，然而随着债务占家庭收入比重增加，家庭债务的质量在下降。[⑨] 而且，中低收入家庭债务增加对市场尤其不利。如果没有现成的信用违约互换来对冲这些债务抵押债券，或者没有华尔街大公司愿意以有利的条件接受对冲，即如果没有低成本的信用违约"保

---

① 同上 24；Jeremy C Kress，"Credit Default Swaps，Clearinghouses and Systemic Risk：Why Centralized Counterparties Must Have Access to Central Bank Liquidity"（2011）48 Harvard Journal on Legislation49，54。

② 见 Viral V Acharya and Matthew Richardson，"Causes of the Financial Crisis"（2009）21 Critical Review 195，195. 关于去监管化更重要的角色的论证，请见 Lynn A Stout，"Legal Origin of the 2008 Financial Crisis"（2011）1 Harvard Business Law Review 1，2－3。

③ 见 Viral V Acharya 和 Matthew Richardson，"Causes of the Financial Crisis"（2009）21 Critical Review 195，196.

④ Michael Lewis，The Big Short：Inside the Doomsday Machine（Norton 2011），15－6，23.

⑤ 见 Viral V Acharya 及 Matthew Richardson，"Causes of the Financial Crisis"（2009）21 Critical Review 195，196－7.

⑥ 统一见 BCBS，"International Convergence of Capital Measurement and Capital Standards"（June 2006）<http：//www. bis. org/publ/bcbs128. htm>2017 年 9 月 3 日查阅。

⑦ 见 Viral V Acharya and Matthew Richardson，"Causes of the Financial Crisis"（2009）21 Critical Review 195，198－9.

⑧ Michael Lewis，The Big Short：Inside the Doomsday Machine（Norton 2011），27－8；54－5.

⑨ 同上 30。

险”，金融市场面临的风险很可能达不到如此规模。[①]

起初，只有优质抵押贷款被包装成抵押贷款支持证券（MBS），由房利美（Fannie Mae）和房地美（Freddy Mac）提供担保。但在后来，逐渐出现了风险更高的次级抵押贷款。这些资产支持证券被结构化改造为不同级别（结构化分级），持有较高级别风险的买家，可以获得更高的利润作为回报。这些分级的风险是根据信用评级机构的信用评级来确定的，[②] 但信用评级机构却使风险认知有所失真。通常只有政府债券才会获得 AAA 评级，现在这样的评级却随随便便给了分级后的证券，而其中通常都包含了重新捆绑的次级抵押贷款。高评级意味着低风险，而低评级意味着高风险，但同时也代表着高回报。[③]

为了抵消抵押贷款支持证券的风险，投资者会购买信用违约互换作为其违约担保。美国国际集团是最大的信用违约互换卖方。[④] 信用违约互换通过一种新的方式将损失扩大并扩散到整个市场。虽然信用违约互换看似保单，但它们超出了保险监管机构的监管范围，并没有任何准备金或抵押品来防范损失。信用违约互换毫不避讳地从美国监管机构中获得监督豁免。[⑤] 在次级抵押贷款上投资最多的银行分别是贝尔斯登、美林、高盛、雷曼兄弟和摩根士丹利。[⑥]

由于存在购买信用风险保险的市场，贷款标准的降低增加了贷款机构向次级借款人提供贷款的可能性。信用违约互换发行人公然漠视真正的市场，而且他们无视次级借款人的违约风险，给所发行的信用违约互换风险进行错误定价，并默认产品是安全的。[⑦] 购买信用违约互换保护的银行知道，它们不受次级借款人违约风险的影响。一旦次级借款人开始拖欠贷款，信用事件就发生了：贷款人转向信用违约互换卖方，要求拿回本金、收回差价。随着美国国际集团申请政府救助，信用违约互换的卖方在财务层面并没有做好准备，也无力承受大范

① Michael Lewis, The Big Short: Inside the Doomsday Machine（Norton 2011）, 27 –8; 54.

② Christopher Brown and Cheng Hao, “Treating Uncertainty as Risk: The Credit Default Swap and the Paradox of Derivatives”（2012）46 Journal of Economic Issues 303, 308.

③ 同上 308。

④ 见 Viral V Acharya and Matthew Richardson, “Causes of the Financial Crisis”（2009）21 Critical Review 195, 199 –200。

⑤ The de Larosière Group, “The High – Level Group on Financial Supervision in the EU Report”（25 February 2009）, 9; Viral V Acharya and Matthew Richardson, “Causes of the Financial Crisis”（2009）21 Critical Review 195, 201 –2, 204 –6.

⑥ Viral V Acharya and Alberto Bisin, “Counterparty Risk Externality: Centralized versus over – the – Counter Markets”（2014）149 Journal of Economic Theory 153, 154.

⑦ The Financial Crisis Inquiry Commission, “The Financial Crisis Inquiry Report”（January 2011）, 50.

围的索赔，更无法提供他们所售产品承诺的保护。①

2.3.2 美国国际集团案例

要想说明对手方的信用风险，美国国际集团是个很有说服力的案例。美国国际集团是全球最大的保险公司，将对场外衍生品市场的保护销售给各个主要的华尔街大公司。正是美国国际集团伦敦子公司（美国国际集团金融产品部门）与寻求抵押贷款违约保护的买家签署了无数个信用违约互换合约。美国国际集团后来不得不申请政府救助一事，给监管者和当局上了一课，其中的代价是痛苦而高昂的。由于母公司具有高信用评级，并且为各笔信用违约互换担保，对手方并没有要求美国国际集团金融产品部门提供抵押品。

截至2008年，美国国际集团售出了高达5 270亿美元的信用违约互换产品。② 同年9月，美林集团濒临崩塌、雷曼兄弟申请破产，引发了金融界巨大的恐慌③，此时美国国际集团金融产品部门被要求履行信用违约互换的合同责任。没过多久，人们便发现，金融产品部门连同其母公司美国国际集团都无力履约。随后，由于金融机构拒绝彼此借贷，市场流动性冻结。为挽救脱轨的金融市场，美联储向美国国际集团提供了高达1 800亿美元的财务救助。④ 归根结底，美国国际集团的风险管理缺席，买单的是广大纳税人。

《金融危机调查报告》得出的结论是，美国国际集团败于其销售大规模的信用违约互换产品，但缺乏初始抵押品、资本储备金甚至风险敞口的对冲措施。这场危机的产生，也是因为公司治理失败以及风险管理不当。⑤ 基于调查发现，全球监管改革的重点是要求提高初始保证金和资本储备金，同时加强风险管理并提升公司治理水平。

---

① Michael Lewis, The Big Short: Inside the Doomsday Machine (Norton 2011), 24, 31.

② 根据 Christopher Brown 和 Cheng Hao 的著作，“Treating Uncertainty as Risk: The Credit Default Swap and the Paradox of Derivatives” (2012) 46 Journal of Economic Issues 303, 305 -6，信用违约互换缺乏理智的风险管理，一小部分臭名昭著的卖家主导了整个市场，他们在这场博弈中的目标就是实现自身利益的最大化（美国国际集团、雷曼兄弟和贝尔斯登）。

③ Michael Durbin, All About Derivatives (2nd ed, McGraw - Hill Education 2010), 195.

④ Robert Lenzner, “Warren Buffett Predicts Major Financial Discontinuity Involving Too Big To Fail Banks, Derivatives” Forbes (New York, 30 April 2014) <http://www.forbes.com/sites/robertlenzner/2014/04/30/seking - shelter - warrenbuffett - limits - receivables - from - major - banks/>2017年9月3日查阅。

⑤ Lynn A Stout, “Legal Origin of the 2008 Financial Crisis” (2011) 1Harvard Business Law Review1, 2.

2.3.3 危机的教训

最近的金融危机并不是金融市场第一次归咎于衍生品的冲击。诸如德国金属公司、巴林银行、橘郡养老金以及美国长期资本管理公司的事例都说明人们对风险缺乏了解，低估了市场波动的可能性。德国金属公司同时持有长期石油远期产品和短期期货，使其明显暴露在产品到期时间错配的金融风险中，巴林银行则是因为魔鬼交易员而受害，该交易员利用职权为衍生品加了过多杠杆。[①] 美国长期资本管理公司虽然是一家对冲基金公司，却在金融市场动荡中自身难保，以至于美联储险些以40亿美元出手救助。[②] 当然，在2008年国际金融危机后的几年里，用于稳定经济、救助金融机构的公共资金高达4.2万亿美元，40亿美元这个数字相形见绌。

是什么使衍生品如此危险？有两种原因：第一个原因是时间跨度。衍生品是一系列合约，一方向另一方承诺在未来支付一笔金额，数额取决于未来发展情况（如市场价格、事件）。[③] 和所有长期合同一样，未来对手方不能履约的风险会随时间而增加。众所周知，对手方风险极难评估，原因在于风险敞口相关的很多因素并不是公开记录的。[④] 当使用衍生品对冲第三方或信用事件风险敞口时，一旦承担该风险敞口的对手方发生违约，就会导致原交易方暴露于风险之中，而此时正是他最需要得到风险保护的时候。对手方违约的受害者不但需要承担其本希望通过合约来避免的损失，还需要以不利的市场价格替换掉被违约的合同，如果他未来因为不可预见的损失而不能履约，那么这种风险还会波及其他对手方。[⑤] 第二个原因是场外市场的双边本质。包括价格和抵押品在内的合同的协议条款，都由对手方决定。鉴于场外市场并不透明，这也会为对手方风

---

① Binyamin Apfelbaum, "Report Says New York Fed Didn't Cut Deals on AIG" New York Times (New York, 31 October 2011) <http://www. nytimes. com/2011/11/01/business/gao - says - new - york - fed - failed - to - push - aig - concessions. html? mcubz = 0>2017年9月3日查阅；Lynn A Stout, "Legal Origin of the 2008 Financial Crisis" (2011) 1 Harvard Business Law Review 1, 3. 了解更多关于导致美国国际集团求助政府救助的重要时间，请见 The Financial Crisis Inquiry Commission, "The Financial Crisis Inquiry Report" (January 2011) 344 - 52; Katharina Pistor, "A Legal Theory of Finance" (May 2013) 315 - 30, 318。

② The Financial Crisis Inquiry Commission, "The Financial Crisis Inquiry Report" (January 2011) 352.

③ 关于更多历史性事件，请见 Michael Durbin, All About Derivatives (2nd ed, McGraw - Hill Education 2010), 215; Lynn A Stout, "Legal Origin of the 2008 Financial Crisis" (2011) 1Harvard Business Law Review 1, 20。

④ Lynn A Stout, "Legal Origin of the 2008 Financial Crisis" (2011) 1Harvard Business Law Review1, 20.

⑤ Craig Pirrong, "The Economics of Central Clearing: Theory and Practice" (May 2011) 1, 6.

险敞口的评估和定价增加了难度。[①]

金融危机的爆发很快被归因至场外衍生品。人们很快认定，缺乏透明度的市场不能够信任，相关部门应当采取措施，防止未来纳税人的钱再被用于救助大公司。[②] 必须采取措施增加场外衍生品市场的透明度，建立提前预警机制，防范风险累积，更好地管理由对手方信用风险和市场风险构成的系统性风险。这类解决方案几乎在当时立刻就被提出来了。伦敦清算所（LCH）作为中央对手方和清算所，曾成功管理了其对雷曼兄弟特别金融公司的 9 万亿美元风险敞口。[③]

2.4 总结

衍生品是一种可以用较低成本将风险从一方转移到另一方的工具。如果使用衍生品来对冲头寸，会产生有益的社会效果；如果使用衍生品进行投机，则会产生新的风险，并将交易各方置于本不必面对的风险之中。衍生品可以在两个截然不同的市场进行交易：场外市场或交易所。在场外市场，各方就合同条款进行双边协商，各对手方对风险建模都拥有更大的灵活性。如果对手方的交易对手是交易所，那么衍生品是交易所交易的，并在标准化和流动性方面面临更加严格的要求。场外市场的下行是因为其不透明，这使早期评估对手方的风险敞口和潜在的风险分摊变得非常复杂。然而，场外市场允许对手方根据自己的具体需求编写合同，而不需要符合交易所的要求。这种动态的特点可能会引发风险，原因在于各对手方可能会低估标的物产生的潜在风险、市场波动性以及对手方的风险敞口。这些风险并不会因为衍生品合约而消除，反而会在签订衍生品合约时产生，而且场外衍生品更容易出现此类风险。因此，直至 20 世纪 80 年代美国场外衍生品合法化并使其大受欢迎之前，非投机性的交易所交易衍生品是一种常态。

在 2007—2009 年的金融危机，以及随后政府对美国国际集团的救助（后者过度投资了信用衍生品及信用违约互换）之后，针对场外衍生品的新型监管举

① Viral V Acharya and Alberto Bisin, "Counterparty Risk Externality: Centralized versus over - the - Counter Markets"（2014）149 Journal of Economic Theory 153, 154.

② Craig Pirrong, "The Economics of Central Clearing: Theory and Practice"（May 2011）1, 6.

③ Viral V Acharya and Alberto Bisin, "Counterparty Risk Externality: Centralized versus over - the - Count - er Markets"（2014）149 Journal of Economic Theory 153, 154.

措变得很有必要。由于伦敦清算所成功处置了雷曼兄弟公司价值 9 万亿美元的风险敞口，在美国国际集团需要政府救助之际，伦敦清算所使用的机制被视为防范未来使用纳税人的钱救助企业的有效方法。

伦敦清算所是一家负责清算衍生品合约的中央对手方。在理解了衍生品的原理及其在金融危机中的角色之后，下一章我们将分析清算机构的作用及其风险管理程序。

3. 清算

3.1 介绍

此次危机表明，金融市场需要新举措来管理和降低系统性风险。首先，需要加强防护措施，增强应对风险冲击的韧性。其次，需要强化处置框架，从而更有效地控制风险冲击。最后，金融市场基础设施本身需要进行改革，以降低风险传染和连锁反应。[①] 如前所述，场外衍生品市场在金融危机期间放大了风险的连锁反应，特别是在对手方信用风险和流动性短缺方面。在缺乏有效的金融基础设施的情况下，风险传染将从一个对手方蔓延到另一个对手方，导致系统性风险被场外衍生品市场放大。因此，需要找到一个解决方案来处理场外市场的系统性风险。

通过中央对手方（CCP）进行清算，成为降低系统性风险的解决方案，主要是基于三层考量：（1）中央对手方通过对清算会员的头寸进行净额结算来降低风险敞口，并最终降低系统性风险；（2）中央对手清算可以建立统一的风险管理标准，整体提升风险管理水平；（3）中央对手清算能够由清算会员共担损失。[②] 本章将首先介绍清算的定义，并以伦敦清算所（LCH）及其处置雷曼兄弟违约事件为例，介绍中央对手清算成功的风险管理程序。随后，本章还会介绍中央对手清算的风险管理流程，以及中央对手清算的目标。通过介绍，读者可以理解为什么监管者会选择中央对手清算的方式来降低场外衍生品市场的系统

① IMF, "Making Over - the - Counter Derivatives Safer: The Role of Central Counterparties" in IMF (ed.), Global Financial Stability Report April 2010: Meeting New Challenges to Stability and Building a Safer System (IMF 2010), 2.

② 同上2。

性风险，并借此了解清算的优势与局限性。本章还会阐述，中央对手清算并非“万灵药”，因为衍生品合约的系统性风险并没有完全消除。[①] 相反，系统性风险从双边市场转移到了中央对手方，使中央对手方本身具有了系统重要性。

3.1.1 定义

在金融市场的语境之下，“清算”一词有多个不同的含义。[②] Turing 将清算称为“在交易后服务中，被最过度使用却最不被理解的词语”。[③] 中央对手方在清算衍生品合约时，对手方之间的双边交易将被替代为中央对手方与两方分别进行的两个对称交易。[④] 因此，中央对手方承担了原合约中全部的权利与义务。这个过程一般被称为“合约替代”。[⑤]

因此，清算是一项交易后功能，目的是协调和解决交易对手之间的义务。[⑥] 清算通过帮助交易对手方管理交易和结算前产生的风险来降低风险，如操作风险、交易对手方风险、结算风险、市场风险和法律风险等。[⑦] 中央对手方为市场提供了三个好处：风险敞口与支付义务的多边净额结算；降低交易对手方风险；通过持续提供有关市场活动和风险敞口的最新信息，向监管机构和公众提高市

① 同上 1. 清算可以在三个层面上进行：第一，在为客户进行交易的交易各方之间进行；第二，在中央对手方或清算所之间进行；第三，由中央证券托管机构或银行机构进行。本书仅关注中央对手方的清算；见 European Commission，“Functional Definition of a Central Counterparty Clearing House（CCP）”（3 September 2017） <http：//ec. europa. eu/internal _ market/financial – markets/docs/ clearing/2004 – consultation/each – annex3 _ en. pdf >2017 年 9 月 3 日查阅。

② 见 EuroCCP，“Clearing & CCP's” （Perspectives，3 September 2017） <https：//euroccp. com/qa/clearing – ccp's >2017 年 9 月 3 日查阅。

③ Dermot Turing，Clearing and Settlement in Europe（Bloomsbury Professional，2012），6.

④ Rama Cont and Thomas Kokholm，“Central Clearing of OTC Derivatives：Bilateral vs Multilateral Netting”（2012），2；EuroCCP “Clearing & CCP 's” （Perspectives，3 September 2017） <https：//euroccp. com/qa/clearing – ccp's >2017 年 9 月 3 日查阅。

⑤ IMF，“Making Over – the – Counter Derivatives Safer：The Role of Central Counterparties” in IMF（ed.），Global Financial Stability Report April 2010：Meeting New Challenges to Stability and Building a Safer System（IMF 2010），6；ICMA，“What Does a CCP Do? What Are the Pros and Cons?”（3 September 2017） <http：//www. icmagroup. org/Regulatory – Policy – and – Market – Practice/shortterm – markets/Repo – Markets/frequently – asked – questions – on – repo/27 – what – does – accp – do – what – are – the – pros – and – cons/ >2017 年 9 月 3 日查阅。

⑥ James T Moser，“Contracting Innovations and the Evolution of Clearing and Settlement Methods at Futures Exchanges”（1998）26，4.

⑦ EuroCCP，“Clearing & CCP's”（Perspectives，3 September 2017） <https：// euroccp. com/qa/clearing – ccp's >2017 年 9 月 3 日查阅。

场透明度。[①] 这些风险管理工具正是伦敦清算所成功处置雷曼兄弟违约事件的关键。

3.1.2 中央对手方或清算所

学者和立法者中有相当数量的人对“中央对手方”和“清算所”的概念有所混淆，因此，有必要在此对两者加以界定。清算所的定义比中央对手方宽泛一些。清算所是为金融机构之间交换付款指令或其他金融义务提供集中处理地点或集中处理机制。清算所在金融交易的交易后阶段介入，充当保证支付和交割的单一角色，降低成本以及运营风险。[②] 中央对手方的定义则相对聚焦，是在金融交易中介入并承担对手方风险的实体，而承担交易对手方风险并不是清算所固有的内在要求。[③]

然而，尽管二者在金融基础设施中发挥相互独立、不可相互替代的功能，但是它们经常被混为一谈，相应的术语也经常被替换使用。支付结算体系委员会（CPSS）在定义清算所时就将二者混用：

清算所是一个集中处理地点或集中处理机制，金融机构通过清算所交换付款指令或其他金融义务（如证券）。金融机构根据清算所的规则和程序，在指定的时间对其交易进行结算。在某些情况下，清算所可以为整个清算系统承担重要对手方、财务或风险管理的责任。[④]

在此，承担对手方信用风险被错误地纳入清算所的任务范围。在欧盟的立法流程中也可以看到类似的不一致情形。在《欧洲市场基础设施监管条例》[⑤] 第2（1）条中，对中央对手方的定义是，“在一个或多个金融市场中，介于合约交易对手方之间的法人，成为每一个卖方的买方和每一个买方的卖方”，然而第2

---

① Stephan G Cecchetti, Jacob Gyntelberg 及 Marc Hollanders, “Central Counterparties for Over – the – Counter Derivatives”［2009］BIS Quarterly Review 45, 46.

② Heikki Marjosola, “Missing Pieces in the Patchwork of EU Financial Stability Regime?”（2015）52 Common Market Law Review 1491, 1494 – 5; Eidgenossisches Finanzdepartement, “Erl? uterungsbericht Zur Ver – ordnung Uber Die Finanzmarktinfrastrukturen Und Das Markverhalten Im Effekten – Und Derivatehandel（Fi-nanz – marktinfrastrukturverordnung, FinfraV)”（20 August 2015), 7 – 8.

③ 见 Philipp Haene and Andy Sturm, “Optimal Central Counterparty Risk Management”（June 2009）8, 2.

④ CPSS, “A Glossary of Terms Used in Payments and Settlement Systems”（March 2003）<www. bis. org/cpmi/publ/d00b. pdf>2017 年 9 月 3 日查阅。

⑤ Article 2（1）Regulation（EU）no. 648/2012（EMIR).

(e) 条结算最终指令相关条款则认为二者可以互换，其中清算所被定义为“负责计算机构净头寸的实体，可能是中央对手方和/或结算代理人”。[①] 此处再次将中央对手方和清算所相互替换使用。[②]

在本书中，提及中央对手方时，仅指在金融危机之后承担对手方信用风险的清算实体。提及清算所时，清算所并不承担任何对手方信用风险，或表示现在的中央对手方的前身。

3.2 风险管理方法

清算可以消除场外交易市场上对手方违约的风险敞口。场外衍生品的清算始于 1998 年十国集团（G10）关于结算的报告，当时只有瑞典一家中央对手方对衍生品交易进行清算。[③] 到了 1999 年，伦敦清算所推出 SwapClear 业务对场外掉期合约进行清算。然而，衍生品清算对于中央对手方自身也是一种很大的挑战。[④] 除了场内衍生品，推动将其他衍生品纳入中央对手清算的工作也在继续。具体来说，期限的延长和额外的风险导致衍生品对市场和信用风险的敏感性增加，从而增加了清算服务的必要性。[⑤] 从 1999 年开始，伦敦清算所的 SwapClear 就开始对场外衍生品（特别是掉期）进行清算。这就产生一个问题，即风险管理实践是否对场外和场内衍生品同样有效，特别是在系统性风险方面。[⑥]

中央对手方通过将自己作为每笔交易的对手方、对风险敞口进行净额结算、为会员以及整个市场提供其他风险管理服务等方法，降低连锁反应导致的系统

---

① Article 2 (e) Directive 98/26/EC.

② 另一个关于混淆的例子请见相同省略处。

③ Chryssa Papathanassiou, “Central Counterparties and Derivatives” in Kern Alexander and Rahul Dhumale (eds), Research Handbook on International Financial Regulation (Edward Elgar 2012), 217.

④ Thomas Krantz, “Comment: Risks Remain in G20 Clearing Plan”, Financial Times (London, 29 January 2014) <http: ZZwww. ft. com/cmsZsZ0Z60c82dec8827 - 11e3 - a926 - 00144feab7de. html#axzz3wHmPGGCh> 2017 年 9 月 3 日查阅。

⑤ Chryssa Papathanassiou, “Central Counterparties and Derivatives” in Kern Alexander and Rahul Dhumale (eds), Research Handbook on International Financial Regulation (Edward Elgar 2012), 217.

⑥ Randall S Kroszner, “Central Counterparty Clearing: History, Innovation and Regulation” European Central Bank and Federal Reserve Bank of Chicago Joint Conference on Issues Related to Central Counterparty Clearing, Frankfurt, 3 April 2006), 39 ; Counterparty Risk Management Policy Group II, “Toward Greater Financial Stability: A Private Sector Perspective” (25 July 2005).

性风险，控制会员违约的风险敞口。① 清算的效果可以比作一张蜘蛛网，它将多种预防措施结合在一起，共同维护金融市场的安全和稳定运行。中央对手方在管理风险过程中有四大主要方法，即收取抵押品和保证金、风险敞口净额结算，以及建立充足的清算基金。② 我们将在后文中具体讨论这些风险管理方法。

3.2.1 清算的特点

中央对手方有多种功能：为在交易所内或场外进行的交易提供结算，阻断风险传染，确保清算参与者能够覆盖损失或提供资金弥补损失。结算在交易所进行的交易，需要中央对手方将证券从卖方转移到买方，并将现金从买方转移到卖方。中央对手方可以在交易和市场其他组成部分之间起到缓冲作用，通过清算会员之间损失共担，防止风险扩散至整个市场。最后，中央对手方会谨慎选择清算会员，并持有容易变现的抵押品。③

3.2.1.1 场内衍生品与双边衍生品

虽然场外衍生品可以进行清算，但清算对交易对手方来说是有成本的，因此，他们可能选择不对交易进行清算，并自行承担对手方信用风险。④ 然而，净额结算可以在无须中央对手方介入的条件下通过双边方式进行（双边净额结算）。⑤ 这种将大部分场外衍生品市场排除在外的特殊做法会增加交易的额外风险，这也是本研究关注场外衍生品而非场内衍生品的原因。从 20 世纪 90 年代起，中央对手清算场外衍生品的潮流迅速发展。与之相反，交易所通常有一个附属中央对手方，因为它们承担了交易所会员违约的风险，因此必须保护自身不受交易对手方信用风险的影响。中央对手方的目标是充当所有交易对手方的

---

① IMF, "Making Over - the - Counter Derivatives Safer: The Role of Central Counterparties" in IMF (ed.), Global Financial Stability Report April 2010: Meeting New Challenges to Stability and Building a Safer System (IMF 2010), 3.

② Chryssa Papathanassiou, "Central Counterparties and Derivatives" in Kern Alexander and Rahul Dhumale (eds), Research Handbook on International Financial Regulation (Edward Elgar 2012), 219.

③ Yesha Yadav, "Clearinghouses in Complex Markets" (2013) 101 Georgetown Law Journal 387, 409.

④ ICMA, "What Does a CCP Do? What Are the Pros and Cons?" (3 September 2017).

⑤ CPSS, "A Glossary of Terms Used in Payments and Settlement Systems" (March 2003) <www.bis.org/cpmi/publ/d00b.pdf>2017 年 9 月 3 日查阅。

共同对手方，集中承担支付和交割风险。[①] 因此，场内衍生品和场外衍生品之间的核心区别在于，场内衍生品总能从担保履约的清算中受益，而双边交易的场外衍生品不会自动进入中央对手清算，需要承担交易对手方信用风险。[②]

3.2.1.2 会员选择

只有成为清算会员才能将其交易交给中央对手方进行清算。清算会员[③]通常是大型金融机构，如对冲基金和全球性银行。[④] 它们使用中央对手方的服务为客户代理业务和自营业务进行清算。要获得清算会员资格，必须满足严格的最低标准。[⑤]

合约替代对于中央对手方履行职责有重要影响，不是每一个对手方都有资格成为清算会员。清算会员是与中央对手方直接交易的一方，也是担保交收的对象。[⑥] 只有清算会员愿意提供代理清算[⑦]服务时，没有清算会员资格的交易对手才能与中央对手方进行交易。清算会员可以提供必要的财务资源，以确保中央对手方持续运营并具备弥补其他会员违约造成损失的能力。[⑧]

3.2.1.3 合约替代

合约替代是中央对手方的核心作用之一。从历史上看，它可以追溯到罗马法中将债务转移给第三方的制度，并可以在整个欧洲法律史中找到其踪迹。[⑨] 通过这一过程，中央对手方可以成为每个买方的卖方和每个卖方的买方，介于原

---

① Norman M Feder, "Deconstructing Over - The - Counter Derivatives" (2002) 2002 Columbia Business Law Review 677, 732.

② Randall S Kroszner, "Can the Financial Markets Privately Regulate Risk?" (1999) 31 Journal of Money, Credit, and Banking 596, 609.

③ 清算会员的定义，见 CPSS, "A Glossary of Terms Used in Payments and Settlement Systems" (March 2003) <www. bis. org/cpmi/publ/ d00b. pdf>2017 年 9 月 3 日查阅。

④ 见第一章，fn5；第二章，第 2. 2. 1. 1 节。

⑤ Lieven Hermans, Peter McGoldrick and Heiko Schmiedel, "Central Counterparties and Systemic Risk" (November 2013) 6, 3. Ben S Bernanke, "Clearing and Settlement during the Crash" (1990) 3 The Review of Financial Studies 133, 136；其中同样分析了清算的逆向选择和道德风险，见 142。

⑥ CPSS, "A Glossary of Terms Used in Payments and Settlement Systems" (March 2003) <www. bis. org/cpmi/publ/ d00b. pdf>2017 年 9 月 3 日查阅。

⑦ Craig Pirrong, "The Inefficiency of Clearing Mandates" (2010) 665 Cato Journal, 8.

⑧ 同注⑦。

⑨ Chryssa Papathanassiou, "Central Counterparties and Derivatives" in Kern Alexander and Rahul Dhumale (eds), Research Handbook on International Financial Regulation (Edward Elgar 2012), 220.

始合约双方之间。[①] 通过与原始合约双方签订具有法律约束力的合约，中央对手方可以保证，如果原合约双方中的一方破产，无法在合约到期日履行其合约中的财务义务，中央对手方将担保每一笔交易的执行。[②] 通过这种方式，中央对手方降低了交易对手方信用风险，同时承担了完成交易和重新分配资金的责任。[③]

通过清算，中央对手方改变了金融体系参与者之间的风险敞口和相互关联性，改变了金融体系的动态。中央对手方介于原始合约的买方和卖方之间，成为复杂风险敞口的网络中心，降低了原始合约各方之间的双边风险敞口。[④] 这样一来，中央对手方通过多边净额结算和各种其他风险管理工具将风险敞口网络集中在一起，可以降低交易对手方信用风险和流动性风险。[⑤] 在没有清算的情况下，交易对手方面临三种类型的对手方风险。信用违约互换合约可以很好地证明这一点。首先，合约出售方可能会因为突然需要提供一笔大额支出而陷入财务困境，因此无法履行其义务。其次，信用违约互换的交易对手方可能在标的资产没有违约的情况下出现财务问题，造成对手方信用风险。最后，交易对手方违约可能会发生在有抵押的双边交易中，要么因为抵押品没有隔离，要么因为违约方已对交易对手方的抵押品进行了再抵押。[⑥]

因此，中央对手方将交易对手方的风险敞口合并到了自己的资产负债表上，这意味着如果所有清算参与者都履行义务，中央对手方就会通过每日结算盈亏

---

① 同上 219 – 20；IMF，“Making Over – the – Counter Derivatives Safer：The Role of Central Counterparties” in IMF（ed.），Global Financial Stability Report April 2010：Meeting New Challenges to Stability and Building a Safer System（IMF 2010），6。

② Ben S Bernanke，“Clearing and Settlement during the Crash”（1990）3 The Review of Financial Studies 133，136.

③ Yesha Yadav，“Clearinghouses in Complex Markets”（2013）101 Georgetown Law Journal 387，409f；ICMA，“What Does a CCP Do？What Are the Pros and Cons？”（3 September 2017）<http：//www. icmagroup. org/RegulatoryPolicy – and – Market – Practice/short – term – markets/Repo – Markets/frequently – askedquestions – on – repo/27 – what – does – a – ccp – do – what – are – the – pros – and – cons/> accessed 3 September 2017.

④ Lieven Hermans，Peter McGoldrick and Heiko Schmiedel，“Central Counterparties and Systemic Risk”（November 2013）6，3.

⑤ Dietrich Domanski，Leonardo Gambacorta and Cristina Picillo，“Central Clearing：Trends and Current Issues”［2015］BIS Quarterly Review 59，60；Lieven Hermans，Peter McGoldrick and Heiko Schmiedel，“Central Counterparties and Systemic Risk”（November 2013）6，3. See also generally，Darrell Duffie and Haoxiang Zhu，“Does a Central Clearing Counterparty Reduce Counterparty Risk？”（2011）1 The Review of Asset Pricing Studies 74.

⑥ Navneet Arora，Priyank Ghandi and Francis A Longstaff，“Counterparty Credit Risk and the Credit Default Swap Market”（2012）103 Journal of Financial Economics 280，282.

或者通过收取变动保证金来保持账面平衡。[①] 在会员违约的情况下，中央对手方承担违约方的合约义务和权利。[②] 这将阻断违约风险在交易方之间传播，有助于降低系统性风险。[③] 这些全部都是通过合约替代实现的。

3.2.1.4 净额结算

通过采用轧差或净额结算，中央对手方可以轧差交易对手方和中央对手方之间的多个合约，从而减少未平仓合约净值总额以及对交易对手方的风险敞口。[④] 由于平均交易规模较高，以及单个清算会员可能多次买卖同一合约，名义风险敞口对于许多市场参与者而言是过高的，相比之下，净风险敞口要小得多。[⑤] 允许中央对手方对单个清算会员的未平仓头寸进行净额结算，有巨大的好处：平均每笔交易的总抵押品要求降低，只需覆盖净风险敞口总额；净额结算还可以减少未平仓合约的头寸规模，从而降低出现大规模交易对手方违约头寸的可能性。如果一名会员违约，价内的衍生品合约价值将从其他债权人转移到中央对手方。[⑥]

中央对手方对整个清算市场最大的贡献之一，就是让三个或以上的交易对手方之间进行风险敞口的多边净额结算或轧差成为可能，净额结算不仅减少了风险敞口，还降低了参与者必须为其交易提供的抵押品。[⑦] 在会员违约的情况下，违约头寸可以进行净额结算，大大降低需要进行违约拍卖以弥补损失的头寸规模。相比之下，双边市场在发生违约时则需处置更大规模的头寸。[⑧] 净额结算还改变了债权人的优先顺序，将清算参与者的排位置于违约者的其他债权人

---

① Dietrich Domanski, Leonardo Gambacorta and Cristina Picillo, "Central Clearing: Trends and Current Issues" [2015] BIS Quarterly Review 59, 61.

② 同上 60。

③ Lieven Hermans, Peter McGoldrick and Heiko Schmiedel, "Central Counterparties and Systemic Risk" (November 2013) 6, 3.

④ Chryssa Papathanassiou, "Central Counterparties and Derivatives" in Kern Alexander and Rahul Dhumale (eds), Research Handbook on International Financial Regulation (Edward Elgar 2012), 219; James T Moser, "Contracting Innovations and the Evolution of Clearing and Settlement Methods at Futures Exchanges" (1998) 26, 5.

⑤ Lieven Hermans, Peter McGoldrick 及 Heiko Schmiedel, "Central Counterparties and Systemic Risk" (November 2013) 6, 6, 8.

⑥ 同注⑤。

⑦ Craig Pirrong, "The Inefficiency of Clearing Mandates" (2010) 665 Cato Journal, 8, 19.

⑧ 同注⑦。

和双边市场上的债权人之前，并在违约发生时将金融资源从违约者的非衍生品债权人转移给衍生品交易对手方。①

3.2.1.5 标准化

为了成功进行合约替代后头寸的多边净额结算，衍生品合约必须充分标准化。标准化可以统一不同的现金流特征。② 充分的标准化会提高金融产品的可行性，从而提高流动性。能够纳入中央对手清算的产品应当具有可靠且定期可获得的市场价格。价格透明度可以帮助中央对手方评估风险，并使产品具有充足流动性。③

3.2.1.6 抵押品收取

尽管清算会员可能违约，但中央对手方有义务对清算合约进行担保交收，这要求中央对手方必须能够动用资金。这些资金被称为抵押品，主要来自中央对手方的清算会员，是抵押品提供方向抵押品接收方提供的保证履行合约义务的资产。④中央对手方使用抵押品来吸收清算会员发生信用事件导致不能履行其衍生品合约义务而造成的损失。⑤ 因此，清算会员向中央对手方交纳抵押品，用于覆盖其市场风险、信用风险、运营风险和对手方风险。⑥

抵押品必须具有高流动性，其价格应相对稳定，因此，可以使用现金或高质量的非现金证券作为抵押品。⑦ 清算会员提供的抵押品也被称为保证金。保证

---

① Craig Pirrong, "The Inefficiency of Clearing Mandates" (2010) 665 Cato Journal, 20.

② IMF, "Making Over - the - Counter Derivatives Safer: The Role of Central Counterparties" in IMF (ed.), Global Financial Stability Report April 2010: Meeting New Challenges to Stability and Building a Safer System (IMF 2010), 6.

③ 同上 10。

④ CPSS, "A Glossary of Terms Used in Payments and Settlement Systems" (March 2003) <www. bis. org/cpmi/publ/d00b. pdf>2017 年 9 月 3 日查阅。

⑤ Norman M Feder, "Deconstructing Over - The - Counter Derivatives" (2002) 2002 Columbia Business Law Review 677, 733.

⑥ Manmohan Singh, "Collateral Netting and Systemic Risk in the OTC Derivatives Market" (April 2010) 99, 5.

⑦ Dietrich Domanski, Leonardo Gambacorta and Cristina Picillo, "Central Clearing: Trends and Current Issues" [2015] BIS Quarterly Review 59, 72 - 3; Craig Pirrong, "The Inefficiency of Clearing Mandates" (2010) 665 Cato Journal, 8. 21; IMF, "Making Over - the - Counter Derivatives Safer: The Role of Central Counterparties" in IMF (ed.), Global Financial Stability Report April 2010: Meeting New Challenges to Stability and Building a Safer System (IMF 2010), 17.

金又可细分为两类：初始保证金和变动保证金。[①] 二者之间的区别在于根据市场变化的交纳频率有所不同。初始保证金是会员向中央对手方交纳的固定金额，变动保证金是会员根据其头寸估值随市场价格变化，定期支付给中央对手方的可变金额。[②] 所有抵押品的目的都是降低清算参与者违约带来的风险。[③]

此外，抵押品必须存放在独立的账户中，以防止其他会员违约造成损失。账户隔离是指清算会员持有两个或多个独立的抵押品组合的过程。[④] 这对代理清算尤其重要，因为如果清算会员开展代理清算时出现违约，可能会累及所代理的客户。账户隔离能够让中央对手方和监管机构将客户头寸转移给另一位清算会员，因此即使清算会员违约，客户的结算和对冲仍可以顺利进行，不受阻碍。[⑤]

初始保证金：初始保证金是预先确定的、价值固定的现金或非现金抵押品，目的是保护中央对手方不受合约违约的影响。[⑥] 这是合约替代后，清算参与者向中央对手方交纳的第一笔抵押品。[⑦] 初始保证金由交易各方根据具体交易的合约条款向中央对手方交纳，用于覆盖交易方因进行中央对手清算而给中央对手方带来的风险。[⑧]

---

① Dietrich Domanski, Leonardo Gambacorta and Cristina Picillo, "Central Clearing: Trends and Current Issues" [2015] BIS Quarterly Review 59, 61; Norman M Feder, "Deconstructing Over - the - Counter Derivatives" (2002) 2002 Columbia Business Law Review 677, 733.

② Norman M Feder, "Deconstructing Over - the - Counter Derivatives" (2002) 2002 Columbia Business Law Review 677, 733; IMF, "Making Over - the - Counter Derivatives Safer: The Role of Central Counterparties" in IMF (ed.), Global Financial Stability Report April 2010: Meeting New Challenges to Stability and Building a Safer System (IMF 2010), 12 - 13.

③ Dietrich Domanski, Leonardo Gambacorta and Cristina Picillo, "Central Clearing: Trends and Current Issues" [2015] BIS Quarterly Review 59, 61.

④ IMF, "Making Over - the - Counter Derivatives Safer: The Role of Central Counterparties" in IMF (ed.), Global Financial Stability Report April 2010: Meeting New Challenges to Stability and Building a Safer System (IMF 2010), 14.

⑤ 同上 13 - 14. 有关抵押品再抵押的讨论，请参见 Manmohan Singh, "Collateral Netting and Systemic Risk in the OTC Derivatives Market" (April 2010) 99; and Manmohan Singh, "UnderCollateralisation and Rehypothecation in the OTC Derivatives Market" (2010) 14 Financial Stability Review 113。

⑥ IMF, "Making Over - the - Counter Derivatives Safer: The Role of Central Counterparties" in IMF (ed.), Global Financial Stability Report April 2010: Meeting New Challenges to Stability and Building a Safer System (IMF 2010), 13.

⑦ Norman M Feder, "Deconstructing Over - The - Counter Derivatives" (2002) 2002 Columbia Business Law Review 677, 733.

⑧ Dietrich Domanski, Leonardo Gambacorta and Cristina Picillo, "Central Clearing: Trends and Current Issues" [2015] BIS Quarterly Review 59, 61.

变动保证金：尽管抵押品满足了特定的低价值波动的标准，但抵押品的市场价值可能会下降。此外，对手方的信用资质可能会发生变化，或出现合约风险增加的情形。变动保证金针对的是估值的每日变动，是交易对手方基于市场风险敞口向中央对手方支付的款项，以确保抵押品的充足性。① 为确保不会因参与方的信用或作为抵押品的资产价值的变化而导致风险敞口上升，中央对手方根据市场风险敞口的变化定期调整变动保证金，即所谓的“逐日盯市”。② 抵押品交纳有阈值设置，低于阈值则不必交换抵押品。此外，其他因素如信用状况和风险敞口等也会进一步影响抵押品价值。③

逐日盯市的做法是将当前市值与原始估值或最近一次估值进行比较，从而计算变动保证金。如果标的资产、抵押品的价值或两者的价值与初始估值或最近估值相比均有所下降，则需向中央对手方的保证金账户交纳额外的抵押品（追加保证金），反之则不需要交纳抵押品，当价值增加时中央对手方还会退还抵押品。④

清算基金：除了提供抵押品作为初始保证金和变动保证金外，交易对手方还必须向中央对手方交纳抵押品作为清算基金。⑤ 如果违约清算会员的保证金不足以履行其合约义务，且其头寸被处置后仍不足以覆盖风险敞口，则该清算会

① Dietrich Domanski, Leonardo Gambacorta and Cristina Picillo, “Central Clearing: Trends and Current Issues” [2015] BIS Quarterly Review 59, 61, Norman M Feder, “Deconstructing Over – the – Counter Derivatives” (2002) 2002 Columbia Business Law Review 677, 733; IMF, “Making Over – the – counter Derivatives Safer: The Role of Central Counterparties” in IMF (ed.), Global Financial Stability Report April 2010: Meeting New Challenges to Stability and Building a Safer System (IMF 2010), 13.

② CPSS, “A Glossary of Terms Used in Payments and Settlement Systems” (March 2003) <www. bis. org/cpmi/publ/d00b. pdf>2017 年 9 月 3 日查阅。

③ Michael Durbin, All About Derivatives (2nd ed, McGraw – Hill Education 2010), 26; Dietrich Domanski, Leonardo Gambacorta and Cristina Picillo, “Central Clearing: Trends and Current Issues” [2015] BIS Quarterly Review 59, 61.

④ 盯市也被称为公允价值计算，是根据第三方给定的时间为资产或负债在市场上支付的价格对资产或负债进行估值。如果上述资产市场低迷，为了维持必要的抵押品，则需要持有更多的资产（或更高质量的资产）作为抵押品，以维持估值。财务会计准则委员会（FASB）标准第 157 号对这一原则加以应用。在金融危机之后，该规则被修改，公平的市场价值只由有序的市场决定，以防止在市场低迷时总价值出现损失。正常的市场波动则会继续被考虑在内。见 FASB，“News Release 04/09/09”（9 April 2009） Press Release <www. fasb. org/news/nr040909. shtml>2019 年 9 月 3 日查阅；Yesha Yadav，“Clearinghouses in Complex Markets”（2013） 101 Georgetown Law Journal 387，419。

⑤ Dietrich Domanski, Leonardo Gambacorta and Cristina Picillo, “Central Clearing: Trends and Current Issues” [2015] BIS Quarterly Review 59, 61 – 2.

员的清算基金将被用于损失分摊。[①] 清算基金应当定期通过压力测试等各种方法进行重新评估，但清算基金并不像初始保证金和变动保证金一样频繁调整，这使得清算基金的波动性较小，对风险的敏感性也较低。[②]

保证金与衍生品：在抵押品方面，适合清算的产品和不适合清算的产品之间存在着明显差异。纳入中央对手清算的市场交易所需抵押品总额显著高于定制化的场外市场，在初始保证金方面尤其如此。根据国际货币基金组织（IMF）估计，由于有了强制集中清算要求，银行需要额外投入 1 500 亿美元资本，[③] 而其他 IMF 人员估计抵押品的要求甚至更高，例如，Singh 预测的是 2 000 亿美元。[④] 如此规模的抵押品对市场影响很大，相较之下，双边清算市场的抵押品机制更为灵活。对于现金流较少的客户来说，双边清算更有优势，他们因为每日盯市的抵押品追加受到的现金流波动的影响相对较小。[⑤] 因此，即使有降低对手方信用风险的优势，预计也无法让所有客户将其业务从双边市场转移到中央对手清算和场内市场。[⑥]

为了促进中央对手清算、增强市场稳定性，尽管抵押品会增加成本，非中央对手清算产品被强制要求增加抵押品。收取保证金可以促进参与者相互监督，减少道德风险，因为参与者一旦违约就将使用保证金来弥补损失。保证金发挥着两大核心作用：降低系统风险与激励中央对手清算的推广使用。[⑦]

为避免系统性风险通过未强制清算或未纳入清算的衍生品进行积累而导致的溢出效应，有必要对非中央对手清算的产品提出严格的保证金要求。为减少

---

① IMF, "Making Over – the – Counter Derivatives Safer: The Role of Central Counterparties" in IMF (ed.), Global Financial Stability Report April 2010: Meeting New Challenges to Stability and Building a Safer System (IMF 2010), 13.

② Dietrich Domanski, Leonardo Gambacorta and Cristina Picillo, "Central Clearing: Trends and Current Issues" [2015] BIS Quarterly Review 59, 61 – 2; IMF, "Making Over – the – Counter Derivatives Safer: The Role of Central Counterparties" in IMF (ed.), Global Financial Stability Report April 2010: Meeting New Challenges to Stability and Building a Safer System (IMF 2010), 13 – 14.

③ IMF, "Making Over – the – Counter Derivatives Safer: The Role of Central Counterparties" in IMF (ed.), Global Financial Stability Report April 2010: Meeting New Challenges to Stability and Building a Safer System (IMF 2010).

④ Manmohan Singh, "Collateral Netting and Systemic Risk in the OTC Derivatives Market" (April 2010) 99, 9.

⑤ Craig Pirrong, "The Inefficiency of Clearing Mandates" (2010) 665 Cato Journal, 8. 21.

⑥ 同上 21。

⑦ BCBS and IOSCO, "Margin Requirements for Non – Centrally Cleared Deriva – tives" (March 2015), 3 <http://www. bis. org/bcbs/publ/d317. htm>2017 年 9 月 3 日查阅。

顺周期性和无抵押风险敞口的积累，可能需要采取其他潜在措施。[①] 发生风险事件会催生对高质量抵押品的需求，而此时市场可能比之前更为动荡。因此，在这之前收取抵押品就可以降低顺周期性。这反过来又能够降低低价抛售的可能性，并减少市场动荡期内抵押品价格的波动。[②] 对非中央对手清算的衍生品合约实施严格的保证金要求，规避强制清算的成本效益也会降低。通过在较低保证金要求的辖区开展业务，能够实现监管套利，可能会削减上述措施的效果，因此巴塞尔银行监管委员会（BCBS）和国际证监会组织（IOSCO）的目标是实现跨监管辖区的高度标准化。[③]

然而，即使未发生违约，保证金安排本身也有产生和传播系统性风险的可能。这是因为市场变化可以直接影响抵押品质量，以及对抵押品安全的认知。由市场失衡引起的价格变动，可能会导致盯市亏损。因盯市亏损需要交纳抵押品而增加的流动性需求会进一步导致损失：随着资产价格的上涨，其对于流动性的需求也会增加。[④] 这一过程被称为“流动性旋涡”。[⑤] 压力市场条件下的保证金安排、执行保证金的折扣率会导致被迫去杠杆，从而直接加剧周期性。同时，提高保证金要求又会进一步恶化周期性，造成更多的损失和更高的保证金要求。[⑥]

因此，交纳保证金可以实现两个截然不同的目的。保证金是动态的，基于投资组合对特定的交易进行计算，并可以根据投资组合风险敞口的变化进行调整。在交易对手违约的情况下，首先使用违约方的变动保证金弥补损失，从而形成“违约者自付”的机制。如果保证金不够，就会动用其他资金来源，包括清算基金。

---

① BCBS and IOSCO, “Margin Requirements for Non – Centrally Cleared Deriva – tives” (March 2015), 3 This may be true, but will largely depend on how strictly collateral management is done and how liquid collateral remains.

② 有关抵押品螺旋曲线 、降价销售和顺周期之间的关联性的详细讨论，请参见 Markus Brunnermeier and others, “The Fundamental Principles of Financial Regulation” (June 2009) 11, 22 – 3。

③ BCBS and IOSCO, “Margin Requirements for Non – centrally Cleared Deriva – tives” (March 2015), 3 – 4.

④ Markus Brunnermeier and others, “The Fundamental Principles of Financial Regulation” (June 2009) 11, 16 – 17.

⑤ 同上 22。

⑥ 同上 18 – 19 及 21。

3.2.1.7 违约处置

交易对手方违约后，双边市场处理的方式与中央对手清算市场不同。它们的共同点是，当违约发生时，非违约的交易对手方必须找到另一个交易方来填补违约方的头寸，或者至少找到非常类似的合约。[①] 在中央对手清算市场中，当一方违约时，中央对手方成为违约头寸的对手方，必须想方设法处理其风险敞口。[②] 为了弥补违约头寸，中央对手方可以在公开市场上进行交易，或者更常用的方式是进行违约处置拍卖，让其他清算会员参与竞价。[③]

中央对手方架构下的成本内部化是风险共担的关键特征。这一概念在2008年国际金融危机期间雷曼兄弟违约事件中经受住了考验——中央对手清算机制大获成功。伦敦清算所能够在不动用清算基金的情况下，对雷曼兄弟相关的9万亿美元的利率互换投资组合进行终止、平仓或转移。[④] 如果清算参与者在到期时未能履行其对交易对手方的义务，中央对手方首先会尝试将该参与者的头寸转移给其他清算会员，或者对这些头寸进行平仓。此时，代理清算账户隔离的重要性显而易见，因为客户头寸不能被平仓，必须转移给其他非违约清算会员。[⑤] 只有在上述措施不足以弥补违约清算会员造成的损失时，才会启用瀑布式风险防范资源来弥补违约损失。

为了将清算会员的违约控制在中央对手方内部，防止其蔓延至整个市场，中央对手方必须采用瀑布式风险防范资源来弥补违约损失。中央对手方必须有能力在多个清算会员同时违约等极端但可能的市场条件下持续经营。[⑥] 中央对手

---

① Craig Pirrong, "The Inefficiency of Clearing Mandates" (2010) 665 Cato Journal, 8. 22.

② Craig Pirrong, "The Inefficiency of Clearing Mandates" (2010) 665 Cato Journal, 8. 22.

③ 正如伦敦清算所在雷曼兄弟的破产之后。

④ Yesha Yadav, "Clearinghouses in Complex Markets" (2013) 101 Georgetown Law Journal 387, 412; LCH. Clearnet, "$9 Trillion Lehman OTC Interest Rate Swap Default Successfully Resolved" (8 October 2008) 媒体稿件 <http://www.lch.com:8080/media_centre/press_releases/2008-10-08.asp> 2017年9月3日查阅。

⑤ Dietrich Domanski, Leonardo Gambacorta and Cristina Picillo, "Central Clearing: Trends and Current Issues" [2015] BIS Quarterly Review 59, 61.

⑥ IMF, "Making Over-the-Counter Derivatives Safer: The Role of Central Counterpar-ties" in IMF (ed.), Global Financial Stability Report April 2010: Meeting New Challenges to Stability and Building a Safer System (IMF 2010), 18.

方必须履行违约会员的义务，因此中央对手方需要获得违约会员的财务资源。[①]中央对手方的瀑布式风险防范架构由初始保证金、变动保证金、清算基金，以及中央对手方自有资源构成。虽然中央对手方每天都会重新评估保证金，但清算基金调整的频率较低，这主要是与压力测试有关。这使得清算基金的波动性较小，但也导致清算基金对市场结构变化的敏感性较弱，因此可能会出现清算基金不足的情况。[②]

第一步，违约者交纳的抵押品会被用于弥补损失，包括违约者的保证金和清算基金，依次使用。第二步，如果不足，那么中央对手方会使用非违约清算会员的清算基金进行弥补，但不会使用非违约清算会员的保证金。第三步，中央对手方的自有风险管理资源将被用于弥补损失。第二步和第三步之间的顺序可以调整，这取决于中央对手方内部的规则。如果瀑布式风险防范资源耗尽后仍未能覆盖损失，那么中央对手方可能会收取非预缴资源。这部分资源必须受到隔离保护，即便其提供者已经倒闭也要确保其可用性。[③]

通过让参与者在其他清算会员违约时进行共担风险，以期实现降低道德风险、逆向选择和减少信息不对称问题等目标。[④] 虽然这是一个积极的概念，但在不稳定的经济环境下要求参与者向中央对手方提供额外抵押品，可能会影响非违约参与者自身的流动性，造成更大的混乱，并造成尚未违约会员发生违约的潜在风险。这种非预期的抵押品追加也可能破坏现有减少系统性风险的努力，加剧流动性短缺并导致违约风险在金融机构间蔓延，特别是在中央对手方和银行之间——二者的关联性远超出简单的净额结算网络。[⑤] 理论上，如果清算会员违约，有的中央对手方可能会限制清算会员交纳的额外清算基金的规模，然而有的中央对手方也可能采取“竭泽而渔”的政策。[⑥]

---

① Lieven Hermans, Peter McGoldrick and Heiko Schmiedel, “Central Counterparties and Systemic Risk” (November 2013) 6, 5.

② Dietrich Domanski, Leonardo Gambacorta and Cristina Picillo, “Central Clearing: Trends and Current Is - sues” [2015] BIS Quarterly Review 59, 61.

③ 同上；Lieven Hermans, Peter McGoldrick and Heiko Schmiedel, “Central Counterparties and Systemic Risk” (November 2013) 6, 5。

④ Dietrich Domanski, Leonardo Gambacorta and Cristina Picillo, “Central Clearing: Trends and Current Is-sues” [2015] BIS Quarterly Review 59, 61 - 2.

⑤ 同上 62。

⑥ 这就是所谓的“麦克斯韦尔豪斯”（Maxwell House）原则，允许 CCP 在会员违约的情况下，如果其自有资本不足，可以要求其清算会员提供额外融资。见 Craig Pirrong, “The Inefficiency of Clearing Man - dates” (2010) 665 Cato Journal, 8, 13。

为了减轻风险传染效应，中央对手清算在降低此类风险方面发挥了重要作用。净额结算、拍卖非流动性头寸或者将其转移给非违约会员的能力，可以让中央对手方将负外部性控制在预设的流动性池内。通过净额结算、多方头寸的平衡，可以减少处置头寸的总规模和同时期潜在的价格变动。此外，违约处置拍卖可以避免发生低价抛售，因为潜在买家是现成的，并且他们有动力和义务参加拍卖，在中央对手方的帮助下价格波动得以控制，以接近（或多或少）全价处置原始合约。[①] 总之，尽管可能出现清算会员违约，但与场外双边市场相比，中央对手清算可以实现更平稳的过渡。为实现通过中央对手清算机制维护场外市场稳定的目标，全球监管机构都在努力将中央对手方打造成“金融体系中的重要堡垒”。[②]

3.2.1.8 透明度与报告

中央对手清算机制还有助于提高市场透明度，因为中央对手方保存着交易对手方的头寸和交易记录。[③] 诸如此类的记录可以帮助监管机构和公众评估金融系统中的风险敞口及累积情况。此外，所有交易都应报告给收集和共享信息的中央交易报告库。[④] 场外衍生品强制中央对手清算的好处之一，是通过交易报告提高了对市场交易的洞察。最理想的情况是，市场参与者、中央对手方和监管机构都能通过交易报告库监测衍生品市场的风险敞口。为了实现这一政策目标，向市场提供的信息必须是有用、易懂，并能合理使用的。[⑤] 要使数据具有可获得性，需要考虑特定的细节，包括轧差头寸的可见性，来自标的资产和非透明结构、相互依存性方面以及其他敞口的风险等。[⑥]

交易报告库是一个“存储设施”，因为它保存着交易执行的电子记录。交易报告库的目标是将所有相关信息汇集到同一个地方，面向监管机构和利益相关

---

① Craig Pirrong, “The Economics of Central Clearing: Theory and Practice” (May 2011) 1, 10 – 11.

② 同上 11。

③ IMF, “Making Over – the – Counter Derivatives Safer: The Role of Central Counterpar – ties” in IMF (ed.), Global Financial Stability Report April 2010: Meeting New Challenges to Stability and Building a Safer System (IMF 2010), 7.

④ 同上 8。

⑤ Yesha Yadav, “Clearinghouses and Regulation by Proxy” (2014) 43 Georgia Journal of International and Comparative Law 161. Yesha Yadav, “Clearinghouses in Complex Markets” (2013) 101 Georgetown Law Journal 387, 420.

⑥ 同上 423 – 4。

方提高交易信息的透明度，从而实现庞大信息流的管理。① 通过收集、存储和传播所有数据，交易报告库努力推动尽早发现金融市场潜在的风险积累，防止市场滥用。交易报告库的职责，包括向利益相关方提供可靠和准确的连续信息，以降低风险、提高运营效率、防止市场滥用。② 具备市场信息存储核心功能的新生交易报告库已经变成了具有系统重要性的机构。③ 不过这类讨论不属于本研究的范畴。

3.2.2 回顾

在进一步讨论这种金融稳定新重点的影响之前，值得研究的是清算是如何起源的。尽管中央对手清算可以实现公共政策目标，但却不是通过公共部门发展起来的。清算是由交易所和银行间交易发展起来的。前者是为了帮助交易所会员应对对手方违约而建立的，后者是在缺少中央银行的情况下发展起来的。

3.3 清算的起源

在没有其他金融市场基础设施来实现公共政策目标的情况下，清算发展起来并服务于私营市场对相应目标的需求。从历史上看，有两种类型的清算所：银行清算所和期货清算所。④ 银行清算所通过会员间的净额支付来结算合约义务，首先收取款项，然后以会员账户余额为限在相应的会员账户中进行贷记或者借记；期货清算所担保期货合约的履行。⑤ 清算所最初的目的是降低会员不履约造成的风险敞口，清算所通过收取保证金和逐日盯市来确保实现这一点。⑥

3.3.1 衍生品清算所

清算所的基础是由成立于 1848 年的芝加哥期货交易所（CBOT）奠定的，

---

① CPSS and IOSCO, "Principles for Financial Market Infrastructures" (April 2012) <http://www.bis.org/cpmi/publ/d101a.pdf>2017 年 9 月 3 日查阅。

② 同上 9。

③ 同上 9－10。

④ James T Moser, "Contracting Innovations and the Evolution of Clearing and Settlement Methods at Futures Exchanges" (1998) 26, 7.

⑤ 同注④。

⑥ 同注④。

这家私营清算所是该领域的标准制定者。到了 1856 年，芝加哥期货交易所成为多种大宗商品的标准化以及评级的创始者。它发展成为世界上最成功的期货交易所，也是制定金融标准的思想先驱。半个世纪后，穆迪（Moody's）、标准普尔（Standard and Poor's）和惠誉评级（Fitch Ratings）追随其脚步进行信用评级。[①]芝加哥期货交易所采取的自我监管的模式促进了场内交易、标准化并提高了会员的价值。交易所的诞生是为了让买家和卖家聚集在一起，帮助双方轻松交易股票、债券或大宗商品衍生品，提供具有流动性和活力的资本市场，并在经济上实现规模效应和范围效应。[②] 标准化合约便利了各方之间的转让。虽然这种早期的交易所可以进行市场风险的对冲，但没有任何机制可以解决交易对手方未能交付实物或现金产生的信用风险。[③]

1883 年，芝加哥期货交易所建立了第一个清算所，但其不具备合约替代的功能。清算所的担保交收功能（即所谓的完全清算模式[④]）是从欧洲的咖啡交易所的清算基金，或者 1891 年明尼阿波利斯谷物交易所帮助其会员抵御违约事件造成损失的清算基金借鉴来的。[⑤] 直到 1925 年，芝加哥期货交易所清算公司才成立。它通过强制要求所有会员通过支付保证金购买公司股份，建立清算基金，并拥有银行授信。[⑥]

芝加哥鸡蛋和黄油交易所在 1919 年重组成芝加哥商品交易所，采取了不同的所有权方式。交易所将清算所纳入交易所的所有权结构，而不是设立独立的清算机构，使两者均由其会员拥有。这种结构实现了所有会员之间的损失共担，允许在必要时向清算会员收取额外资金，这是与芝加哥期货交易所清算公司不

---

① Randall S Kroszner，“Can the Financial Markets Privately Regulate Risk?”（1999）31 Journal of Money，Credit，and Banking 596，599 –600.

② Yesha Yadav，“Clearinghouses in Complex Markets”（2013）101 Georgetown Law Journal 387，408.

③ Randall S Kroszner，“Can the Financial Markets Privately Regulate Risk?”（1999）31 Journal of Money，Credit，and Banking 596，600.

④ 有关其他形式的清算，请见 James T Moser，“Contracting Innovations and the Evolution of Clearing and Settlement Methods at Futures Exchanges”（1998）26，31 –9。

⑤ Randall S Kroszner，“Can the Financial Markets Privately Regulate Risk?”（1999）31 Journal of Money，Credit，and Banking 596，602；Randall S Kroszner，“Central Counterparty Clearing：History，Innovation and Regu – lation”（European Central Bank and Federal Reserve Bank of Chicago Joint Conference on Issues Related to Central Counterparty Clearing，Frankfurt，3 April 2006.

⑥ Randall S Kroszner，“Can the Financial Markets Privately Regulate Risk?”（1999）31 Journal of Money，Credit，and Banking 596，602 –3.

同的结构。①

芝加哥期货交易所很早就认识到，为其会员创造激励机制来遵守其风险管理实践的重要性，同时也制定了 CCP 至今仍然遵守的基本结构：收取初始保证金和变动保证金，建立风险准备金和清算基金，并有权调查任何有偿付能力问题的会员账目。② 从单纯的交易所，演变为通过收取保证金和净额结算头寸来降低交易成本的清算所，再到如今我们所知的承担对手方信用风险并担保交收的中央对手方，这一演变过程令人惊叹。③ 通过风险管理和不断演进，最初的中央对手方结构和所有权模式④使其成功度过了各大金融衰退期⑤。需要记住，这个最终实现了公共政策目标的过程是在没有任何政府压力的情况下，纯粹由私营机构实现的。

在美联储体系建立之前，清算所履行了简单的银行间转账的功能。⑥ 清算所对不同银行间的未结算金额进行净额计算，以抵消相互需求并减少结算头寸。银行清算所还要求银行在确保清算前提供证券，尤其是在银行发行票据过快的情况下；由此，它们在银行票据系统中提供了保障和制衡。⑦ 虽然它们没有明确担保任何合约，但它们可以促进和促成收购⑧，类似于衍生品清算所拍卖违约清算会员的头寸。

因此，衍生品清算所和银行清算所是由应对市场风险和系统性风险的机制

---

① Randall S Kroszner，“Can the Financial Markets Privately Regulate Risk?”（1999）31 Journal of Money，Credit，and Banking 596，604.

② Randall S Kroszner，“Central Counterparty Clearing：History，Innovation and Regulation”（European Central Bank and Federal Reserve Bank of Chicago Joint Conference on Issues Related to Central Counterparty Clearing，Frankfurt，3 April 2006），38.

③ Randall S Kroszner，“Central Counterparty Clearing：History，Innovation and Regulation”（European Central Bank and Federal Reserve Bank of Chicago Joint Conference on Issues Related to Central Counterparty Clearing，Frankfurt，3 April 2006），38.

④ 交易所成员也是清算所的所有者，为其提供激励，不为 CCP 带来风险。在瀑布式清算基金中，还有其他激励方式，为幸存成员带来了巨大的资金负担。

⑤ Randall S Kroszner，“Can the Financial Markets Privately Regulate Risk?”（1999）31 Journal of Money，Credit，and Banking 596，603；Randall S Kroszner，“Central Counterparty Clearing：History，Innovation and Regulation”（European Central Bank and Federal Reserve Bank of Chicago Joint Conference on Issues Related to Central Counterparty Clearing，Frankfurt，3 April 2006），37.

⑥ 关于更多银行间系统运作的方式，请见 Randall S Kroszner，“Can the Financial Markets Privately Reg - ulate Risk?”（1999）31 Journal of Money，Credit，and Banking 596，605。

⑦ 同上 605 - 6。

⑧ 同上 606。

演变而来。它们旨在降低风险敞口，并确保会员的激励与清算所的激励保持一致，以促进市场稳定和实际增长。

3.3.2 近期发展

最近20年，交易所和中央对手方出现了分离。清算所最初是为农产品期货而建立的，一些清算所作为营利机构运营，而另一些清算所只收取最低费用。① 有趣的是，中央对手方自身对承担额外职责的想法存有疑虑。清算所曾是为交易所交易证券而建立，对于交易所市场的清算所可以依靠自身的信息来源，其产品的价格信息和流动性十分可靠；但当清算所接受场外产品时，却是由合约对手方确定价格并向中央对手方提供确定性相对低很多的信息。② 虽然一些交易所继续拥有中央对手方，但更多的中央对手方与交易所是分离的，交易所不再要求客户具有清算所会员的身份。这一过程通过代理清算得到进一步加强，即非清算会员通过清算会员来获得中央对手方的服务。③ 另一重要变化是清算所改组为营利性公司，不再是互助协会的性质，这对风险管理过程产生了直接影响。④ 如果涉及复杂的金融工具，突如其来的市场冲击更可能会带来额外风险，因为其估值很容易在短时间内出现大幅波动。⑤ 对于中央对手方来说，难以对新产品的风险进行有效定价，再加上抵押品资产贬值的风险，这些都会带来新的风险。头寸缺乏流动性也会影响中央对手方在对手方违约时的平仓能力。⑥

现代中央对手方对其会员履行三大职能：确认所执行交易的细节，限制交

---

① Thomas Krantz, "Comment: Risks Remain in G20 Clearing Plan", Financial Times (London, 29 January 2014) <http: ZZwww. ft. com/cmsZsZ0Z60c82dec8827 - 11e3 - a926 - 00144feab7de. html # axzz3wHmPGGCh> 2017年9月3日查阅。

② Thomas Krantz, "Comment: Risks Remain in G20 Clearing Plan", Financial Times (London, 29 January 2014) <http: ZZwww. ft. com/cmsZsZ0Z60c82dec8827 - 11e3 - a926 - 00144feab7de. html # axzz3wHmPGGCh> 2017年9月3日查阅。

③ Randall S Kroszner, "Central Counterparty Clearing: History, Innovation and Regulation" (European Central Bank and Federal Reserve Bank of Chicago Joint Conference on Issues Related to Central Counterparty Clearing, Frankfurt, 3 April 2006), 39.

④ 同注③。

⑤ Counterparty Risk Management Policy Group II, "Toward Greater Financial Stability: A Private Sector Perspective" (25 July 2005), 7 - 9.

⑥ Randall S Kroszner, "Central Counterparty Clearing: History, Innovation and Regulation" (European Central Bank and Federal Reserve Bank of Chicago Joint Conference on Issues Related to Central Counterparty Clearing, Frankfurt, 3 April 2006, 39.

易对手违约风险，在会员间分散风险和损失。简而言之，中央对手方保障了支付和交割[①]，而且站在了监管改革的前沿，这是因为在雷曼兄弟违约后，有一家中央对手方成功地证明了自己的价值。

3.4 伦敦清算所：一个成功的案例

2008 年秋季，衍生品市场引发了多起违约事件，导致需要监管干预来稳定市场，而这其中有一个成功的案例，就是伦敦清算所。伦敦清算所证明，如果具有合适的风险管理程序，确实可以实现在不加剧市场动荡的情况下有效处置一个大型交易对手方违约，而且是由违约方而不是幸存的非违约会员，来承担损失。[②] 当雷曼兄弟违约时，伦敦清算所面临 9 万亿美元的利率互换交易的风险，共涉及 66 000 多笔交易。这一案例在对所有衍生品实施集中清算的决策中起到了重要作用，也得到了各方进一步的重视。我们可以从伦敦清算所的成功案例中吸取经验，下文将会进一步分析危机后中央对手清算的风险管理实践。

在雷曼兄弟未能向伦敦清算所支付保证金前的一周，伦敦清算所已经开始为可能出现的情况作准备。[③] 伦敦清算所面临着一个抉择：哪些是客户头寸，可以移仓至非违约会员；哪些是自营头寸，需要进行对冲然后平仓。由于雷曼兄弟将自己的头寸与伦敦清算所的头寸混合在一起，这使一切变得复杂起来。[④] 中央对手方决定，最有效和破坏性最小的解决方案是将确定属于违约方的头寸转移给其他清算会员，并拍卖剩余的头寸。[⑤] 在五天内，这一措施让违约风险敞口下降了90%，到2008 年10 月3 日，伦敦清算所已经成功清算了整整9 万亿美元

---

① Heikki Marjosola, "Missing Pieces in the Patchwork of EU Financial Stability Regime?" (2015) 52 Common Market Law Review 1491, 1495 with additional remarks.

② LCH. Clearnet, "Managing the Lehman Brothers' Default" (3 September 2017) <http://www.lchclearnet.com:8080/swaps/swapclear_for_clearing_members/managing_the_lehman_brothers_default.asp>2017 年9 月3 日查阅。

③ Natasha de Teran, "How the World's Largest Default Was Unravelled" Financial News London (London, 13 October 2008) <http://www.efinancial news.com/story/2008-10-13/how-the-largest-default-was-unravelled>2017 年9 月3 日查阅。

④ Paul Cusenza and Randi Abernethy, "Dodd-Frank and the Move to Clearing" [2010] Insight Magazine 22, 23.

⑤ 同上；Natasha de Teran, "How the World 's Largest Default Was Unravelled" Financial News London (London, 13 October 2008)。

的投资组合。[①] 这其中最大的成功在于，伦敦清算所将违约控制在雷曼兄弟提供的保证金范围内，因此无须动用清算基金。这实现了由违约方承担损失，而无须其他清算会员承担。[②]

伦敦清算所在两大机制的帮助下成功处理了违约风险：一是抵押品收取，二是预先确定的违约处置程序。伦敦清算所成功的另一个因素可能是其过去在清算会员违约处置方面的经验。在雷曼兄弟之前，伦敦清算所成功处置了四家清算会员的违约。[③] 在了解伦敦清算所如何处理 9 万亿美元的风险之后，下文将深入探讨中央对手方的风险管理技术。

3.5 总结

本章表明，中央对手清算对场外衍生品产生的系统性风险有积极影响，原因在于中央对手方的多边净额结算降低了交易对手方信用风险。清算机构已经存在了两个多世纪，是私营机构为实现公共政策目标的产物。2008 年国际金融危机从根本上改变了清算的发展。尽管衍生品清算最初是针对场内交易，但鉴于伦敦清算所在降低雷曼兄弟敞口方面的成功经验，监管机构也要求对场外衍生品进行中央对手清算。强制中央对手清算要求从根本上改变了清算会员与中央对手方之间的联系。本章介绍了清算的概念，即中央对手方通过合约替代成为每个衍生品合约的共同交易对手方，成为交易对手方的担保人地位。中央对手方能够对所有交易对手方的敞口进行净额结算，从而降低交易对手方违约的风险敞口及其带来的系统性风险。为了管理中央对手方所面临的风险，中央对手方需要确保其拥有审慎的违约处置机制。此外，中央对手方可以根据一定的标准选择会员，并向清算会员收取抵押品。以初始保证金和变动保证金形式收取的抵押品，可以确保中央对手方拥有一定的缓冲资源，用来管理对交易对手方的风险敞口，以及抵押品本身估值的变化及由此产生的其他风险。中央对手方还要求会员向中央对手方清算基金提供抵押品。如果违约会员的资源不足以覆

---

① Paul Cusenza and Randi Abernethy, "Dodd – Frank and the Move to Clearing" [2010] Insight Magazine 22, 24; LCH. Clearnet, "Managing the Lehman Brothers' Default" (3 September 2017).

② 同注①。

③ LCH. Clearnet, "LCH. Clearnet's Default History" (3 September 2017) <http://www.lch.com/documents/515114/515811/ LCH + Clearnet's + default + history + May – 13 _ tcm6 – 63482. pdf/245cb035 – 5755 – 48bf83d3 – 23b283764e56> accessed 3 September 2017.

盖其风险敞口，中央对手方将使用清算基金，直到额外的流动性得以释放。这样一来，中央对手方将风险控制在内部，在会员之间共同分摊风险，并防止连锁反应。因此，中央对手方有助于实现遏制和降低与衍生品相关的系统性风险这一宏观经济政策目标。伦敦清算所证明了中央对手方能够在巨大的市场困境中取得成功、完成目标。

接下来，我们必须讨论危机前的监管，尤其是美国的监管。在危机爆发前几年里，美国监管（或者说是缺乏监管）导致了场外衍生品的投机和场外市场的扩张。事实胜于雄辩：在2000年《商品期货现代化法案》颁布之前，美国场外市场的总规模为95.2万亿美元。仅仅8年后，场外市场就增长到了惊人的673万亿美元，是之前规模的7倍多。[①]

① LCH. Clearnet, "LCH. Clearnet's Default History" (3 September 2017) <http: //www. lch. com/documents/515114/515811/ LCH + Clearnet's + default + history + May – 13 _ tcm6 – 63482. pdf/245cb035 – 5755 – 48bf83d3 – 23b283764e56> accessed 3 September 2017.

4. 金融危机前的衍生品与清算监管

4.1 前言

前文向读者介绍了衍生品和清算的概念，但没有充分讨论约束它们的监管框架。本章分为两个部分，第一部分介绍欧盟和美国在危机前针对场外衍生品的监管框架，并通过实例研究促成场外衍生品市场蓬勃发展的两大因素：国际掉期与衍生工具协会（ISDA）和美国的《商品期货现代化法案》（CFMA）。国际掉期与衍生工具协会是一个全球性的非政府组织，通过其提供的主协议促进场外衍生品合约的标准化。《商品期货现代化法案》改变了之前的规定，允许衍生品用于投机，而此前是被美国法律所禁止。

第二部分讨论国际社会对2007—2009年金融危机的反应，从2008年11月在华盛顿召开的二十国集团（G20）会议谈起。[①] 这次会议被认为是场外衍生品强制中央对手清算要求的起点。本章接下来重点介绍国际标准制定者提供的监管建议，如金融稳定理事会（FSB）、巴塞尔银行监管委员会（BCBS）、国际证监会组织（IOSCO）和支付与结算系统委员会（CPSS）。这些标准属于软法律，它们不存在国家立法的约束力，但它们可以为立法过程提供指导。[②] 自国际金融危机以来，软法律程序已成为全球金融和金融法的重要组成部分。尤其是尽管软法律不能直接执行，但它可以促进各方达成共识，推动形成统一的监管方

---

① G20，“G20 Leaders Statement：The Pittsburgh Summit”（25 September 2009）<http：//www.g20.utoronto.ca/2009/2009communique0925.html>2017年9月查阅。

② Eilís Ferran and Kern Alexander，“Can Soft Law Bodies Be Effective? Soft Systemic Risk Oversight Bodies and the Special Case of the European Systemic Risk Board”（June 2011）36，5 -7.

法。[①] 软法律的好处是它可以绕过复杂的立法程序，从而促进共识和及时行动。软法律的兴起也对制定这些法律的机构赋予了权力，这些机构的成员数量少，因此可以从对硬法律程序的快速响应和动态投入中获益。这反过来也引发了人们对其民主合法性的质疑，因为金融市场上的国际标准制定机构不是由国家创建的，而是由“代表国家的非正式协会和/或专业人士”创建的。[②]

废止了针对场外交易和投机的严格规定之后，场外衍生品市场到2008 年增长至673 万亿美元，危机后软法律标准的目标是通过协调一致的宏观审慎改革来对抗系统性风险。将软法律目标与国家立法目标进行比较分析，从而分析这些目标是否真的得以实现。

4.2 金融危机前的监管

如前文所述，交易所从一开始就受到严格的规则约束，本章将再次聚焦场外衍生品。布雷顿森林体系将美元与金价挂钩，为汇率市场提供了保障。在尼克松总统领导下，美国废除了金本位制，随后布雷顿森林体系在 1973 年崩溃，情况就发生了变化。[③] 此后，衍生品的重要性增加，因为交易对手方可以使用衍生品进行对冲，降低其对汇率波动的风险敞口，因此，货币掉期和期货等货币衍生品变得越发重要。[④] 纽约国际商业交易所（1970 年）和芝加哥国际货币市场（1972 年）成为第一批可以进行货币期货交易的交易所。与此同时，这类衍生品在场外交易市场的重要性逐渐提高，因为它允许市场参与者根据具体需要

---

① Eilís Ferran and Kern Alexander, “Can Soft Law Bodies Be Effective? Soft Systemic Risk Oversight Bodies and the Special Case of the European Systemic Risk Board” (June 2011) 36, 5 -7.

② 同上 6 -7, 9, 13. 关于二十国集团的民主合法性，请见 Kern Alexander and others, “The Legitimacy of the G20 - a Critique under International Law” (May 2014), 22. Also Andrew F Cooper and Colin I Bradford Jr, “The G20 and the Post - crisis Economic Order”, CIGI G20 Papers no. 3 (June 2010), 4; Jan Baumann, “Der Siegeszug Des Soft Law” SRF (Bern, 27 August 2015) <http://www.srf.ch/news/wirtschaft/der-siegeszug-des-soft-law> 2017 年 9 月 3 日查阅。

③ IMF, “The End of Bretton Woods System (1972 - 81)” (3 September 2017) <https://www.imf.org/external/about/histend.htm> 2017 年 9 月 3 日查阅. Peter M Graber, “The Collapse of the Bretton Woods System” in Michael D Bodo and Barry Eichengreen (eds), A Retrospective on the Bretton Woods System: Lessons for International Monetary Reform (University of Chicago Press 1993), 462 -3。

④ Bas Straathof and Paolo Calió, “Currency Derivatives and the Disconnection between Exchange Rate Volatility and International Trade” (February 2012) 203, 2 -3.

来适配合同。[①] 随后，强劲的金融创新、市场领域的管制放松以及强大的国际性非政府参与者——国际掉期与衍生工具协会共同促成了场外市场的进一步崛起。由于交易所一直受到严格的法律监管，因此我们把讨论的重点放在场外衍生品上。

4.2.1 金融危机前的国家监管

如前所述，场外衍生品受交易对手方协商条款的约束，还受到其他基本性法律的约束（如适用）。场外衍生品起源于利率互换和货币掉期，后来发展到包括信用衍生品和天气衍生品在内的奇异衍生品。[②] 最初，双方通过电话和电传协商交易并设定合约条件。这些最初的合约需要额外的通用条款进行补充，这些条款几乎不会改变，因此，合约各方开始将合约标准化，并加上补充条款，从而使合约条款适应其需求。[③] 与此同时，交易所开始在路透社、彭博社和泰勒克斯等网站上公布产品价格，为过去流动性不足的产品创造了供需关系。这种价格透明度也吸引了过去不会从事衍生品交易的新客户。[④]

4.2.1.1 美国

在2000年《商品期货现代化法案》颁布之前，美国出于社会福祉目的禁止投机。美国最高法院对 *Irwin* 诉 *Williar* 一案的裁决很好地描述了当时的司法实践：

这个国家普遍接受的理论是……在未来某天交付货物的销售合同是有效的，即使卖方没有货物，也没有除进入市场购买货物之外其他获得货物的手段。但是这种合同只有在双方当事人确实打算并同意由卖方交付货物且由买方支付价格的情形下才有效；如果打着这种合同的幌子，其真正意图只是投机价格涨跌，而货物并不交付，一方在合约执行日期向另一方支付合约价格与市场价格的差额，那么整个交易无非是一场赌注，是无效的。[⑤]

---

① Bas Straathof and Paolo Calió, "Currency Derivatives and the Disconnection between Exchange Rate Volatility and International Trade" (February 2012) 203, 2 -3.

② Allen & Overy, "An Introduction to the Documentation of OTC Derivatives 'Ten Themes'" (May 2002), 1 <http://www.isda.org/educat/pdf/ten - themes.pdf>2017 年 9 月 3 日查阅。

③ 同上 2 -3, Norman M Feder, "Deconstructing Over - The - Counter Derivatives" (2002) 2002 Columbia Business Law Review 677, 736。

④ Franca Contratto, Konzeptionelle Ansatze Zur Regulierung von Derivaten Im Schweizerischen Recht (Schulthess Juristische Medien 2006), 65.

⑤ Irwin v Willar (1884), 110 US 499, 508 -9.

投机被认为是赌博的一种形式，因此不被鼓励。由于不允许打赌，投机者不得不承担现货市场交易的成本和种种不便。此外，这样做的目的是劝退任何想要操纵标的资产的行为。[①] 限制差价合约（当时衍生品合约的术语）的投机，可以将此类投机性合约的交易转移到特定场所，即商品交易所。[②] 在商品交易所，人们对“谷仓收据”（后来更名为期货）进行交易，人们通过购买第二份期货合约在同一交割日期交割相同数量的商品来对冲原始合约，实际上是规避了实物交割。[③] 虽然这些投机性交易不能在法庭上强制执行，但它们可以在交易所内执行，从而使期货市场快速发展。[④] 与此同时，第一个场外市场也发展起来，从可以向任何人出售期货的“投机商店”开始。1905 年，美国最高法院宣布场外交易市场的投机性期货交易无效，但由于最高法院认为对冲交易属于交割，这些交易在交易所是具有法律效力的。[⑤]

1936 年，1922 年的《谷物期货法》被重新制定为《商品交易法》。该法授权商品期货交易委员会（CFTC）监督和管理私营商品交易所，特别是在发现并防止市场操纵方面的工作。[⑥] 此外，该法还严格禁止场外期货交易[⑦]，规定这些交易是非法的、无法律效力的。[⑧] 除了这些受监管的期货，新的标的资产也逐渐面世，如利率、房价、抵押贷款违约率，甚至天气。根据《商品交易法》[⑨]，这些在场外市场交易的衍生品合约是非法的，因此，商品期货交易委员会需要确定这些掉期交易是否需要服从法律规定的交易所交易要求。[⑩] 1989 年，商品期货

---

① Lynn A Stout，“Legal Origin of the 2008 Financial Crisis”（2011）1 Harvard Business Law Review 1，13 - 14.

② 同上 12，14 - 15。

③ 同上 15。

④ 1888 年，全美收获了 4.15 亿蒲式耳小麦，25 万亿蒲式耳小麦期货合约经过了交易转手。

⑤ Board of Trade of Chicago v Christie Grain & Stock Co（1905），198 US 224. Lynn A Stout，“Legal Origin of the 2008 Financial Crisis”（2011）1 Harvard Business Law Review 1，16 - 17.

⑥ 这导致了美国商品期货交易委员会和证券交易委员会之间长期的地盘争夺战。更多的相关讨论，请见 Jerry W Markham，“Super Regulator：A Comparative Analysis of Securities and Derivatives Regulation in the United States，The United Kingdom，and Japan”（2003）28 The Brook Journal of International Law 356，356 - 62。

⑦ 最初的期货（例如棉花和谷物期货）的范围在 1974 年扩大到包括“所有其他商品和物品”。见 Lynn A Stout，“Legal Origin of the 2008 Financial Crisis”（2011）1 Harvard Business Law Review 1，18 fn 61。

⑧ 同上 17 - 18. 见 The Financial Crisis Inquiry Commission，“The Financial Crisis Inquiry Report”（January 2011），46。

⑨ The Financial Crisis Inquiry Commission，“The Financial Crisis Inquiry Report”（January 2011），46.

⑩ Lynn A Stout，“Legal Origin of the 2008 Financial Crisis”（2011）1 Harvard Business Law Review 1，18.

交易委员会发布了“避风港”政策声明，免除了对掉期交易的监管。[①]

国会支持不断放松衍生品市场监管的做法。这一过程的高潮是在 1992 年场外掉期被豁免受《商品交易法》、各州的反赌法和反投机商号法的管辖。场外掉期交易最终在 1992 年得到豁免，不受《商品交易法》、各州反赌博和反投机销售的约束。[②] 因此，在接下来的几年里，由于场外交易市场中的损失，较多由衍生品引发的灾难接踵而来。[③] 尽管这一切最终以对长期资本管理公司的财务救助告终，但暂停衍生品监管的规定仍在 1998 年 10 月通过，而且《商品期货现代化法案》通过后，场外衍生品被豁免并免受任何监管。[④]

有一位女性勇敢地反对放松场外衍生品监管，她就是 Brooksley Born。她在 1996—1999 年担任商品期货交易委员会主席期间，鼓励对场外市场进行监管，因为她担心信用违约互换（CDS）会影响金融稳定。[⑤] 她的计划在一份概念性文件中公布，但不幸受挫，背后的反对势力是美联储前主席 Alan Greenspan、前财政部长 Robert Rubin 和美国证监会前主席 Larry Summers。这三人强烈反对对场外衍生品市场进行任何监管，声称如果市场受到监管，就会引发金融危机，而且场外衍生品不会产生系统性风险。尽管 1998 年由于长期资本管理公司误判了衍生品风险，政府最终对其进行了救助，但是国会依然通过了暂停场外衍生品监管的政策。[⑥]

Born 辞职后，2000 年《商品期货现代化法案》颁布，宣称已通过提供法律

---

① Policy Statement Concerning Swap Transactions, 54 Federal Registration 30, 694 (21 July 1989).

② Lynn A Stout, “Legal Origin of the 2008 Financial Crisis” (2011) 1 Harvard Business Law Review 1, 19 - 20.

③ 同上; The Financial Crisis Inquiry Commission, “The Financial Crisis Inquiry Report” (January 2011), 46 - 7。

④ The Financial Crisis Inquiry Commission, “The Financial Crisis Inquiry Report” (January 2011), 47 - 8.

⑤ Manuel Roig - Franzia, “Brooksley Born: The Cassandra of the Derivatives Crisis” Washington Post (Washington, DC, 26 May 2009) <http://www.washingtonpost.com/wp - dyn/content/article/2009/05/ 25/AR2009052502108.html>; Lynn A Stout, “Legal Origin of the 2008 Financial Crisis” (2011) 1 Harvard Business Law Review 1, 21. 2017 年 9 月 3 日查阅。

⑥ Manuel Roig - Franzia, “Brooksley Born: The Cassandra of the Derivatives Crisis” Washington Post (Washington, DC, 26 May 2009) <http://www.washingtonpost.com/wp - dyn/content/article/2009/05/25/AR2009052502108.html>; John Carney, “The Warning: Brooksley Born's Battle with Alan Greenspan, Robert Rubin And Larry Summers” Business Insider (New York, 21 October 2009). <http://www.businessinsider.com/the - warning - brooksleyborns - battle - with - alan - greenspan - robert - rubin - and - larry - summers - 2009 - 10? IR = T>2017 年 9 月 3 日查阅。

确定性来减少系统性风险，内容就是对所有具备场外衍生品投机交易资格的交易方豁免监管。这是通过直接将大多数衍生品排除在《商品交易法》的管辖范围之外而实现的。[①] 与此同时，第一个场外交易从可以向任何人出售期货的"投机商店"发展起来，放松监管是2008年这场由衍生品引发的金融危机的根源。[②]《商品期货现代化法案》允许放松场外衍生品市场的监管，进而导致这个市场在短短八年内从2000年末的95万亿美元扩张到673万亿美元[③]，超出了人们的预期。整个市场领域的放松管制，以及美国证监会和商品期货交易委员会之间的地盘争夺战[④]，使率先由衍生品引发金融危机成为可能。[⑤]

4.2.1.2 欧盟

与美国相反，欧盟缺乏对场外衍生品的监管。由于担心在与美国的竞争中处于劣势，英国断然否决了对衍生品市场的任何监管。[⑥] 虽然巴塞尔银行监管委员会发布了关于场外衍生品的报告[⑦]，而且 Lamfalussy 主席的报告[⑧]将其确定为欧洲金融稳定的风险，但仍然没有任何监管场外衍生品的措施。[⑨] 而场内衍生品

① Lynn A Stout, "Legal Origin of the 2008 Financial Crisis" (2011) 1 Harvard Business Law Review 1, 21.

② Same opinion: The Financial Crisis Inquiry Commission, "The Financial Crisis Inquiry Report" (January 2011), xxiv; see also Alexey Artamonov, "CrossBorder Application of OTC Derivatives Rules: Revisiting the Substituted Compliance Approach" (2015) 1 Journal of Financial Regulation 206, 207; Lynn A Stout, "Legal Origin of the 2008 Financial Crisis" (2011) 1 Harvard Business Law Review 1, 20 – 24.

③ The Financial Crisis Inquiry Commission, "The Financial Crisis Inquiry Report" (January 2011), xxiv – xxv.

④ Jerry W Markham, "Super Regulator: A Comparative Analysis of Securities and Derivatives Regulation in the United States, The United Kingdom, and Japan" (2003) 28 The Brook Journal of International Law 356, 356 – 62.

⑤ For an analysis of how this unsystematic financial regulation increased systemic risk from derivatives, see Kern Alexander and Steven L Schwarcz, "The Macro – prudential Quandary: Unsystematic Efforts to Reform Finan – cial Regulation" in Ross P Buckley, Emilios Avgouleas and Douglas Arner (eds), Reconceptualising Global Finance and its Regulation (Cambridge University Press 2016), 151 – 2.

⑥ Lucia Quaglia, The EU and Global Financial Regulation (Oxford University Press 2014), 93 – 5.

⑦ BIS, "OTC Derivatives: Settlement Procedures and Counterparty Risk Management" (September 1998) <http: //www. bis. org/cpmi/publ/d27. pdf>2017 年 9 月 3 日查阅。

⑧ Alexandre Lamfalussy and others, "Final Report of the Committee of Wise Men on the Regulation of the Europe – an Securities Market" (15 February 2001) <http: //ec. europa. eu/internal market/securities/docs/lam – falussy/wisemen/ final – report – wise – men _ en. pdf>2017 年 9 月 3 日查阅。

⑨ 同上，66，70，83，91。

在 2004 年就受到《金融工具市场指令》（MiFID I）的监管。[①]

4.2.2 金融危机前的非政府监管

国际掉期与衍生工具协会（ISDA）是衍生品领域最具影响力的非政府组织。[②] ISDA 通过向交易对手方提供可以适应司法辖区经济、法律要求的标准化协议，帮助其有效开展场外衍生品交易。因此，下文对 ISDA 进一步详细介绍。

ISDA 最初被称为国际掉期交易商协会，于 1984 年在纽约制定场外掉期交易协议的标准。[③] ISDA 于 1985 年发布了第一个“标准”，即 1985 年版的《掉期协议的标准语言、设定和条款》，并在随后几年不断制定新的标准化协议。最初的标准化协议中包含术语表，用来定义主要美元利率互换参与者的合约及其具体操作，后来扩大到其他货币和全球性操作。[④] ISDA 持续发展其标准化协议，覆盖其他场外衍生品，并使标准更具可及性和包容性，且于 1987 年将该标准化协议的名称改为《ISDA 主协议》。[⑤]《ISDA 主协议》提供了标准合约，可以帮助交易双方协商，提高净额结算和抵押品条款的可执行性，降低交易和谈判成本，并在所有司法管辖区“显著降低信用和法律风险”。[⑥]

ISDA 作为垄断性的私营监管机构——一个“跨国私营监管机构”[⑦]，在危机前主要为发行人、经纪商和法律顾问提供场外衍生品交易非经济内容的合约制式条款，帮助其适应世界各地不同的司法管辖区和制度。人们认为，只有在 ISDA 的帮助下，这个价值数万亿美元的行业才可以在全球市场上诞生和蓬勃发

---

① 见指令 2004/39/EC。

② 关于其他提供标准化合约的机构，见 Norman M Feder，“Deconstructing Over – the – Counter Deriva – tives”（2002）2002 Columbia Business Law Review 677，740 –41。

③ Allen and Overy，“An Introduction to the Documentation of OTC Derivatives ‘Ten Themes’”（May 2002），1.

④ 同上 2 –3，Norman M Feder，“Deconstructing Over – The – Counter Derivatives”（2002）2002 Columbia Business Law Review 677，737。

⑤ 关于更多 1992 年国际掉期与衍生工具协会协议的详情，见 ISDA，“About IS – DA”（3 September 2017）http://www2. isda. org/aboutisda/2017 年 9 月 3 日查阅；Allen & Overy，“An Intro – duction to the Documentation of OTC Derivatives ‘Ten Themes’”（May 2002），2 –3；5 –7。

⑥ ISDA，“About ISDA”（3 September 2017）<http://www2. isda. org/aboutisda/>2017 年 9 月 3 日查阅。

⑦ Gabriel V Rauterberg 及 Andrew Verstain，“Assessing Transnational Private Regulation of the OTC Deriva – tives Market：ISDA，the BBA，and the Future of Financial Reform”（2013）54 Virginia Journal of International Law 9，46 –7.

展。[①] ISDA 的影响力很大，它可以游说全球各地的监管机构，让政府监管与 ISDA 主协议相符，从而保持其在市场上的地位。[②] 长久以来，ISDA 在场外衍生品市场占有主导地位，因为它提供的材料、各类条款和标准会随着市场和金融创新的发展逐渐充实，并发展成为文件。[③] 这样一来，因为主协议提供了标准化合约模板，合约条款可以在不同司法管辖区之间统一应用，可以作为各方公认的非经济条款的基础，其中定义了违约事件的处理程序，并回答了关于适用法律和司法管辖区等问题。同时，经济相关的条款由合同各方自行决定。[④]

2010 年金融稳定理事会的报告发现，ISDA 的参与使信用违约互换市场在 2005 年后变得高度标准化，这带来了“更高的运营效率，促进标准化交易实现更大交易量，并……为集中降低风险的基础设施提供必要的运营环境”。[⑤] 例如 ISDA 的“大爆炸协议”（Big Bang Protocol）使投资组合的压缩、报告和清算成为可能[⑥]。该协议于 2009 年 3 月 12 日公布，作为对金融危机的响应，其目的是帮助交易信用违约互换的市场参与者在 2009 年 4 月 7 日的截止日期前后统一合约，以防发生信用事件，并允许拍卖未平仓头寸。[⑦] ISDA 之所以制定这一新协议，是因为 ISDA 意识到，由于 ISDA 的协议允许双边确定经济条款，因此交易对手方基本上已经就无担保合约达成一致。[⑧] 这样做的目标是允许交易对手方对信用违约互换进行拍卖结算，最终稳定信用违约互换市场，使其回归正常运行的市场状态。[⑨]

4.2.3 回顾

美国是本部分分析中唯一对其衍生品市场进行一致监管，并禁止投机和场

① Katharina Pistor，“A Legal Theory of Finance”（May 2013）315 -30，321.

② 同注①。

③ Gabriel V Rauterberg and Andrew Verstain，“Assessing Transnational Private Regulation of the OTC Deriva - tives Market：ISDA，the BBA，and the Future of Financial Reform”（2013）54 Virginia Journal of International Law 9，23.

④ 同注③。

⑤ FSB，“Implementing OTC Derivatives Market Reforms”（25 October 2010），15 <http：//www. fsb. org/wp - content/uploads/r _ 101025. pdf>2017 年 9 月 3 日查阅。

⑥ ISDA，“Credit Derivatives Determinations Committees and Auction Settlement CDS Pro - tocol 2009”（12 March 2009） <http：//www. isda. org/bigbangprot/ docs/Big - Bang - Protocol. pdf>2017 年 9 月 3 日查阅。

⑦ 同注⑥。

⑧ Manmohan Sing，“Collateral Netting and Systemic Risk in the OTC Derivatives Market”（April 2010）99，5 -8.

⑨ ISDA，“Big Bang Protocol - Frequently Asked Questions”（3 September 2017） <http：//www. isda. org/bigbangprot/bbprot _ faq. html#sf9>2017 年 9 月 3 日查阅。

外使用衍生品的司法辖区。放松场外衍生品市场监管的决定是金融危机的助推器。欧盟缺乏对场外衍生品的任何监管。在缺乏国家监管的情况下，一个非政府组织会将自己定位为市场指导者。

ISDA 对场外衍生品市场的发展具有不可否认的重要性。ISDA 主协议使来自世界各地的交易对手方能够快速、合法地签订场外衍生品合约。它强调了自己的准政府地位，规定任何没有从 ISDA 购买主协议的人都不能享受保护。① 如果没有这一非政府组织的努力，场外衍生品市场能够发展到高达 673 万亿美元规模的可能性微乎其微。

金融危机的严重程度显性化之后，美国在国内政治的压力下，开始引导国际社会采纳其对后危机秩序的做法。② 为实现这一目标，美国的倡议通过对国际标准制定者，特别是二十国集团的影响，影响了国际改革议程。

4.3 国际改革议程

国际社会，特别是二十国集团和金融稳定理事会，在公众和媒体的压力下开始迅速着手解决全球金融体系的缺陷。③ 为了深入了解国际目标和危机后的响应措施，下文精选了一系列国际标准进行分析。

4.3.1 起源

二十国集团的目标是“促进工业化国家和新兴市场之间的讨论，并研究和审查政策问题，以促进国际金融稳定”。④ 二十国集团是由七国集团（G7）财长于 1999 年创立的国际论坛，由代表 19 个国家和欧盟的财长、央行行长，以及布

① Gabriel V Rauterberg and Andrew Verstain, “Assessing Transnational Private Regulation of the OTC Deriv - atives Market: ISDA, the BBA, and the Future of Financial Reform” (2013) 54 Virginia Journal of International Law 9, 40.

② Lucia Quaglia, The EU and Global Financial Regulation (Oxford University Press 2014), 94.

③ 关于基于扭曲和偏见事实和政客短视目光的媒体压力，见 Kern Alexander and Steven L Schwarcz, “The Macro - prudential Quandary: Unsystematic Efforts to Reform Financial Regulation” in Ross P Buckley, Emil - ios Avgouleas and Douglas Arner (eds), Reconceptualising Global Finance and its Regulation (Cambridge University Press 2016), 130。

④ University of Toronto, “G20 Members” (3 September 2017) <http://www.g20.utoronto.ca/members.html> 2017 年 9 月 3 日查阅。

雷顿森林机构的代表——世界银行（WB）和国际货币基金组织（IMF）组成。[①]虽然二十国集团体制结构不透明，缺乏问责制和民主合法性，但其非正式性质有助于促进国际层面的对话，并有助于迅速找到解决办法。[②] 二十国集团第一次会议于2008 年 11 月在华盛顿特区举行，是迄今产生的最重要监管影响的体现。美国前总统乔治·W. 布什以及二十国集团财长受邀协调全球对金融危机的应对，他们承诺采取各种行动[③]，委托专家持续调查如何增强“信用衍生品市场的韧性和透明度，并降低其系统性风险，包括改善场外市场的基础设施”。[④]

在此期间，ISDA 牵头召开了一次会议，[⑤] 探讨解决运营基础设施的弱点，行业领袖承诺为场外衍生品建设一个强大的中央对手清算基础设施。[⑥] 尽管如此，场外衍生品强制清算要求起源于 2009 年 9 月在匹兹堡举行的二十国集团会议。[⑦] 在那里，二十国集团就四个关键的改革达成一致，并承诺在 2012 年底之前实施这些改革：

（1）强制要求所有场外衍生品合约向交易报告库报告；

（2）所有标准化场外衍生品都必须由中央对手方进行清算；

（3）对于充分标准化的合约，尽可能在交易所或电子交易平台进行交易；

（4）提高非中央对手清算的场外衍生品合约的资本要求和保证金要求。[⑧]

作为金融稳定论坛的继任者，金融稳定理事会被视作改革实施过程的监督

---

① University of Toronto，“G20 Members” （3 September 2017） < http：//www. g20. utoronto. ca/members. html > 2017 年 9 月 3 日查阅。

② Kern Alexander and others， “The Legitimacy of the G20 – a Critique under International Law” （May 2014），22.

③ G20，“Declaration of the Summit on Financial Markets and the World Economy”（15 November 2008）< http：//www. g20. utoronto. ca/2008/2008 declaration1115. html > 2017 年 9 月 3 日查阅。

④ 同上；see also Lucia Quaglia，The EU and Global Financial Regulation （Oxford University Press 2014），94.

⑤ ISDA，“Statement Regarding June 9 Meeting on Over – the – Counter Derivatives”（9 June 2008） Press Release < https：//www2. isda. org/attachment/ MjE2Mg = = /ma080609. html > 2017 年 9 月 3 日查阅。

⑥ ISDA，“New York Fed Welcomes Expanded Industry Commitments on Over – the – Counter Derivatives”（31 July 2008） Press Release < https：//www2. isda. org/attachment/MjE1OQ = = /an080731. html > 2017 年 9 月 3 日查阅；见 Anon.， “Market Participants to the Fed Commitments” （3 September 2017） < https：//www2. isda. org/attachment/MjkxNA = = /073108% 20Supplement. pdf > 2017 年 9 月 3 日查阅。

⑦ G20，“G20 Leaders Statement：The Pittsburgh Summit”（25 September 2009）.

⑧ G20，“G20 Leaders Statement：The Pittsburgh Summit” （25 September 2009）. 第 13 条承诺；FSB，“Making Derivatives Markets Safer”（3 September 2017） < http：//www. fsb. org/what – we – do/policy – development/otcderivatives/ > 2017 年 9 月 3 日查阅。

机构。[①] 金融稳定理事会的任务是与国际货币基金组织合作，全面监督系统性风险，从而前瞻性预警风险。与世界贸易组织（WTO）或 IMF 等根据条约成立的国际经济组织不同，金融稳定理事会是一个没有法人资格或创始条约的国际标准制定机构。[②] 当“大而不能倒”和系统性风险问题出现时，金融稳定理事会尤显重要。[③]

4.3.2 初步成果

2010 年 10 月，金融稳定理事会发布了一份题为《实施场外衍生品市场改革》的报告[④]，该报告得到了支付与结算系统委员会[⑤]、国际证监会组织以及欧盟委员会的支持。[⑥] 金融稳定理事会提出了多项建议，特别是关于加强合约标准化、提高中央对手清算合约的规模以及提高双边交易的风险管理要求。[⑦]

此外，为了推动所有标准化产品在交易所或电子交易平台上交易[⑧]，并及时和完整地向交易报告库报告[⑨]，金融稳定理事会强调了促进衍生品市场的安全发展过程中，全球各方面合作的必要性。为了实现这一目标，金融稳定理事会呼吁场外衍生品监管者组织（ODSG）[⑩]、国际清算银行（BIS）和国际证监会组织

---

① G20，“G20 Leaders Statement：The Pittsburgh Summit”（25 September 2009）；FSB，“Implementing OTC Derivatives Market Reforms”（25 October 2010）.

② Eilís Ferran and Kern Alexander：“Can Soft Law Bodies Be Effective? Soft Systemic Risk Oversight Bodies and the Special Case of the European Systemic Risk Board”（June 2011）36，9.

③ 同上 11。

④ FSB，“Implementing OTC De – rivatives Market Reforms”（25 October 2010）.

⑤ 支付与结算系统委员会在 2014 年更名为如今的支付和市场基础设施委员会（CPMI）。见 BIS，“CPSS – New Charter and Renamed as Committee on Payments and Market Infrastruc – tures”，1 September 2014。

⑥ FSB，“Implementing OTC Derivatives Market Reforms”（25 October 2010），iii.

⑦ 同上 3 –5。主要目的在于，强制要求更多的场外合约受到中央对手方的监管，从而提高合约价格的可靠程度，并加强中央对手清算所的风险评估。具体请见建议第 6 条：“不应要求专门的中央对手方对任何其不能有效进行风险管理的产品进行清算……如果有关部门决定，某个场外衍生品产品是标准化的，并且适合进行清算，但是没有中央对手方愿意对其清算，那么该部门应当对拒绝的原因开展调查。”

⑧ FSB，“Implementing OTC Derivatives Market Reforms”（25 October 2010），5 –6.

⑨ 同上 6 –7。

⑩ 场外衍生品监管者组织由纽约联储于 2005 年创立。这是混合组织，既有监管机构，也有主要的市场参与者。这一组织尤其是为了应对不断增长的信用违约互换市场带来的风险。它与国际掉期与衍生品协会相互协作，以促成共同发展。见 Federal Reserve Bank of New York，“OTC Derivatives Supervisors Group”（3 September 2017）<https：//www. newyork fed. org/markets/otc _ derivatives _ supervisors _ group. html#tabs –1>2017 年 9 月 3 日查阅。

（ISOCO）提出更多的建议和承诺，持续努力在 2012 年底前落实二十国集团的承诺。[①]

4.3.2.1 确定清算适用性

2012 年 2 月，国际证监会组织发布了关于如何确定适合清算的衍生品的标准，以防止套利和风险再次产生。[②] 该组织提出了两种定义一个或一组产品是否适合清算的方法：自上而下和自下而上的方法。在自上而下中，监管机构会评估在没有中央对手清算或强制清算要求的情况下，是否应该对产品进行清算。在自下而上的方法中，除了强制中央对手清算的产品之外，中央对手方还会对其他产品提出清算建议。[③] 将这两种方法结合使用，只有在不破坏金融市场稳定的情况下，才应允许豁免强制中央对手清算，同时还要考虑到不统一的规则带来的全球影响。此外，监管机构应该参与跨境讨论，并评估对某些产品进行监管或放松监管的潜在影响。[④]

强制中央对手清算的衍生品应该是明确和可识别的，并明确产品的交易场所、清算的时间框架，以及关于中央对手方清算的任何潜在限制（交易量等）。[⑤] 在考虑对衍生品进行中央对手清算时，标准化程度是关键所在。对此，国际证监会组织对 2010 年金融稳定理事会的报告进行了进一步扩展，在合约条款中对充分的标准化进行了定义，并支持将业务流程纳入考虑。[⑥] 在认定某种产品适合强制清算之前，还必须考虑该产品在整个市场上的流动性。国际证监会组织建议考虑交易量和价值、平均交易规模、买卖价差、交易平台和/或流动性提供者的数量、活跃的市场参与者，以及 CCP 的限制。[⑦] 最后，监管机构还应首先考虑所有市场参与者是否能够获得可靠、公平的产品市场定价，以此作为衡量集中

---

① FSB，“Implementing OTC Derivatives Market Reforms”（25 October 2010），7；Jason Quarry and others，“OTC Derivatives Clearing：Perspectives on the Regulatory Landscaper and Con－siderations for Policymakers”（31 May 2012） http：//www. oliverwyman. com/content/dam/oliver － wyman/global/en/files/archive/2012/OTC _Derivatives _ Clearing. pdf 2017 年 9 月 3 日查阅。

② IOSCO，“Requirements for Mandatory Clearing”（February 2012），5－6，11 https：//www. iosco. org/library/pubdocs/pdf/IOSCOPD374. pdf 2017 年 9 月 3 日查阅。

③ 同上 5 及 12－14。

④ 同上 5－6。

⑤ 同上 14－15。

⑥ 同上 16－17 及 27－8。

⑦ 同上 17。

清算资格的指标。人们可以通过比较第三国监管辖区的决定，并将其论据与本国要求进行比较，找到更多指标。[①]

建议豁免的形式分为三类：产品豁免、参与者豁免和固定期限。如果某种产品被豁免，可能是因为缺乏标准化或市场流动性不足。市场参与者可以获得豁免，因为他们对整体市场的风险很小，或者强制清算会给其带来过重负担。如果监管机构需要更多时间对某些产品或参与者安排监管，强制清算也可以在一段固定的时间内暂停实施。[②] 同时，持续监测和适应变化的重要性得以再次强调。[③] 在2012年前实施强制清算的各司法辖区中，集团内部交易和小型金融交易对手方以及许多非金融交易对手方往往被豁免，因此，国际证监会组织的报告明确提到了这一点。国际证监会组织的要求，强调了保持全球统一规则和防止利用漏洞的重要性。尽管集团内部交易以及小型金融、非金融交易对手方的对冲交易确实对全球金融体系稳定性构成的风险较小，但这种优惠待遇可能会被利用，从而使对冲和投机之间的界限变得模糊。特别是对于最后一类交易对手方，报告建议设置特定的门槛，而不是对清算规则适用一般豁免。[④]

4.3.2.2 金融市场基础设施

2012年4月，支付结算体系委员会和国际证监会组织发布了《金融市场基础设施原则》。[⑤] 它包含了金融市场基础设施的24项原则，通过有效的风险管理和使用金融基础设施来促进金融稳定，以及“促进货币和其他金融交易的清算、结算和记录”。[⑥][⑦] 金融基础设施被定义为“参与机构间的多边系统，包括该系统的运营者，用于清算、结算或记录支付、证券、衍生品或其他金融交易”。[⑧] 尽管金融基础设施在危机期间表现良好，但由于它们在金融体系和整个经济的运作及稳定中发挥着关键作用，因此成为了标准制定者的监管目标。这些原则适用于具有系统重要性的支付系统，如清算系统、结算系统和记录存储系统：

---

① 同上17－18及20。

② 同上31。

③ 同上41－2。

④ 同上32－3。

⑤ CPSS and IOSCO,“Principles for Financial Market Infrastructures”(April 2012).

⑥ 同上5。

⑦ 同上1－4。

⑧ 同上7。

中央证券存管机构（CSD）[①]、证券结算系统（SSS）[②]、中央对手方和交易报告库（TR）。由于它们作为管理人将风险集中了起来，如果出现管理不善的情况，会加快风险在不同金融市场上的传播速度。[③]

为防止管理金融市场基础设施的法律因碎片化或因设计不当而引发进一步的系统性危机，支付与结算系统委员会与国际证监会组织的原则是为了提高对金融市场基础设施的信任和信心，减少未来潜在冲击带来的负外部性影响。[④] 这些原则涵盖国内、跨境和多币种交易中的所有中央证券存管机构、证券结算系统、中央对手方和交易报告库，因为每一个机构都可能"触发或传递系统性风险"[⑤]，包括但不限于"一国唯一支付系统或以支付总额计算的主要支付系统……以及用于在其他具有系统重要性的金融基础设施进行结算的支付结算系统"。[⑥] 支付与结算系统委员会与国际证监会组织的原则强调，如果一家金融基础设施不能持续经营或出现资不抵债的情形，就必须采取强有力的措施，允许其恢复或有序关闭、转移其资产。[⑦]

4.3.3 进一步发展

尽管二十国集团计划在 2012 年底前完成改革，但这是一个持续的过程。2015 年 1 月，国际证监会组织发布了防范化解非中央对手清算衍生品风险的最终标准。[⑧] 这些标准是与巴塞尔银行监管委员会及支付和市场基础设施委员会

---

① 信用违约掉期通过提供中央保管服务促进证券的完整性，并确保证券不会被更改 、创建或销毁，不论是出于欺诈性目的还是出于意外。证券从结算系统以电子或实物方式转移至中央证券存管机构，由中央证券存管机构提供保障。泛欧实时全额自动清算系统是欧洲央行在欧元区的一项战略，为所有参与信用违约互换的参与者提供单一结算平台，见 CPSS and IOSCO，"Principles for Financial Market Infrastructures"（April 2012）5，8；Dermot Turing，Clearing and Settlement in Europe（Blooms – bury Professional 2012），16。

② 证券结算系统可以允许用户根据预定义的功能进行证券转让，这种功能可以是券款对付，也可以是免付款。最常见的版本是付款交割，只有在付款时才会交付证券。在许多辖区，信用违约互换也会使 用证券结算系统，因为其职能十分接近。CPSS and IOSCO，"Principles for Financial Market Infrastructures"（2012 年 4 月），8 – 9。

③ 同上 5。

④ 同上 10 – 13。

⑤ 同上 12。

⑥ 同上。

⑦ 同上 14 – 15。

⑧ IOSCO "Risk Mitigation Standards for Non – Centrally Cleared OTC Derivatives"（28 January 2015）<http：//www. bis. org/bcbs/publ/d317. htm>2017 年 9 月 3 日查阅。

（前身为“支付与结算系统委员会”）共同制定的。[①] 这些标准将通过有关当局转化为国家法规。[②] 这九项标准适用于“金融实体和具有系统重要性的非金融实体，”[③] 因为它们彼此之间可以进行非中央对手清算的场外衍生品交易。其他标准包括交易执行后的交易确认[④]，从执行到终止的各阶段对交易的准确估值，确定合适的保证金规模[⑤]；纠正与估值或其他重大条款有关的纠纷，以及及时防止和/或及时解决市场参与者之间纠纷的机制[⑥]；确保监管之间差异最小化，避免全球范围内的不一致和监管套利，以及额外的合规成本。[⑦]

2015 年 3 月，巴塞尔银行监管委员会和国际证监会组织发布了最终政策框架，指明了非中央对手清算衍生品保证金要求的最低标准。尽管监管机构有推动标准化和场内化的雄心壮志，但名义规模高达数万亿美元的衍生品合约仍为非中央对手清算。[⑧] 为了缩小监管差异，巴塞尔银行监管委员会制定了八项关键原则，以鼓励尽可能多的场外衍生品进行中央对手清算，并通过对非中央对手清算衍生品设定同样成本要求的保证金和抵押品，减少规避这些规则的动机。这些原则适用于几乎所有非中央对手清算衍生品类型[⑨]，以及所有金融公司和具有系统重要性的非金融实体。[⑩] 由于大型的金融市场关键参与者高度集中，彼此之间交易大量非中央对手清算衍生品，因此初始保证金和变动保证金要求至关重要。对缺乏系统重要性的非金融实体给予豁免，是因为大多数国家都对这些交易豁免强制中央对手清算要求。[⑪]

4.3.3.1 恢复与处置

2014 年秋季，金融稳定理事会重新起草了《金融机构有效处置机制的关键

① IOSCO “Risk Mitigation Standards for Non – Centrally Cleared OTC Derivatives”（28 January 2015）<http：//www. bis. org/bcbs/publ/d317. htm>2017 年 9 月 3 日查阅。

② 同上 4。

③ 同上 1，1. 3。

④ 同上 3。

⑤ 同上 4。

⑥ 同上 7。

⑦ 同上 9。

⑧ 同上 3。

⑨ 除去实体结算的外汇远期与掉期：同上 7. 对这些特定类型的衍生品，有其他的建议，但由于其特殊性质，这里不再进一步考虑。

⑩ 同上 8 – 11。

⑪ 同上 8 –9。

要素》(以下简称《关键要素》)，以适应《金融市场基础设施原则》中定义的各个部分，特别是涉及金融市场基础设施的方面，[①] 其目标是在不破坏整体金融系统或不给纳税人带来财务负担的情况下，对金融机构进行处置[②]，特别是具有全球系统重要性的金融机构（G－SIFIs)。[③] 中央对手方既是金融市场基础设施，又对金融体系的整体稳定具有重要意义，因此，中央对手方是具有系统重要性的金融机构。[④] 具有全球系统重要性的金融机构对金融稳定尤其重要，而且容易受到风险的影响，因其被认为是“大而不能倒”的。在2007—2009年金融危机发生后，这些机构受到了国际准则制定者的特别审查。[⑤]

《关键要素》为及时开展处置提供了指导原则，以便能够收集和分配可用资产。对于中央对手方来说，这意味着暂停与无担保债权人和客户进行交易，同时保护净额结算和抵押品协议安排，或者转移到过渡机构。[⑥] 支付和市场基础设施委员会及国际证监会组织还为中央对手方提供工具，以便在交易对手方违约的情况下重新建立账簿匹配。[⑦] 各国监管机构会将这些关键属性引用为自身监管的指导原则。

4.3.3.2 保证金要求

初始保证金的安排预计将显著减少市场上的可用流动性，从而带来组织管理及运营上的挑战，不过可以通过设定无须缴纳初始保证金的阈值来缓解这个问题。[⑧] 建议将初始保证金的阈值设定为不高于5 000万欧元，而变动保证金应由双方每天交换，双方的总保证金交换限度最低应为50万欧元。[⑨] 最重要的是，

---

① FSB，“Key Attributes of Effective Resolution Regimes for Financial Institutions”（15 October 2014）<www. fsb. org/wp－content/uploads/r _ 141015. pdf>2017年9月3日查阅。

② FSB，“Addressing SIFIs”（3 September 2017）<http：//www. fsb. org/whatwe－do/policy－development/systematically－important－financial－institutions－sifis/>2017年9月3日查阅。

③ FSB，“Key Attributes of Effective Resolution Regimes for Financial Institutions”（15 October 2014)，3.

④ 同上57。

⑤ FSB，“Addressing SIFIs”（3 September 2017）<http：//www. fsb. org/whatwe－do/policy－development/systematically－important－financial－institutions－sifis/>2017年9月3日查阅。

⑥ FSB，“Key Attributes of Effective Resolution Regimes for Financial Institutions”（15 October 2014)，8，3.2（xi)，Annex 3，4.8.

⑦ CPMI and IOSCO，“Recovery of Financial Market Infrastructures”（October 2014)，24－7<https：//www. bis. org/cpmi/publ/d121. pdf>2017年9月3日查阅。

⑧ CPMI and IOSCO，“Margin Requirements for Non－centrally Cleared Deriva－tives”（March 2015)，9.

⑨ 同上10。

作为初始保证金和变动保证金的抵押品应当能够在短时间内变现使用。另一个严格的要求是，即使在压力时期，抵押品也要保值，这就需要使用抵押品的折扣率[①]以及合理分散抵押品。[②] 在该标准下，包括但不限于现金、高质量的政府和央行证券、高质量的公司债券、高质量的担保债券、股票（如主要股指成分股）和黄金列为典型的优质抵押品。[③]

该标准还建议结合内部或第三方基于量化的模型或基于清单的折扣率安排，前提是这些标准获得监管机构批准并符合内部治理标准，能够保证所使用的模型是透明的并能够限制顺周期影响。[④] 保证金管理的另一个重要方面是，一旦交换后，对手方会如何持有初始保证金，特别是要考虑到对手方破产的可能性。如果保证金没有存放在独立的账户中，甚至被再抵押或抵押后再使用，初始保证金提供者（缴纳方）可能不会像预期的那样在交易对手方违约后得到保障。[⑤] 所有要求都会逐步实施，并保持对风险敞口及政策有效性的跟踪，同时在全球范围内进行整体落实。[⑥]

4.4 总结

本章描述了法律监管框架的变迁，特别是在美国，充当了金融危机的助推力量。因此，这场危机需要用法律手段来解决，以回到“避风港”时代和《商品期货现代化法案》颁布之前更为稳定的环境。美国在其中起到了领导作用，推动二十国集团成为“抗击衰退的集团”[⑦]，并启动了对所有场外衍生品的强制中央对手清算。

国际标准制定者接受了挑战，为正在推进的监管实施过程提供指导和监督。

① 进行的削减主要是为了反映潜在的担保物价值在中央对手方违约和头寸清算之间的下降。见 IMF，“Making Over - the - Counter Derivatives Safer：The Role of Central Counterparties” in IMF（ed.），Global Financial Stability Report April 2010：Meeting New Challenges to Stability and Building a Safer System（IMF 2010），4 fn 5。

② CPMI and IOSCO，“Margin Requirements for Non - centrally Cleared Deriva - tives”（March 2015），17.

③ 同上 17 - 18。

④ 同上 18。

⑤ 同上 20。

⑥ 同上 24 - 5。

⑦ Andrew F Cooper and Colin I Bradford Jr，“The G20 and the Post - crisis Economic Order”，CIGI G20 Papers no. 3（June 2010），4.

他们发布了关于如何确定适合中央对手清算的衍生品标准，以及不适合的衍生品如何处理，即通过更高的抵押品要求确保其不会破坏金融稳定。国际机构制定的软法律是硬法律监管工具箱的扩展，可以快速灵活地适应处理与全球金融法有关的问题。这些标准制定者可以直接针对系统性风险采取措施，其指导原则使金融市场监管得以采用更协调的宏观审慎方法。①

金融市场基础设施对金融体系平稳有序运行尤为重要。因此，对它们的监管就显得更为重要。欧盟委员会将中央对手方的重要性定义如下：

金融市场基础设施可能是这类服务的唯一提供者，或具有较低的可替代性，因此通常被视为保证公共利益的基础公共设施。鉴于金融市场基础设施在金融市场运行中的核心和关键作用，监管的目的在于确保金融市场基础设施拥有强大的风险管理工具。尽管采取了强有力的控制措施，但也不能排除金融市场基础设施失效这一可怕情形。在市场中占据关键规模或地位的金融市场基础设施一旦失效，可能会立即产生系统性影响：金融市场的某些部分可能会停止运行，其无序崩溃将给其他金融机构带来相当大的损失或不确定性。此外，金融市场基础设施与其他金融机构或相互之间具有相互关联性，这意味着失效的风险将迅速传染……如果中央对手方按照上述情形倒闭，将意味着其会员会突然面临重大的交易对手信用风险和由中央对手方担保交易的重置成本。如果没有其他方式履行与财务状况不佳或无法运作的中央对手方相同的职能，金融体系的稳定性可能会面临风险。尤其是当中央对手方承担的损失规模和分布的不确定性将损害市场信心，甚至进一步扰乱金融市场的运转时，情况就会变得更严重。②

早期监管与新目标之间的对比，可以帮助我们了解国家立法是如何形成的。协调统一的全球方法是为了防止出现监管套利的可能性，降低合规成本，避免全球金融体系中潜在风险的积累。尽管全球标准对各国监管机构没有约束力，但在会上同意这些标准的二十国集团成员应该会遵循这些标准。考虑到二十国集团的力量，预计其他非成员国也将遵循这些规则，以与美国和欧盟的规则对等。就衍生品交易的市场规模而言，美国和欧盟目前是市场的领先者。虽然全

① Eilís Ferran and Kern Alexander, "Can Soft Law Bodies Be Effective? Soft Systemic Risk Oversight Bodies and the Special Case of the European Systemic Risk Board" (June 2011) 36, 6.

② European Commission, "Consultation on a Possible Framework for the Recovery and Resolution of Financial Institutions Other than Banks" (5 October 2012), 11, 13 <ec. europa. eu/finance/consultations/2012/nonbanks/docs/ consultation - document _ en. pdf>2017 年 9 月 3 日查阅。

球监管标准为如何处理由衍生品和衍生品清算产生的系统性风险提供了指引，但并没有回答各个国家应如何有效对抗这些风险。要找到这些答案，必须将国家法律纳入考虑，我们将在下一章讨论这些内容。

5. 当前的监管与实施

5.1 介绍

自金融危机以来，全球协作有所加强，通过加强以宏观审慎为导向的国家监管机构来识别和应对系统性风险的措施也有所增加。在欧盟，欧洲系统性风险委员会（ESRB）肩负着这一目标，美国成立了金融稳定监管委员会。①然而，强制清算是如何改革衍生品市场的？

衍生品对全球金融市场发挥着重要作用。然而，衍生品也会带来新的风险，交易对手在签订衍生品合约时会暴露在这些风险之下。那些双边交易的机构特别容易受到交易对手方风险和不良风险管理做法的影响。上一章阐述了全球社会在金融危机后的目标，即通过建立一套准则来抵消场外交易衍生品合约带来的负面外部性和潜在系统性风险，从而驾驭这些风险。在 2009 年匹兹堡二十国集团会议上，各方就改革衍生品达成了四个目标。② 此后，各方也发布了许多国际标准来指导监管机构。因此，接下来要考虑的是各个司法管辖区的监管进展和改革实施情况。尽管二十国集团承诺在 2012 年底前实施所有改革，但这一进程仍在进行中。③不幸的是，正如即将讨论的那样，目前并没有找到全球统一的方法来解决承诺的执行问题。实际上，改革尚未完成，因为《欧洲市场基础设施监管规则》（EMIR）仍在逐步实施的过程中；而欧盟和美国在改革的等效性上难以

---

① Eilís Ferran and Kern Alexander, "Can Soft Law Bodies Be Effective? Soft Systemic Risk Oversight Bodies and the Special Case of the European Systemic Risk Board" (June 2011) 36, 2.

② 见第 4 章，4.3.1 节。

③ G20, "Cannes Summit Final Declaration – Building Our Common Future: Renewed Collective Action for the Benefit of All" <www.g20.utoronto.ca/summits/2011cannes.html>2017 年 9 月 3 日查阅。

就彼此承认的共同方法达成一致。[①] 到目前为止，欧盟和美国是场外衍生品最重要的两大司法管辖区，[②]而且二者都是二十国集团成员。

接下来将详细介绍清算的微观审慎风险管理手段，及其在欧盟的宏观审慎影响。此外，我们还将突出讨论欧盟监管和实施的要素，并与美国进行比较。关于二十国集团承诺的其余内容，如外汇交易、报告、风险缓解手段，仅会稍作讨论。我们将有意忽略技术标准，因为它们对于法律政策的讨论不起直接作用。政策决策是源自法规、法案和指令，而不是在技术标准中作出的。虽然技术标准最终会影响监管的有效性，但它们可以快速频繁地进行调整，以适应市场的变化。此外，宏观审慎决策是在监管机构层面上作出的，而非技术标准制定者作出的，因此不在本书的讨论范围内。

5.2 欧盟

在欧盟，这场危机强化了欧盟统一所有 28 个成员国金融监管的意愿。为了遵守二十国集团的衍生品承诺，欧盟发布了一项指令和两项法规。[③]

5.2.1 欧洲的监管

《欧洲市场基础设施监管规则》[④] 是一项法规，要求将强制清算的承诺转变为所有成员国相互协调的法律。2012 年 3 月 29 日，欧洲议会通过《欧洲市场基础设施监管规则》，成为危机后针对场外衍生品、交易对手方和交易报告库的监

---

① 双方努力实现共识的过程，下文可以提供一定见解。“European Commission and the United States Commodity Futures Commission：Common Approach for Transatlantic CCPs”（10 February 2016） Press Release < http：//europa. eu/rapid/press – re – lease _ IP – 16 – 281 _ en. htm >2017 年 9 月 3 日查阅；Shearman & Sterling，“Update on Third Country Equiva – lence Under EMIR”（17 March 2016） < http：//www. shearman. com/ ~ /media/Files/NewsInsights/Publi – cations/2016/03/Update – on – ThirdCountry – Equivalence – Under – EMIR – FIAFR – 031716. pdf >2017 年 9 月 3 日查阅；Shearman & Sterling，“EU – US Agreement on Regulation of Central Counterparties”（16 February 2016） < http：//www. shearman. com/ ~ /media/Files/ NewsInsights/ Publications/2016/02/EUUS – Agreement – On – Regulation – Of – CentralCounterparties – FIAFR – 021616. pdf > 2017 年 9 月 3 日查阅。

② BIS，“Global OTC Derivatives Market”（3 September 2017） < http：//stats. bis. org/statx/srs/table/ d5. 1 >2017 年 9 月 3 日查阅。

③ Rüdiger Wilhelmi and Benjamin Bluhm，“Systemische Risiken Im Zusammenhang Mit OTC Derivaten” Rüdiger Wilhelmi and others（eds），Handbuch EMIR（Erich Schmidt），30 – 31.

④ Regulation（EU） No. 648/2012.

管改革之一。《欧洲市场基础设施监管规则》的目标，是落实2009年二十国集团匹兹堡峰会上关于场外衍生品清算和报告的承诺。此外，《欧洲市场基础设施监管规则》也是《德·拉罗西埃报告》的产物①，该报告建议金融业的监管框架需要加强，并需建立一个欧洲金融监管机构体系。②《欧洲市场基础设施监管规则》致力于使场外衍生品市场更加透明，为欧洲中央对手方提供一致性的规则，并建立第三国法律、监管和执法措施等效性的法律规范。③ 欧洲证券市场管理局已受命监督这一过程。④

欧洲议会和欧盟理事会对《欧洲市场基础设施监管规则》采取了三个举措：统一；遴选；风险缓释。首先，统一可以确保全部欧盟成员国具有平等适用的监管手段，减少套利的可能性，预防标准和要求不统一。⑤ 其次，在强制清算选择方面，欧盟尽可能选择少量场外衍生品类型进行豁免，这也是考虑到交易对手方的互联性以及不同衍生品类别的独特性。⑥ 最后，必须设法解决风险缓释手段本身，不仅是为了处理清算，也是为了处理那些不适合清算的衍生品合约和交易对手方。⑦ 作为一项法规，《欧洲市场基础设施监管规则》可以直接适用，不需要转变成成员国法律，以此限制成员国监管机构和立法机构的影响力，避免了成员国进行诠释解读的可能性。

二十国集团在金融工具市场指令Ⅱ中提出第二项关于交易所或电子平台的承诺。⑧该指令统一了对金融工具和交易场所的监管，目的在于提高透明度，为投资者提供更好的保护，从而重建信心，缩小监管差距，并加大监管者对提供投资服务和相关活动的参与者的专业监管权力。⑨ 金融工具市场指令Ⅱ的前身是金融工具市场指令Ⅰ，后者是《金融服务行动方案》包含的多种法规之一，其

---

① The de Larosière Group, "The High - Level Group on Financial Supervision in the EU Report" (25 February 2009).

② Recital 1 EMIR; Rüdiger Wilhelmi and Benjamin Bluhm, "Systemische Risiken Im Zusammenhang Mit OTC Derivaten" in Rüdiger Wilhelmi and others (eds), Handbuch EMIR (Erich Schmidt), 30 - 33.

③ Recitals 4 - 10 EMIR.

④ Recitals 10 EMIR.

⑤ Recitals 13 - 14 EMIR.

⑥ Recitals 15 - 20 EMIR.

⑦ Recitals 21 - 24 EMIR.

⑧ Directive 2014/65/EU (MiFID II).

⑨ Recitals 4 and 12 MiFID II; Regulation (EU) No. 600/2014 (MiFIR); Rüdiger Wilhelmi and Benjamin Bluhm, "Systemische Risiken Im Zusammenhang Mit OTC Derivaten" in Rüdiger Wilhelmi and others (eds), Handbuch EMIR (Erich Schmidt), 31 - 3.

他法规包括《反市场滥用指令》、[①] 公司法、审计和会计改革。[②] 改革的必要性在于金融工具市场指令Ⅰ的预期目标都没有实现，[③] 包括重大创新、市场结构变化、增加交易场所之间的竞争、降低发行人和投资者成本以及建立一个流动性更强的综合资本市场[④]。金融工具市场法规中包含对《欧洲市场基础设施监管规则》和金融工具市场指令Ⅱ进行协调的附加条款。

欧盟新法律之间的层级存在一定的混淆，比如，金融工具市场指令Ⅰ/Ⅱ、欧洲市场基础设施监管条例和金融工具市场监管条例，因此，需要进行一些说明。当金融工具市场指令Ⅰ在2007年实施时，监管机构注意到，在它们部署的监管网络中有漏网之鱼，因此它们决定将其更新为金融工具市场指令Ⅱ，以弥补差异。然而，在起草金融工具市场指令Ⅱ的过程中，发生了金融危机，这就产生了进一步的监管规则，即《欧洲市场基础设施监管规则》。与监管规则不同的是，像金融工具市场指令Ⅱ等指令需要在成员国层面进行本地化才能在成员国的司法管辖区生效。而在这两者之间，便出现了差异。因此，金融工具市场法规的制定是为了缩小差距，并对《欧洲市场基础设施监管规则》进行修订，并进一步协调欧盟法律。[⑤] 这就是为什么金融市场上某些方面被不同的指令和监管规则重复涵盖。尽管如此，《欧洲市场基础设施监管规则》在某些条款上仍依赖于金融工具市场指令Ⅱ，其中就包括对衍生品的定义。[⑥]

---

① Directive 2014/57/EU.

② David Wright, "Markets in Financial Instruments Directive (MiFID)" (MiFID – non – equities market transparency – Public hearing, Brussels, 11 September 2007), Slide 3 <http: // ec. europa. eu/internal _ market/securities/docs/ isd/ppp _ press _ conferenceen. pdf>2017年9月3日查阅。关于反市场滥用指令Ⅱ/反市场滥用法规的变化的分析，请见 Kern Alexander and Vladimir Maly, "The New EU Market Abuse Regime and the Derivatives Market" 9 Law and Financial Markets Review 243, 243 –50. 关于资本要求指 令/资本要求法规中要求增加资本金，有特别的考量，请见 Article 300 et seqq. and Article 381 et seqq. Regulation (EU) 575/2013. 关于欧洲市场基础设施监管规则互联之后，提升资本金要求的讨论，请见 Olaf Achtelik and Michael Steinmüller, "Zusammenspiel Zwischen EMIR Und Der Verordnung (EU) Nr. 575/2013 (CRR)" in Rüdiger Wilhelmi and others (eds), Handbuch EMIR (Erich Schmidt), 523 –48。

③ 为防止任何误解或歧义，指令2004/39/EC将被称作金融市场基础设施指令Ⅰ，指令2014/65/EU将被称作金融市场基础设施指令Ⅱ。

④ David Wright, "Markets in Financial Instruments Directive (MiFID)" (MiFID – non – equities market transparency – Public hearing, Brussels, 11 September 2007), Slide 12.

⑤ Recital 3 MiFIR; Recitals 27, 35, 37 MiFIR.

⑥ Annex I, Section C MiFID II.

5.2.2 欧洲监管

欧洲证券与市场管理局（ESMA）[①] 于2011年在巴黎成立，旨在为金融市场创建单一的规则，并确保在欧盟范围内统一实施，从而促进欧盟金融市场的整体平稳运行。[②] 它还监管特定金融机构、信用评级机构和交易报告库，并负责评估风险和第三国等效性。[③] 欧洲证券与市场管理局是欧洲金融监管体系的一部分，该体系还包括欧洲银行管理局（EBA）[④] 和欧洲保险及职业养老金管理局（EIOPA）。[⑤] 此外，欧洲系统性风险委员会（ESRB）是欧盟内的一个软法律机构，作为宏观审慎监管机构监督监管的进展，确保改革不会造成系统性风险。[⑥]

关于欧盟的中央对手方，欧洲证券与市场管理局负责为中央对手方的运作制定技术标准，如资本要求和监管机构，并负责起草中央对手方互操作性指南。[⑦] 负责监督和管理欧洲中央对手方的机构，由国家监督机构和欧洲证券与市场管理局的成员组成。[⑧] 欧洲证券与市场管理局还根据欧洲法规，对场外衍生品监管和风险缓释技术的数据库进行更新。[⑨]

---

① Regulation（EU）No. 1095/2010.

② ESMA，“About ESMA”（3 September 2017）<https：//www. esma. europa. eu/a – bout – esma/who – we – are>. Rüdiger Wilhelmi and Benjamin Bluhm，“Systemische Risik – en Im Zusammenhang Mit OTC Derivat-en” Rüdiger Wilhelmi and others（eds），Handbuch EMIR（Erich Schmidt），35 – 6，N 12 – 3；Dennis Kunschke，“EMIR Im Kontext Des Europaischen Aufsichtssystems” Rüdiger Wilhelmi and others（eds），Handbuch EMIR（Erich Schmidt），41 – 4.

③ ESMA，“Central Counterparties and Trade Repositories”（3 September 2017）<https：//www. esma. europa. eu/regulation/post – trading/central – counterpartiesccps>2017 年 9 月 3 日查阅。

④ Regulation（EU）No. 1093/2010.

⑤ Regulation（EU）No. 1094/2010.

⑥ Kern Alexander and Steven L Schwarcz，“The Macro – prudential Quandary：Unsystematic Efforts to Reform Financial Regulation” Ross P Buckley，Emilios Avgouleas and Douglas Arner（eds），Reconceptualising Global Fi – nance and its Regulation（Cambridge University Press 2016），142 – 4；Eilís Ferran and Kern Alexander，“Can Soft Law Bodies Be Effective? Soft Systemic Risk Oversight Bodies and the Special Case of the European Systemic Risk Board”（June 2011）36，25；Dennis Kunschke，“EMIR Im Kontext Des Europaischen Aufsichtssystems” Rüdiger Wilhelmi and others（eds），Handbuch EMIR（Erich Schmidt），38 – 40. 关于欧洲系统性风险委员会的结构及任务，见 Eilís Ferran and Kern Alexander，“Can Soft Law Bodies Be Effective? Soft Systemic Risk Oversight Bodies and the Special Case of the European Systemic Risk Board”（June 2011）36，20 – 5。

⑦ ESMA，“Central Counterparties”（3 September 2017）<https：//www. esma. euro – pa. eu/policy – rules/post – trading/central – counterparties>2017 年 9 月 3 日查阅。

⑧ 同上。

⑨ ESMA，“OTC Derivatives and Clearing Obligation”（3 September 2017）<https：// www. esma. europa. eu/regulation/post – trading/otc – derivatives – and – clearingobligation>2017 年 9 月 3 日查阅。

此外，欧洲证券与市场管理局还负责国外与欧盟的监督监管进行比较，确定哪些国外中央对手方具有等效性（《欧洲市场基础设施监管规则》，第13条和第25条）。① 这是一种目标导向性的方法，它对第三国的法律制度采取整体考量，并与欧盟适用的法规逐条进行比较，以确定“就所达到的监管目标而言，适用的法律和监管安排是否等同于欧盟的要求”。② 在此之后，它向欧盟委员会提供相应的技术建议。③

5.3 改革议题

以下内容分为三个部分，这三个部分并未遵循主要法律渊源的结构，而是根据作者自己的结构推进，以便读者理解。首先，讨论衍生品的清算要求。其次，分析中央对手方的风险管理方式和违约管理程序。二者直接关系到中央对手方抵御系统性冲击和促进金融稳定性的能力。虽然中央对手方的风险管理措施被严格界定为具有微观审慎影响，但其整体重要性和执行效力直接影响了宏观审慎。微观审慎包括强制清算本身、抵押品要求和违约管理瀑布机制，这些都可能直接对宏观审慎产生影响。尽管金融市场基础设施在微观审慎方面做得很好，

---

① Rüdiger Wilhelmi and Benjamin Bluhm, “Systemische Risiken Im Zusammenhang Mit OTC Derivaten” Rüdiger Wilhelmi and others (eds), Handbuch EMIR (Erich Schmidt), 35 - 6, N 12 - 3.

② 相应请见：Commission Implementing Decision (EU) 2015/ 2042 of 13 November 2015 on the equiva - lence of the regulatory framework of Switzerland for central counterparties to the requirements of Regulation (EU) No. 648/2012 of the European Parliament and of the Council on OTC derivatives, central counterparties and trade repositories OJ L 298/42, 14. 11. 2015, Recital 2.

Commission Implementing Decision (EU) 2015/2040 of 13 November 2015 on the equivalence of the regulatory framework of certain provinces of Canada for central counterparties to the requirements of Regulation (EU) No. 648/ 2012 of the European Parliament and of the Council on OTC derivatives, central counterparties and trade repositories OJ L 298/32, 14. 11. 2015, Recital 2.

Commission Implementing Decision (EU) 2015/2042 of 30 October 2014 on the equivalence of the regulatory framework of Hong Kong for central counterparties to the requirements of Regulation (EU) No. 648/2012 of the Eu - ropean Parliament and of the Council on OTC derivatives, central counterparties and trade repositories OJ L 311/62, 31. 10. 2014, Recital 2.

Commission Implementing Decision (EU) 2015/2042 of 30 October 2014 on the equivalence of the regulatory framework of Singapore for central counterparties to the requirements of Regulation (EU) No. 648/2012 of the Euro - pean Parliament and of the Council on OTC derivatives, central counterparties and trade repositories OJ L 311/58, 31. 10. 2014, Recital 2.

③ Alexey Artamonov, “Cross - border Application of OTC Derivatives Rules: Revisiting the Substituted Com - pliance Approach” (2015) 1 Journal of Financial Regulation 206, 218.

但仍可能会面临宏观审慎风险。①

5.3.1 《欧洲市场基础设施监管规则》

下文分析《欧洲市场基础设施监管规则》，这是欧盟清算和衍生品风险管理改革的核心法规。

《欧洲市场基础设施监管规则》包含微观审慎和宏观审慎两个方面。在微观审慎层面，该规定既有对中央对手方运作的要求，也有对风险管理监督的要求。② 因风险集中在中央对手方，它们成为具有系统重要性的机构。③ 另一项微观审慎要求是场外衍生品合约清算，④ 这一清算要求给中央对手方带来了交易对手方和流动性风险。⑤ 此外，《欧洲市场基础设施监管规则》对成员的抵押品设定了严格的要求，并建立了违约管理瀑布机制防止危机传播的可能性。⑥ 所有这些要求都会产生重大的宏观审慎影响，尤其是当中央对手方被认为"大而不能倒"时，因为这些要求直接影响了风险分布。⑦⑧ 尽管中央对手方的微观审慎是良好的，但因为要求的改变使市场上产生外部性，宏观审慎风险依然可能会出现。

---

① Lieven Hermans, Peter McGoldrick and Heiko Schmiedel, "Central Counterparties and Systemic Risk" (November 2013) 6, 2. 关于欧洲市场基础设施监管规则的衍生品和争议相关的讨论，请见 Dennis Kunschke and Kai Schaffelhuber, "Die OTC – Derivate Im Sinne Der EMIR Sowie Bestimmungen Der Relevanten Parteien – Eine Juristische Analyse" Rüdiger Wilhelmi and others (eds), Handbuch EMIR (Erich Schmidt 2016), 59 – 68; ESMA, "Letter to Commissioner Barnier Re: Classification of Financial Instruments as Derivatives" (14 February 2014) <https://www.esma.europa.eu/sites/default/files/library/2015/11/2014-184_letter_to_commissioner_barnier_classification_of_financal_instruments.pdf> 2017 年 9 月 3 日查阅。

② 微观审慎监管条例可参见 Title IV Chapter 3 EMIR and Commission Delegated Regulation (EU) No. 153/2013。

③ Lieven Hermans, Peter McGoldrick and Heiko Schmiedel, "Central Counterparties and Systemic Risk" (November 2013) 6, 2; International Law Association, "Draft July 2016, Johannesburg Conference", Twelfth Report (2016) <on file with author>, 11 – 2.

④ Lieven Hermans, Peter McGoldrick and Heiko Schmiedel, "Central Counterparties and Systemic Risk" (November 2013) 6, 2.

⑤ 同上 4。

⑥ 同上 6。

⑦ 尽管金融稳定委员会一直无法就如何实施和监督宏观审慎规则提供规则。金融稳定委员会正在继续关注宏观审慎规则在场外衍生品市场改革中的实施情况和影响。见 Kern Alexander and Steven L Schwarcz, "The Macro – prudential Quandary: Unsystematic Efforts to Reform Financial Regulation" Ross P Buckley, Emilios Avgouleas and Douglas Arner (eds), Reconceptualising Global Finance and its Regulation (Cambridge University Press 2016), 133 – 4。

⑧ Lieven Hermans, Peter McGoldrick and Heiko Schmiedel, "Central Counterparties and Systemic Risk" (November 2013) 6, 4.

这些风险可能来自改变保证金做法，或要求清算会员向中央对手方提供额外的保证金。如果一个或多个清算会员不能提供额外保证金，中央对手方的偿付能力和危机抵御能力将直接受到负面影响。尽管中央对手方自身的微观审慎是稳健的，但因为它们对具有系统重要性的会员存在依赖性，这可能会使其面临系统性风险。①

5.3.1.1 受影响的对手方

在欧盟，《欧洲市场基础设施监管规则》对位于欧盟的金融和某些非金融交易对手方实施清算要求，对金融交易对手方和非金融交易对手方、养老金和保险计划以及集团内交易有所区分。② 因此，欧洲证券与市场管理局完善了这些类别的指导原则和技术标准。③职业养老金基金、投资公司、信贷机构和其他机构被定义为金融交易对手方。④ 每当这些金融实体签订清算场外衍生品合约时，它们都必须根据《欧洲市场基础设施监管规则》第 4 条的规定，由中央对手方清算其合约。⑤ 要获得中央对手方的服务，它们必须成为清算会员或找到愿意代理清算其交易的清算会员。⑥ 中央对手方将以非歧视性的方式提供服务。⑦

作为场外衍生品合约交易对手方的所有欧洲金融公司都必须对其合约进行清

① Lieven Hermans, Peter McGoldrick and Heiko Schmiedel, "Central Counterparties and Systemic Risk" (November 2013) 6, 4 – 5。

② Article 10 EMIR; Olaf Achtelik, "Clearingpflicht, Art. 4 EMIR" Rüdiger Wil – helmi and others (eds), Handbuch EMIR (Erich Schmidt 2016), 77, N 6.

③ Recital 25 – 40 EMIR; Dennis Kunschke and Kai Schaffelhuber, "Die OTC – Derivate Im Sinne Der E-MIR Sowie Bestimmungen Der Relevanten Parteien – Eine Juristische Analyse" Rüdiger Wilhelmi and others (eds), Handbuch EMIR (Erich Schmidt 2016), 69 – 71.

④ Article 2 (8) EMIR; Jan D Luettringhaus, "Regulating Over – the – counter Derivatives in the European Union – Transatlantic (Dis) Harmony After EMIR and Dodd – Frank: The Im – pact on (Re) Insurance Companies and Occupational Pension Funds" (2012) 18 The Columbia Journal of European Law 19, 22; Dennis Kunschke and Kai Schaffelhuber, "Die OTC – Derivate Im Sinne Der EMIR Sowie Bestimmungen Der Relevanten Parteien – Eine Juristische Analyse" Rüdiger Wilhelmi and others (eds), Handbuch EMIR (Erich Schmidt 2016), 69, N 19.

⑤ 部分未包括在清算授权范围内的交易对手可自愿授权其衍生工具合约进行清算：Olaf Achtelik, "Clearingpflicht, Art. 4 EMIR" Rüdiger Wilhelmi and others (eds), Handbuch EMIR (Erich Schmidt 2016), 78, N 10。

⑥ Article 4 (2), Article 39 and Article 48 EMIR.

⑦ Article 7 EMIR.

算，非金融交易对手方只要不对金融体系构成风险，就可以免除清算义务。[①] 此豁免适用于不超过规定门槛的情况，此时，非金融交易对手方会被认定为系统性风险影响不足，因此不需要强制清算。[②] 根据《欧洲市场基础设施监管规则》第4（1）（a）（i）条，进行交易的两个金融交易对手方必须始终对其交易进行清算；相比之下，金融交易对手方与非金融交易对手方之间以及非金融交易对手方之间的交易，只有在超过清算义务的门槛时才需要清算。[③] 与小型非金融交易对手方（低于清算门槛的那些非金融交易对手方）之间的交易会免除清算义务，因为清算对这些小型实体来说负担实在太大，与它们对整体金融体系的较低风险而言不成比例。[④] 典型的小型非金融交易对手方是大宗商品交易商，它们交易衍生品只是为了对冲实物交易和即时市场风险。

如果两个非欧盟对手方之间的交易在欧盟内部产生直接、实质性和可预见的影响，《欧洲市场基础设施监管规则》可能会对其产生域外影响，[⑤] 这尤其适用于交易对手方试图通过其非欧盟子公司来从事与欧盟相关的合约从而规避欧盟规则的情况。

此外，套期保值交易不受门槛限制。[⑥]职业养老金基金在开始的三年免除清算义务，金融和非金融交易对手方的集团内交易也可以获得豁免。[⑦] 不过后者必

① Dennis Kunschke and Kai Schaffelhuber，“Die OTC – Derivate Im Sinne Der EMIR Sowie Bestimmungen Der Relevanten Parteien – Eine Juristische Analyse” Rüdiger Wilhelmi and others（eds），Handbuch EMIR（Erich Schmidt 2016），69 – 71，N 21，24；Olaf Achtelik，“Clearingpflicht，Art. 4 EMIR” Rüdiger Wilhelmi and others（eds），Hand – buch EMIR（Erich Schmidt 2016），78 – 81.

② Olaf Achtelik，“Clearingpflicht，Art. 4 EMIR” Rüdiger Wilhelmi and others（eds），Handbuch EMIR（Erich Schmidt 2016），79，N 12.

③ Article 4（1）and Article 10 EMIR.

④ Article 4（1）（a）（iii）EMIR.

⑤ Article 4（1）（a）（v）EMIR. Christian Sigmundt，“Sachverhalte Mit Drittstaatberührung” Rüdiger Wilhelmi and others（eds），Handbuch EMIR（Erich Schmidt），142 – 52.

⑥ Article 10 EMIR；ESMA，“OTC Derivatives and Clearing Ob – ligation”（3 September 2017）. 关于目前经过允许的衍生品名单，可见 < www. esma. europa. eu/regulation/ post – trading/otc – derivativesand – clearing – obligation >（13 July 2016）. Jan D Luettringhaus，“Regu – lating Overthe – Counter Derivatives in the European Union – Transatlantic（Dis）Harmony After EMIR and Dodd – Frank：The Impact on（Re）Insurance Companies and Occupational Pension Funds”（2012）18 The Columbia Journal of European Law 19，23。

⑦ Dennis Kunschke and Kai Schaffelhuber，“Die OTC – Derivate Im Sinne Der EMIR Sowie Bestimmungen Der Relevanten Parteien – Eine Juristische Analyse” Rüdiger Wilhelmi and others（eds），Handbuch EMIR（Erich Schmidt 2016），72，N 27.

须履行其报告和其他风险缓释义务。①

《欧洲市场基础设施监管规则》规定，场外衍生品合约不符合清算资格的金融和非金融交易对手会面临额外的风险缓释要求，包括尽职调查和其他适当的措施，以监测和减轻交易对手方信用风险及操作风险［《欧洲市场基础设施监管规则》第11条（1）］。其他的措施是，在可能的情况下，以电子形式及时确认相关合同条款（“投资组合确认”；以下a）、争议解决机制、确定未平仓合同和有弹性的投资组合来解决差异（“投资组合压缩”；以下b）。金融交易对手方应持有额外资金，用于支付不受抵押品交换保护的合约所产生的风险［《欧洲市场基础设施监管规则》第11条（4）］。抵押品必须放置在单独的账户中，并以及时准确的方式进行交换。金融交易对手方必须始终在最低限度门槛以上交换抵押品，非金融交易对手方只有在超过清算门槛时才能交换抵押品［《欧洲市场基础设施监管规则》第11条（3）］。

对于场外衍生品，金融工具市场指令Ⅱ的新影响在于，如果这些衍生品合约需要清算，门槛以上的金融交易对手方［定义见《欧洲市场基础设施监管规则》第2条（8）］和非金融交易对手方［见《欧洲市场基础设施监管规则》第10条（1）（b）］将在交易场所内进行交易。② 欧洲证券与市场管理局将根据交易机构接受衍生品进行交易的意愿，以及第三方对该合约的兴趣及其流动性，来决定哪些衍生品类别将在有组织交易设施内进行交易。③

---

① Jan D Luettringhaus, “Regulating Over – the – Counter Derivatives in the European Union – Transatlantic (Dis) Harmony After EMIR and Dodd – Frank: The Impact on (Re) Insurance Companies and Occupational Pen – sion Funds” (2012) 18 The Columbia Journal of European Law 19, 24; Olaf Achtelik, “Clearingpflicht, Art. 4 EMIR” Rüdiger Wilhelmi and others (eds), Handbuch EMIR (Erich Schmidt 2016), 82, N 18.

② Article 28 (1) MiFIR; Eversheds Sutherland, “MiFID II and the Trading and Reporting of Derivatives: Implications for the Buy – Side” (23 September 2014) <http://www.eversheds.com/global/en/ what/articles/index.page? ArticleID = en/Financial _ institutions/MiFID _ II _ and _ the _ trading _ and _ reporting _ of _ derivatives>; Dennis Kunschke and Kai Schaffelhuber, “Die OTC – Derivate Im Sinne Der EMIR Sowie Bestimmungen Der Relevanten Parteien – Eine Juristische Analyse” Rüdiger Wilhelmi and others (eds), Handbuch EMIR (Erich Schmidt 2016), 69 – 70.

③ Article 29 (3) MiFIR, Article 32 (1) (a) – (2) (b) MiFIR; Eversheds Sutherland, “MiFID II and the Trading and Reporting of Derivatives: Implications for the Buy – Side” (23 September 2014) <http://www.eversheds.com/global/en/what/ articles/index.page? ArticleID = en/Financial institutions/MiFID _ II _ and _the _ trading _ and _ reporting _ of _ derivatives>; Eidgenossisches Finanzde – partement, “Erl? uterungsbericht Zur Verordnung Uber Die Finanzmarktinfrastrukturen Und Das Markverhalten Im Effekten – Und Derivatehandel (Finanzmarktinfrastrukturverordnung, FinfraV)” (20 August 2015); Oliver Heist, “Schwellenwertberechnung Und Hedging” Rüdiger Wilhelmi and others (eds), Handbuch EMIR (Erich Schmidt), 177 – 8, N 7 – 11.

5.3.1.2 合格衍生品

只有在衍生品合约需要进行强制清算的情况下，清算义务才会生效。① 《欧洲市场基础设施监管规则》第5（4）条规定了哪些场外衍生品会受到强制清算要求，重点在于合同细节的标准化和广泛接受的自动化交易后流程，以及各个合约的数量和流动性。② 具体而言，在发生危机时，根据交易量和价值，保证金要求可以阻止危机在市场上进一步传染。③

《欧洲市场基础设施监管规则》预计会有两种监管方法，分别是自上而下法和自下而上法。④ 使用自上而下的方法，欧洲证券与市场管理局会定义哪些衍生品应该接受强制清算，具体取决于它们对金融稳定性的影响以及尚未被要求进行中央对手清算的类别。⑤ 使用自下而上的方法，主管国家监管机构会通知欧洲证券与市场管理局，某产品需要进行中央对手清算，欧洲证券与市场管理局可以要求该产品在欧盟整体范围内需要清算。欧洲证券与市场管理局向欧盟委员会提交相关标准供其签署，以降低整体系统性风险水平。⑥ 免除清算义务的衍生品必须采取风险缓释的措施，以确保不会破坏金融稳定，其中包括及时确认、投资组合对账和压缩，以及向交易报告库报告。⑦

---

① Article 4 EMIR; Olaf Achtelik, "Clearingpflicht, Art. 4 EMIR" Rüdiger Wil－helmi and others (eds), Handbuch EMIR (Erich Schmidt 2016), 76, N 3－4.

② Article 7 Commission Delegated Regulation (EU) No. 149/2013.

③ Article 7 (2) (a) － (d) Commission Delegated Regulation (EU) No. 149/ 2013.

④ Article 5 (3) EMIR.

⑤ Olaf Achtelik, "Clearingpflicht, Art. 4 EMIR" Rüdiger Wilhelmi and others (eds), Handbuch EMIR (Erich Schmidt 2016), 91－2, N 34－5.

⑥ 同上 90－91, N 32. Article 5 (3) － (4) EMIR; ESMA, "OTC Derivatives and Clearing Obligation" (3 September 2017). Eidgenossisches Finanzdepartement, "Erl? uterungsbericht Zur Verordnung Uber Die Finanzmarktinfrastrukturen Und Das Markverhalten Im Effekten－Und Derivatehandel (Finanzmarktinfrastrukturverordnung, FinfraV)" (20 August 2015), 9. 允许进行清算的衍生品名单，请见 <www. esma. europa. eu/regulation/post－trading/otc－derivatives－and－clearing－obliga－tion> (17 September 2017); Jan D Luettringhaus, "Regulating Over－the－Counter Derivatives in the European Union－Transatlantic (Dis) Harmony After EMIR and Dodd－Frank: The Impact on (Re) Insurance Companies and Occupational Pension Funds" (2012) 18 The Columbia Journal of European Law 19, 23。

⑦ 关于以上手段的讨论，请见 Olaf Achtelik and Michael Steinmüller, "Risikominderungstechniken Für Nicht Durch Eine CCP Geclearte OTC－Derivatkontrakte" Rüdiger Wilhelmi and others (eds), Handbuch EMIR (Erich Schmidt 2016), 107－39; Dominik Zeitz, "Meldung an Transaktionsregister (Uberblick)" Rüdiger Wilhelmi and others (eds), Handbuch EMIR (Erich Schmidt), 140, N 1－2。

5.3.1.3 设立中央对手方

为了使中央对手方在欧盟获得批准，该法律实体必须根据《欧洲市场基础设施监管规则》第14条和第17条向成员国的主管部门申请授权。[①] 董事会成员必须有能力履行其义务，[②] 最低资本要求是750万欧元。[③] 成员国对设立的中央对手方进行监督，同时它们必须向欧洲证券与市场管理局和欧洲中央银行系统汇报。[④]

《欧洲市场基础设施监管规则》没有规定中央对手方的最佳组织结构或所有权结构。[⑤] 一些欧盟成员国要求中央对手方获得银行牌照或由银行持股，而其他成员国则没有。[⑥] 银行牌照和/或持股能够保证在多重违约的情况下，该中央对手方仍有足够的资金维持营业，这是因为获得银行牌照的要求很严格。中央对手方的所有权可能会直接影响中央对手方所采用的风险管理做法。根据《欧洲市场基础设施监管规则》第25条，在第三国设立的中央对手方需要得到欧洲证券与市场管理局的批准。[⑦]

5.3.1.4 中央对手方互操作

欧盟中央对手方可以与另一个中央对手方实现互操作（《欧洲市场基础设施

---

① Julian Redeke and Olaf Achtelik, "Zulassung Und Anerkennung von CCPs" Rüdiger Wilhelmi and others (eds), Handbuch EMIR (Erich Schmidt 2016), 235, N 2 -3.

② Article 27 (1) EMIR; Julian Redeke, "Corporate Governance von CCP" Rüdiger Wilhelmi and others (eds), Handbuch EMIR (Erich Schmidt), 213, N 4.

③ Article 16 (1) EMIR. 在计算最低必要保证金时，应当考虑到支付与结 算系统委员会—国际证监会组织的《金融市场基础设施原则》。见 Delegated Regulation (EU) 152/2013; Jul - ian Redeke and Olaf Achtelik, "Zulassung Und Anerkennung von CCPs" Rüdiger Wilhelmi and others (eds), Hand - buch EMIR (Erich Schmidt 2016), 240 -41, N 18 -9。

④ Articles 22 (1) and 23 (1) EMIR; Julian Redeke and Olaf Achtelik, "Zulassung Und Anerkennung von CCPs" Rüdiger Wilhelmi and others (eds), Handbuch EMIR (Erich Schmidt 2016), 236 -45.

⑤ Article 30 EMIR. 关于中央对手方的公司治理要求，请见 Julian Redeke, "Corporate Governance von CCP" Rüdiger Wilhelmi and others (eds), Handbuch EMIR (Erich Schmidt), 211 -33。

⑥ Kern Alexander, "The European Regulation of Central Counterparties: Some International Challenges" Kern Alexander and Rahul Dhumale (eds), Research Handbook on International Financial Regulation (Edward El-gar, 2012), 246.

⑦ Julian Redeke and Olaf Achtelik, "Zulassung Und Anerkennung von CCPs" Rüdiger Wilhelmi and others (eds), Handbuch EMIR (Erich Schmidt 2016), 250 -51, N 36.

监管规则》，第 51 ~54 条)[①]，只要两者［《欧洲市场基础设施监管规则》第 53 条（1）~（2）］之间的初始保证金交换到单独的账户即可。[②]必须近乎实时地监测关联中央对手方的敞口以检测流动性和信用敞口。[③] 关于风险管理的规则相对较少（《欧洲市场基础设施监管规则》第 52 条），其中要求中央对手方“识别、监测和有效管理信用风险及流动性风险”，以便一个中央对手方清算会员的潜在违约不会蔓延到其他中央对手方［第 52 条（1）（c）］。[④] 同时，还需要监测互操作的影响，以防因成员集中和金融资源集中而影响信用风险及流动性风险［《欧洲市场基础设施监管规则》第 52 条（1）（d）］。[⑤]在这种情况下，虽然没有明确定义，《欧洲市场基础设施监管规则》要求提供额外的资金，但这很可能是中央银行的资金或没有违约的成员交纳的额外资金。[⑥]

5.3.1.5 风险管理

风险管理的核心做法是收取保证金、违约管理程序以及收取清算基金。[⑦] 微观审慎风险管理规范在《欧洲市场基础设施监管规则》第 3 编第 4 条中明确。微观审慎风险管理规范有三级风险管理结构，包括根据折扣率收取保证金、缴

① Christian Sigmundt，“Interoperabilit? t Zwischen CCPs” Rüdiger Wilhelmi and others（eds），Handbuch E－MIR（Erich Schmidt），267，N 5 and 269，N 10.

② 同上 273－82。

③ Lieven Hermans，Peter McGoldrick and Heiko Schmiedel，“Central Counterparties and Systemic Risk”（November 2013）6，6.

④ Kern Alexander，“The European Regulation of Central Counterparties：Some International Challenges” Kern Alexander and Rahul Dhumale（eds），Research Handbook on International Financial Regulation（Edward El－gar，2012），245. 见 discussion in Christian Sigmundt，“Interoperabilit? t Zwischen CCPs” Rüdiger Wilhelmi and others（eds），Handbuch EMIR（Erich Schmidt），270－72；N15－8.

⑤ See Lieven Hermans，Peter McGoldrick and Heiko Schmiedel，“Central Counterparties and Systemic Risk”（November 2013）6，6.

⑥ 见《欧洲市场基础设施监管规则》第 50 条关于结算的说明，其中阐述了中央银行资金的专用 性，以及第 43 条（1）要求中央对手方拥有“充足的预先存蓄的资金资源” Kern Alexander 将其表述为中央银行资金：Kern Alexander，“The European Regulation of Central Counterparties：Some International Challen－ges” Kern Alexander and Rahul Dhumale（eds），Research Handbook on International Financial Regulation（Edward El－gar，2012），245. 但这也可以被视作谁幸免 、谁付款的机制的延伸，以便弥补违约者无法弥补的损 失，见 Andre Alfes，“Die Sicherungsmechanismen Der CCP” Rüdiger Wilhelmi and others（eds），Handbuch EMIR（Erich Schmidt），301－3. 在这方面的立法目前尚不明晰。

⑦ 《欧洲市场基础设施监管规则》一般遵照支付与结算系统委员会—国际证监会组织的《金融市场基础设施原则》。Andre Alfes，“Die Sicherungsmechanismen Der CCP” Rüdiger Wilhelmi and others（eds），Handbuch EMIR（Erich Schmidt），291，N 1－2。

纳清算基金和压力测试来降低风险敞口。[①] 与支付与结算系统委员会—国际证监会组织的《金融市场基础设施原则》相比，《欧洲市场基础设施监管规则》对某些产品的平仓期以及减少顺周期影响的保证金和折扣率要求更高，也有更严格的资本要求。[②]

清算会员必须向中央对手方交纳保证金。保证金必须足以覆盖99%的价格波动；对于场外衍生品，保证金应该覆盖过去12个月99.5%的价格波动。[③]一旦超过预设的门槛，将会在日间收取高质量的保证金抵押品，如现金、黄金或某些债券。[④]欧洲证券与市场管理局预计，由于持续发行高质量抵押品，因此不会出现短缺的情况。[⑤] 所有抵押品必须具有高流动性，并将信用风险和市场风险降至最低，[⑥] 还应可以从清算会员和其他来源获得额外流动性。[⑦]在交易对手违约的情况下，中央对手方将使用瀑布机制来控制和抵消该违约造成的所有损失。[⑧]首先，使用违约会员交纳的保证金［《欧洲市场基础设施监管规则》第45条(1)］。其次，使用违约清算会员交纳的清算基金［《欧洲市场基础设施监管规

---

① Lieven Hermans, Peter McGoldrick and Heiko Schmiedel, "Central Counterparties and Systemic Risk" (November 2013) 6, 5.

② 同上6；Andre Alfes, "Die Sicherungsmechanismen Der CCP" Rüdiger Wilhelmi and others (eds), Handbuch EMIR (Erich Schmidt), 299, N 37。

③ Article 41 (1) EMIR; Article 24 Commission Delegated Regulation (EU) 153/2013. Kern Alexander, "The European Regulation of Central Counterparties: Some International Challenges" Kern Alexander and Rahul Dhumale (eds), Research Handbook on International Financial Regulation (Edward Elgar, 2012), 245; Lieven Hermans, Peter McGoldrick and Heiko Schmiedel, "Central Counterparties and Systemic Risk" (November 2013) 6, 6 fn 7.

④ Article 46 (1) EMIR; 关于担保物的类型见 Articles 37 – 42 Commission Delegated Regulation (EU) 153/2013; Andre Alfes, "Die Sicherungsmechanismen Der CCP" Rüdiger Wilhelmi and others (eds), Handbuch EMIR (Erich Schmidt), 309 – 313。

⑤ ESMA, "Report on Trends, Risks, and Vulnerabilities" (February 2013) 1 <https://www.esma.europa.eu/sites/default/files/library/2015/11/2013212_trends_risks_vulnerabilities.pdf>2017年9月3日查阅。

⑥ Article 46 EMIR.

⑦ Article 43 (1) and (3) EMIR. 根据《欧洲市场基础设施监管规则》，关于初始保证金和变动保证金：Andre Alfes, "Die Sicherungsmechanismen Der CCP" Rüdiger Wilhelmi and others (eds), Handbuch EMIR (Erich Schmidt), 294 – 9。

⑧ Jan D Luettringhaus, "Regulating Over – the – Counter Derivatives in the European Union – Transatlantic (Dis) Harmony After EMIR and Dodd – Frank: The Impact on (Re) Insurance Companies and Occupational Pension Funds" (2012) 18 The Columbia Journal of European Law 19, 23; Andre Alfes, "Die Sicherungsmechanismen Der CCP" Rüdiger Wilhelmi and others (eds), Handbuch EMIR (Erich Schmidt), 306 – 9.《欧洲市场基础设施监管规则》中关于清算基金的讨论：同上299 – 301。

则》第45条（2）]。如果违约会员缴纳不足，中央对手方必须使用自己预先交纳的资金来弥补损失［《欧洲市场基础设施监管规则》第45条（3）]。如果这样仍然不能弥补损失，中央对手方可以使用其他非违约清算会员的清算基金，但不能使用他们的保证金［《欧洲市场基础设施监管规则》第45条（3）]，因为在非违约会员产生风险的情况下，不得使用他们的保证金，以防非违约会员产生风险。① 尽管规定中没有提到，但中央对手方可能会需要在清算基金用完后动用其剩余资本。②

如果提供保证金的清算会员违约，保证金便在保证履约方面发挥着核心作用，因为保证金是中央对手方违约管理的第一道防线，这也是微观审慎管理的要求。③ 各方必须预先向中央对手方交纳清算基金，以弥补保证金无法弥补的额外损失［《欧洲市场基础设施监管规则》第42条（1）]。虽然保证金考虑了清算会员的投资组合［第41条（2）]，但中央对手方会向清算会员收取额外的资金，以保证清算基金能够覆盖风险敞口最大的清算会员违约，或是覆盖第二大和第三大会员的风险敞口总和，当其风险总和超过最大会员的风险敞口［《欧洲市场基础设施监管规则》第41条（3）]。④根据《欧洲市场基础设施监管规则》第41条（4），每个中央对手方必须至少有一只清算基金，也可以有多只基金用于不同类型的金融工具。⑤

《欧洲市场基础设施监管规则》将应对客户清算风险的抵押品管理监督工作交由向非清算会员提供清算服务的中央对手方会员负责，在中央对手方提出要求时，清算会员必须提供对客户相关安排的信息。⑥这违背了透明度要求。⑦ 中央

---

① Lieven Hermans, Peter McGoldrick and Heiko Schmiedel, "Central Counterparties and Systemic Risk" (November 2013) 6, 5.

② 同注①。

③ 同上6; Andre Alfes, "Die Sicherungsmechanismen Der CCP" Rüdiger Wilhelmi and others (eds), Hand - buch EMIR (Erich Schmidt), 317 - 8。

④ 与支付与结算系统委员会 — 国际证监会组织的《金融市场基础设施原则》相比，《欧洲市场基础设施监管规则》在某些产品的平仓期、减少顺周期影响的保证金和减记做法方面要求更高，而且也有更严格的资本要求。见 Lieven Hermans, Peter McGoldrick and Heiko Schmiedel, "Central Counterparties and Sys - temic Risk" (November 2013) 6, 6。

⑤ Andre Alfes, "Die Sicherungsmechanismen Der CCP" Rüdiger Wilhelmi and others (eds), Handbuch EMIR (Erich Schmidt), 300, N 41 - 4.

⑥ Article 37 (3) EMIR. 见 Christian Sigmundt, "Die Wohlverhaltensregeln Der EMIR" Rüdiger Wilhelmi and others (eds), Handbuch EMIR (Erich Schmidt), 284 - 5, N 6 - 7.

⑦ Article 38 (1) EMIR.

对手方清算会员除了收取抵押品外，还将对客户清算收取费用，经济激励和竞争将在其中发挥作用。

中央对手方对其清算会员负有直接责任，必须确保他们有充分的金融资源和业务能力来履行参与中央对手方所要求的义务。如果不能再履行义务，中央对手方可以取消该清算会员或暂停其会员资格。①

5.3.1.6 中央对手方违约

欧盟认识到中央对手方可能对金融稳定具有潜在威胁，并承认它们“大而不能倒”。②因此，各方发起了一次关于中央对手方恢复和处置方案的协商。这项提议将在下一章讨论。③中央对手方明确不受银行恢复与处置指令④的约束，《欧洲市场基础设施监管规则》中没有规定中央对手方违约应遵循的程序。因此，欧盟目前缺乏处理中央对手方违约的法规，尽管第24条规定，对于任何可能导致金融市场动荡或清算会员所在国流动性短缺的紧急情况，中央对手方有义务立即通知欧洲证券与市场管理局、处置委员会和欧洲中央银行系统。⑤

5.3.1.7 实施时间表

《欧洲市场基础设施监管规则》于2012年7月4日通过，清算义务已经被多次推迟。截至2016年6月21日，根据委员会授权条例第3（1）（a）条，清算义务从第一类交易对手开始分阶段实施。⑥ 分阶段实施工作时至今日仍在继续，至少会持续到2019年第三季度初。⑦

---

① Article 37（1）and（4）EMIR.

② European Commission，“Consultation on a Possible Framework for the Recovery and Resolution of Financial Institu - tions Other than Banks”（5 October 2012），11 - 3 <ec. europa. eu/finance/consultations/2012/non-banks/ docs/ consultation - document _ en. pdf>2017年9月3日查阅。

③ 见第6章，6.3节。

④ Directive 2014/59/EU，Recital 12.

⑤ Article 18 EMIR.

⑥ Commission Delegated Regulation（EU）2015/2205. European Commission，“European Commission and the United States Commodity Futures Commission：Common Approach for Transatlantic CCPs”（10 February 2016）.

⑦ European Commission，“Proposal for a Regulation of the European Parliament and of the Council Amending Regu - lation（EU）No. 648/2012 as Regards the Clearing Obligation，the Suspension of the Clearing Obligation，the Re - porting Requirements，the Risk - Mitigation Techniques for OTC Derivatives Contracts Not Cleared by a Central Counterparty，the Registration and Supervision of Trade Repositories and the Requirements for Trade Repositories，COM（2017）208 final”，8.

5.3.2 回顾

欧盟对金融和非金融交易对手方作出了区别。由于金融交易对手方的规模和市场重要性，所有金融交易对手方都必须接受清算，而非金融交易对手方只有在超过每种衍生品资产类别的清算门槛时，才需要清算。一旦超过这一门槛，该非金融交易对手方的所有资产类别的所有衍生品都必须进行清算，无论这些资产类别是否达到了清算门槛。那些未超过清算门槛的非金融交易对手方被称为“小型非金融交易对手方”，需要遵守报告和风险缓释要求。

在欧盟，建立一个中央对手方的财务要求相对较低，虽然中央对手方明确不受《银行恢复与处置指令》的约束，但目前还没有其他法规来规定如何处理濒临倒闭的中央对手方。目前的监管有赖于清算会员内部风险缓释措施、中央对手方内部管控框架的效率及效力，来应对市场波动和系统性冲击。

尽管 2007—2009 年金融危机后，《欧洲市场基础设施监管规则》已于 2012 年 7 月实施，但在颠覆金融市场的大事件发生 10 年后，该规定仍未实施完毕。因此，尽管巴塞尔银行监管委员会—国际证监会组织和金融稳定委员会的主要目标已经实现，但欧盟的监管框架缺乏将金融稳定委员会为金融机构有效处置机制的关键特征转换为相关标准。①

5.4 跨大西洋的视角

5.4.1 美国做法

美国采取了更为严格的做法，与欧盟之间产生了紧张的关系。尽管两个司法管辖区都允许外国中央对手方和市场参与者进入，但两个司法管辖区都不认

① FSB，“Key Attributes of Effective Resolution Regimes for Financial Institutions”（n 402）. 国际掉期与衍生工具协会仍然是危机后监管框架中的重要参与者；然而，在缺乏国家监管的情况下，它不再享有以往的地位。关于国际掉期与衍生工具协会和《欧洲市场基础设施监管规则》是如何相互支持 的，见 Michael Huertas，“ISDA 2013 EMIR Portfolio Reconciliation，Dispute Resolution and Disclosure Protocol（the ISDA PortRec Protocol）and Other EMIR Relevant ISDA Documentation Solutions” Rüdiger Wilhelmi and others（eds），Handbuch EMIR（Erich Schmidt），379 –503。

为外国中央对手方受到了充分监管。[①]美国和欧盟在近四年的时间里一直陷入僵局，无法就欧盟所称的清算规则的等效性或美国所称的替代合规达成共识。[②] 这种具有破坏性的举动，被美国商品期货交易委员会的委员 Giancarlo 称为“地区金融市场的 21 世纪新保护主义”[③]。这导致跨境交易活动显著减少，一度使高度一体化的衍生品市场变得四分五裂。[④]

5.4.1.1 多德—弗兰克法案

2008 年国际金融危机爆发后，同时控制着美国参众两院的民主党议员立即呼吁采取行动。2010 年 7 月 21 日，奥巴马总统签署了《多德—弗兰克法案》[⑤]，使之成为法律。《多德—弗兰克法案》包含了大量新的规则和法规，用于解决导致金融危机的缺陷，从而杜绝此类危机再次发生。[⑥]

5.4.1.2 替代合规

美国替代合规的做法允许非美国金融机构既活跃于美国市场，又避免向美国监管机构注册，只要该机构所在国的监管与美国的监管具有等效性即可。[⑦]随着《多德—弗兰克法案》的出台，这种做法发生了变化。根据该法案，外国交

---

① See Article 25 EMIR. ESMA, “ESMA Resumes US CCP Rec – ognition Process Following EU – US Agreement” (10 February 2016) Press Release <https: // www. esma. europa. eu/press – news/esma – news/esma – resumes – us – ccp – recognitionprocess – following – eu – us – agreement>; European Commission, European Commission and the United States Commodity Futures Commission: Common Approach for Transatlantic CCPs' (10 February 2016); Shearman & Sterling, “Update on Third Country Equivalence Under EMIR” (17 March 2016).

② Shearman & Sterling, “Update on Third Country Equivalence Under EMIR” (17 March 2016).

③ Christopher J Giancarlo, “The Looming Cross – Atlantic Derivatives Trade War: ‘A Return to Smoot – Hawley’” (The Global Forum for Derivatives Markets, 35th Annual Burgenstock Conference, Geneva, September 2014).

④ 同上; Alexey Artamonov, “Cross – border Application of OTC Derivatives Rules: Revisiting the Substitu – ted Compliance Approach” (2015) 1 Journal of Financial Regulation 206, 206。

⑤ Dodd – Frank Wall Street Reform and Consumer Protection Act.

⑥ Lynn A Stout, “Legal Origin of the 2008 Financial Crisis” (2011) 1 Harvard Business Law Review 1, 32 – 3.

⑦ Alexey Artamonov, “Cross – border Application of OTC Derivatives Rules: Revisiting the Substituted Com – pliance Approach” (2015) 1 Journal of Financial Regulation 206, 209. 关于替代合规的概念的介绍，见 Howell E Jackson, “Substituted Compliance: The Emergence, Challenges, and Evolution of a New Regulatory Paradigm” (2015) 1 Journal of Financial Regulation 169, 169 – 205。

易的场外衍生品（“掉期”[①]）活动如果“与美国的商业活动有直接和重大的联系，或对美国的商业活动产生影响，[②] 或出于监管套利目的而违反美国商品期货交易委员会的规则，则此类活动应受到美国监管”。[③] 新规定要求，那些以前只在场外市场交易的衍生品合约必须在交易所交易和清算。[④]

《多德—弗兰克法案》[⑤] 的域外应用意味着，除非另有明确规定，无论交易在何处进行，美国都要求遵守其国内规则。[⑥] 美国证券交易委员会和美国商品期货交易委员会在认定外国法规符合美国法律时有不同的程序，因此，敦促美国这两家机构合作，找到共同可接受的条款。[⑦] 美国替代合规的规定被这些机构内部严厉批评，原因是没有证据表明这些规定比外国监管更有效。[⑧]

最初，欧盟对美国立法的域外适用感到担忧，并警告称，在全球范围内强制实施美国交易做法，是对其他国家主权规则的无视与冒犯。[⑨] 最终，美国没有退让，因此欧盟决定也选择域外适用欧洲法规[⑩]，这通过《欧洲市场基础设施监管规则》第 13 条和上文定义的“等效性制度”实现。[⑪] 由于双方没有在解决方

---

① 关于掉期，请参见《多德—弗兰克华尔街改革与消费者保护法案》第 7 条 721（a）（2）。为清楚起见，作者将继续将上述掉期称为场外衍生品。

② Alexey Artamonov，“Cross – border Application of OTC Derivatives Rules：Revisiting the Substituted Com – pliance Approach”（2015）1 Journal of Financial Regulation 206，209 – 10.

③ 同上 210。Deborah North，Noah Baer and Dustin Plotnick，“The Regulation of OTC Derivatives in the United States of America” Rüdiger Wilhelmi and others（eds），Handbuch EMIR（Erich Schmidt），619.

④ 美国商品期货交易委员会对《多德—弗兰克华尔街改革与消费者保护法案》第 723 节规定的掉期产品拥有管辖权；而美国证券交易委员会对第 763 节规定的掉期产品拥有管辖权。Rena S Miller and Kath – leen Ann Ruane，“Dodd – Frank Wall Street Reform and Consumer Protection Act：Title VII，Derivatives”（November 2012）Congressional Research Service R41298，5。

⑤ Section 722 Dodd – Frank Act.

⑥ Alexey Artamonov，“Cross – border Application of OTC Derivatives Rules：Revisiting the Substituted Com – pliance Approach”（2015）1 Journal of Financial Regulation 206，212；Deborah North，Noah Baer and Dustin Plotnick，“The Regulation of OTC Derivatives in the United States of America” Rüdiger Wilhelmi and others（eds），Handbuch EMIR（Erich Schmidt），620 – 2.

⑦ Alexey Artamonov，“Cross – border Application of OTC Derivatives Rules：Revisiting the Substituted Com – pliance Approach”（2015）1 Journal of Financial Regulation 206，213 – 5.

⑧ 同上 215。

⑨ John C Coffee Jr，“Extraterritorial Financial Regulation：Why E. T. Can't Come Home”（2014）99 Cor-nell Law Review 1259，1259，1264.

⑩ 《欧洲市场基础设施监管规则》第 4 条（1）（a）（v）将清算要求扩大到“在一个或多个第三国设立的实体，如果这些实体在本联盟设立，则它们将承担清算义务，前提是合同在本联盟内具有直接、实质性和可预见的影响……以防止规避本规定中的任何条文”。

⑪ 第 5.3.1.7 节。

案上达成共识，2013—2014 年[①]，欧盟和美国间清算欧元计价利率互换下降了 77%，并导致场外衍生品市场继续分裂。[②] 这导致各区域圈地为政，流动性被局限在各自的资金池中。这些资金池导致风险集中，而非分散到全球，衍生品本应做到后者。这不仅会增加风险，还会使衍生品的基本功能复杂化，比如流动性强的市场能让参与者对冲风险。此外，流动性短缺可能会影响基础证券市场和一级资产市场。[③] 如今，美国和欧盟的紧张局势正在破冰，似乎终于有望结束僵局。美国在衍生品市场上实施改革的速度更快，并带领许多其他司法管辖区效仿，从而保持市场准入并降低合规成本。事实证明，欧盟的不愿退让，让美国在这一领域发挥了带头作用。欧洲证券与市场管理局在 2013 年对美国和欧盟规则的合规性进行了技术评估，发现美国的法律框架总体上等效于认证所需的标准，对中央对手方的法律约束力的要求等效于《欧洲市场基础设施监管规则》。[④] 尽管如此，欧洲证券与市场管理局也发现了美国一些规则存在持久性问题。[⑤]

5.4.2 措施对比

尽管美国和欧洲的共同目标是创建一个全球协同的金融框架，但二者做法有许多不同之处。本书将对其中一些区别加以分析。

5.4.2.1 受影响的对手方

对于每笔场外衍生品交易，以及此类交易的各方而言，如果交易发生在美国，或与美国人、美国人机构的外国分支机构或附属机构进行，或与美国人有重大交易的非美国人进行，则会受美国实体层面和交易层面的监管。[⑥]然而，非

---

① ISDA，"Cross - border Fragmentation of Global OTC Derivatives：An Empirical Anal - ysis"（January 2014）ISDA Research Note <http：//www2. isda. org/ search? headerSearch = 1&keyword = cross + border + fragmentation>2017 年 9 月 3 日查阅。

② 同注①。

③ See Alexey Artamonov，"Cross - border Application of OTC Derivatives Rules：Revisiting the Substituted Compliance Approach"（2015）1 Journal of Financial Regulation 206，219；John C Coffee Jr，"Extraterritorial Financial Regu - lation：Why E. T. Can't Come Home"（2014）99 Cornell Law Review 1259，1288.

④ ESMA，"Technical Advice on Third Country Regime Regulatory Equivalence under EMIR - US"（1 September 2013）Final Report，18 - 9 <https：//www. esma. europa. eu/sites/default/files/library/ 2015/11/2013 - 1157 _ technical _ advice _ on _ third country _ regulatory _ equivalence _ under _ emir _ us. pdf>2017 年 9 月 3 日查阅。

⑤ 同上 21。

⑥ Alexey Artamonov，"Cross - border Application of OTC Derivatives Rules：Revisiting the Substituted Com - pliance Approach"（2015）1 Journal of Financial Regulation 206，208.

金融交易对手方和仅以对冲为目的的交易可以免除清算义务。[①] 美国还区分掉期交易商和主要掉期交易商，后者适用更严格的规则。[②]

5.4.2.2 合格衍生品

《多德—弗兰克法案》第7编阐述了场外衍生品以及几年前对衍生品投机放松管制的做法。[③] 特别值得一提的是，根据《多德—弗兰克法案》第7编，商品期货交易委员会被授予对“掉期”的监管权。[④] 此处有一个例外，那就是基于证券的掉期交易受到美国证券交易委员会的监管。[⑤] 此外，财政部部长可能会将实物交割的外汇产品排除在美国商品期货交易委员会的监管之外。[⑥]

美国和欧盟采用自下而上和自上而下相结合的方式。根据清算的掉期类别，属于中央对手方（由美国商品期货交易委员会监管的衍生品清算组织）清算范围的场外衍生品必须分别向美国商品期货交易委员会和/或美国证券交易委员会报告。[⑦] 监管机构根据流动性、名义敞口和系统性风险（自下而上的方法）来决定是否属于清算义务的范围。属于清算义务范围内的所有衍生品都必须提交衍生品清算组织进行清算。[⑧] 此外，商品期货交易委员会和证券交易委员会都有能力

---

① Sections 723（a）（7）and 763 Dodd – Frank. 关于终端客户的审查，请见 Rena S Miller and Kathleen Ann Ruane，“Dodd – Frank Wall Street Reform and Consumer Protection Act：Ti – tle VII，Derivatives”（November 2012）Congressional Research Service R41298，9 – 11；Deborah North，Noah Baer and Dustin Plotnick，“The Regulation of OTC Derivatives in the United States of America” Rüdiger Wilhelmi and others（eds），Handbuch EMIR（Erich Schmidt），634，N 48。

② 关于不同要求和门槛的深入讨论，同上 622 – 6。

③ 见 Lynn A Stout，“Legal Origin of the 2008 Financial Crisis”（2011）1 Harvard Business Law Review 1，33.

④ Deborah North，Noah Baer and Dustin Plotnick，“The Regulation of OTC Derivatives in the United States of America” Rüdiger Wilhelmi and others（eds），Handbuch EMIR（Erich Schmidt），633，N 44.

⑤ Legal Information Institute，“Dodd – Frank：Title VII – Wall Street Transparency and Accountability”（3 September 2017）<https：//www. law. cornell. edu/ wex/dodd – frank _ title _ VII>2017 年 9 月 3 日查阅。

⑥ 同上；Deborah North，Noah Baer and Dustin Plotnick，“The Regulation of OTC Derivatives in the United States of America” Rüdiger Wilhelmi and others（eds），Handbuch EMIR（Erich Schmidt），620 – 21，N 7.

⑦《多德—弗兰克华尔街改革与消费者保护法案》第721，723（a），725（c）节考虑到衍生品清算组织的功能，很明显，它们等同于本书所讨论的中央对手方。因此，为清楚起见，作者将其视作中央对手方。见 FINMA，“Finanzmarktinfrastrukturverordnung – FINMA Erl? uterungsbericht”（20 August 2015），10 <https：//www. admin. ch/chZd/gg/pc/documents/2693/FinfraV – FINMA _ Erl. – Bericht de. pdf>2017 年 9 月 3 日查阅；Deborah North，Noah Baer and Dustin Plotnick，“The Regulation of OTC Derivatives in the United States of America” Rüdiger Wilhelmi and others（eds），Handbuch EMIR（Erich Schmidt），633，N 44。

⑧ Deborah North，Noah Baer and Dustin Plotnick，“The Regulation of OTC Derivatives in the United States of America” Rüdiger Wilhelmi and others（eds），Handbuch EMIR（Erich Schmidt），633，N 44 – 6.

将某些衍生品列入清算名单，而不受中央对手方意愿（自上而下的方法）的影响。[①] 所有场外衍生品都必须进行清算，若没有清算，交易对手方之间的合同无效。[②]《多德—弗兰克法案》还要求所有投机性金融衍生品进行清算，因为它们受《商品期货交易法》的旧要求管理。[③]

欧盟一般会使用相比美国更为严格的监管手段。由于采取了最大限度协调的方法，大多数实质性的监管改革都需要得到欧盟委员会的批准。因此，尽管有欧洲证券与市场管理局制定技术标准，但监管仍然僵化，在迅速适应市场变化方面缺乏灵活性。[④] 相比之下，《多德—弗兰克法案》将更多自由裁量权留给了监管机构，即美国证券交易委员会和商品期货交易委员会。[⑤]

场外衍生品术语在美国比在欧盟广泛得多。虽然欧盟将场外衍生品的概念限制在金融工具市场指令定义的金融工具上[⑥]，但美国将任何具有金融、经济或商业后果的合约都归类为掉期。[⑦] 根据《欧洲市场基础设施监管规则》需要在交易所交易的场外衍生品范围相对较窄（“选择加入”），而美国则针对每一项协议、合同或交易都作出了界定，这些协议、合约或交易被认为是要求清算的“掉期”（“选择退出”）。[⑧] 在美国，未清算的场外交易市场仍然可以进行套期保值交易，而纯粹的投机性交易必须进行中央对手清算。[⑨] 有趣的是，外汇掉期在美国可以免除清算义务，但欧洲证券与市场管理局却没有。

---

① 同上；Rena S Miller and Kathleen Ann Ruane，“Dodd – Frank Wall Street Reform and Consumer Protec – tion Act：Title VII，Derivatives”（November 2012）Congressional Research Servic R41298，6 – 7。

② Section 723（a）（3）Dodd – Frank Act.

③ Section 723（a）（2）Dodd – Frank Act；见 Lynn A Stout，“Legal Origin of the 2008 Financial Crisis”（2011）1 Harvard Business Law Review 1，34.

④ Kern Alexander，“The European Regulation of Central Counterparties：Some International Challenges” Kern Alexander and Rahul Dhumale（eds），Research Handbook on International Financial Regulation（Edward Elgar，2012），243.

⑤ 同上；Deborah North，Noah Baer and Dustin Plotnick，“The Regulation of OTC Derivatives in the United States of America” Rüdiger Wilhelmi and others（eds），Handbuch EMIR（Erich Schmidt），633，N 46。

⑥ Article 2（5）and（7）EMIR.

⑦ Jan D Luettringhaus，“Regulating Over – the – Counter Derivatives in the European Union – Transatlantic（Dis）Harmony After EMIR and Dodd – Frank：The Impact on（Re）Insurance Companies and Occupational Pen – sion Funds”（2012）18 The Columbia Journal of European Law 19，27.

⑧ Kern Alexander，“The European Regulation of Central Counterparties：Some International Challenges” Kern Alexander and Rahul Dhumale（eds），Research Handbook on International Financial Regulation（Edward Elgar，2012），244.

⑨ Lynn A Stout，“Legal Origin of the 2008 Financial Crisis”（2011）1 Harvard Business Law Review 1，34 – 5.

5.4.2.3 设立中央对手方

要注册为中央对手方/衍生品清算组织，必须根据改革后的《商品期货交易法》规则向美国商品期货交易委员会提交申请。[①] 商品期货交易委员会决定所提供的资本是否充足，并赋予更多的自由裁量权来调整资本的充足性。[②]《欧洲市场基础设施监管规则》没有区分具有系统重要性的中央对手方和常规中央对手方，美国《多德—弗兰克法案》第805条及其后的条款也如此。在欧盟，对于金融市场基础设施特别是中央对手方而言，如果其服务对于市场的平稳运行是不可或缺的，那么它就被认为具有系统重要性。[③] 然而，美国商品期货交易委员会对衍生品清算组织和具有系统重要性的衍生品清算组织进行了区分。具有系统重要性的衍生品清算组织在财务资源和机制方面受到更严格的要求，以确保业务的连续性并且保证能够在市场动荡的情况下复苏。市场动荡的情形[④]包括具有系统重要性的衍生品清算组织的风险敞口最大的两个清算会员违约。[⑤] 这一要求导致与欧盟出现摩擦，因为《欧洲市场基础设施监管规则》要求对最大的两个交易对手的敞口需要被清算基金覆盖。在美国，只有具有系统重要性的衍生品清算组织才有这样的要求。[⑥]

5.4.2.4 中央对手方互操作

《欧洲市场基础设施监管规则》第51条鼓励中央对手方与其他中央对手方签订互操作协议，但《多德—弗兰克法案》并不这样要求。[⑦] 这样的互操作协议

---

① Section 7 (c) CEA.

② Section 7 CEA；美国商品期货交易委员会，衍生品清算组织。

③ Lieven Hermans，Peter McGoldrick 及 Heiko Schmiedel，"Central Counterparties and Systemic Risk" (3 September 2017) 6，7-8.

④ CFTC，"Derivatives Clearing Organisation" (3 September 2017)，69335 <http：//www.cftc.gov/IndustryOversight/ClearingOrganizations/index.htm>2017年9月3日查阅。美国商品期货交易委员会，衍生品清算组织。

⑤ 同上 69352。

⑥ Shearman & Sterling，"EU-US Agreement on Regulation of Central Counterparties" (16 February 2016) <http：//www.shearman.com/ ~ /media/Files/ NewsInsights/Publications/2016/02/EUUS-Agreement-On-Regulation-Of-CentralCounterparties-FIAFR-021616.pdf> (2017年9月3日查阅)，3-4。

⑦ Shearman & Sterling，"Proposed US and EU Derivatives Regulations：How They Compare" (10 November 2010)，6 <http：//www.shearman.com/ ~ / media/files/newsinsights/publications/2010/11/proposed-us-and-eu-derivativesregulations-how-/files/view-full-memo-proposed-us-and-eu-derivatives-re/fileattachment/fia111010proposedusandeuderivativesregulations.pdf>2017年9月3日查阅。

可能会增加系统性风险的敞口，后文将会说明这一点。

5.4.2.5 风险管理

这里讨论的区别主要是关于担保品和保证金支付的问题。《多德—弗兰克法案》第736条授权美国商品期货交易委员会在必要时设定保证金要求，以维持期货交易所的稳定。① 例如，美国要求支付更高的初始保证金，因为在交易对手违约的情况下，交易所交易头寸必须在一天内清算（最短清算期），而欧盟允许两天。② 欧洲证券与市场管理局对最短平仓期提出了一种新的口径，这遭到了极大的质疑。③ 两个司法管辖区在何为适当的逆周期缓冲问题上也存在分歧，美国拒绝实施这种做法，拒绝要求中央对手方的客户提供更高的抵押品。④ 虽然《欧洲市场基础设施监管规则》要求保证金计算的置信度为99.5%，但美国的政策认为99%就足够。⑤ 这可能会鼓励清算会员转移注册地点，以实现更低的成本，并破坏协调和安全的金融市场。

此外，《欧洲市场基础设施监管规则》要求所有衍生品合约，无论是在交易所内还是在交易所外交易，都必须向交易报告库披露信息，而美国和大多数其他司法管辖区只要求汇报场外衍生品。⑥ 这可能会破坏信息收集和透明度。

其他重要的区别包括“推出”规则和沃尔克规则，因为欧盟并没有这样的规则。前者限制银行进行衍生品交易，后者禁止银行从事衍生品自营交易。⑦然

---

① Rena S Miller and Kathleen Ann Ruane, “Dodd – Frank Wall Street Reform and Consumer Protection Act: Title VII, Derivatives” (November 2012) Congressional Research Service R41298, 17 –8.

② Rüdiger Wilhelmi, “Regulierung in Drittstaaten Und Resultierende Friktionen” Rüdiger Wilhelmi and others (eds), Handbuch EMIR (Erich Schmidt), 554, N 13.

③ Shearman & Sterling, “EU – US Agreement on Regulation of Central Counterparties” (16 February 2016) <http://www.shearman.com/ ~ /media/Files/ NewsInsights/Publications/2016/02/EUUS – Agreement – On – Regulation – Of – CentralCounterparties – FIAFR –021616.pdf>2017年9月3日查阅，2 –3。

④ 同上3。

⑤ Rüdiger Wilhelmi, “Regulierung in Drittstaaten Und Resultierende Friktionen” Rüdiger Wilhelmi and others (eds), Handbuch EMIR (Erich Schmidt), 554, N 13.

⑥ 同上555，N 14。

⑦ Section 716 Dodd – Frank. Clifford Chance and ISDA, “Regulation of OTC Derivatives Markets: A Comparison of EU and US Initiatives” (September 2012), 4 <www2.isda.org/attachment/NDc4Mw% 3D% 3D/Cliff-Ch – ISDA% 2520reg% 252 0comparison% 2520of% 2520EU – US% 2520initiatives% 2520Sept% 25202012.pd>2017年9月3日查阅；Jan D Luettringhaus, “Regulating O – ver – the – Counter Derivatives in the European Union – Transatlantic (Dis) Harmony After EMIR and Dodd – Frank: The Impact on (Re) Insurance Companies and Occupational Pension Funds” (2012) 18 The Columbia Journal of European Law 19, 26 –7。

而，这很难监督和执行，因为做市和自营交易之间没有清晰的界限。[①]

对于没有提交清算的衍生品，掉期交易商和主要掉期交易商都有严格的保证金要求。[②] 尽管缺乏衍生品清算组织/中央对手方，这些规则确保了充分的风险管理实践。

5.4.2.6 中央对手方违约

最后，美国禁止向掉期实体提供防止清盘[③]的联邦援助，并在《多德—弗兰克法案》第2编中制定了具有系统重要性的金融机构的清盘规则。因此，有序清算机制的目的是“提供必要的机制，对使美国金融稳定面临重大风险的濒临倒闭的金融公司进行清算，缓解这种风险，将道德风险降至最低”。[④] 中央对手方被视作“大而不能倒”，因此可能会被金融稳定监管委员会认定为需要遵守《多德—弗兰克法案》第2编。[⑤] 在这种情况下，接管人可能是美国联邦存款保险公司，它可以将中央对手方的投资组合转移到一个过渡性的金融机构，这些投资组合将通过这一机构进一步转移到其他中央对手方，或在两年内拍卖。[⑥]

5.4.2.7 实施时间框架

《多德—弗兰克法案》于2010年7月21日成为法律；然而，尽管美国在立法上领先一步，但该法案仍在实施中，并不是全部的相应机构都完成了最终规则的编制。[⑦]

---

① SIFMA, “Volcker Rule Resource Center” (3 September 2017) <http://www2.sifma.org/volcker-rule/>2017年9月3日查阅；Ryan Tracy, “Volcker Bank-risk Rule Set to Start with Little Fanfare” The Wall Street Journal (New York, 21 July 2015) <http://www.wsj.com/articles/vol-cker-bank-risk-ruleset-to-start-with-little-fanfare-1437517061>2017年9月3日查阅。

② Deborah North, Noah Baer and Dustin Plotnick, “The Regulation of OTC Derivatives in the United States of America” Rüdiger Wilhelmi and others (eds), Handbuch EMIR (Erich Schmidt), 642-3.

③ Section 716 Dodd-Frank. Rena S Miller and Kathleen Ann Ruane, “Dodd-Frank Wall Street Reform and Consumer Protection Act: Title VII, Derivatives” (November 2012) Congressional Research Service R41298, 20-21.

④ Section 204 (a) Dodd-Frank, 12 U.S.C. Section 5384 (a).

⑤ Section 804 (a) (1) Dodd-Frank, 12 U.S.C. Section 5463 (a) (1).

⑥ IMF, “United States Financial Sector Assessment Program: Review of The Key Attributes of Effective Resolution Regimes for the Banking and Insurance Sectors-Technical Note” (July 2015) IMF Country Report No. 15/171, 21-5 <https://www.imf.org/external/pubs/ft/scr/2015/cr15171.pdf>2017年9月3日查阅。

⑦ Davis Polk, “Dodd-Frank Progress Report” (19 July 2016) <https://www.davispolk.com/files/2016-dodd-frank-six-year-anniversary-report.pdf>2017年9月3日查阅。

5.5 ISDA

在全面的衍生品立法推广之前，国际掉期与衍生工具协会是国际标准制定机构。尽管出台了新规，国际掉期与衍生工具协会仍是场外衍生品市场的主力军。国际掉期与衍生工具协会迅速作出反应，为该行业提供了模板协议，涵盖核心司法管辖区以及某些较小司法管辖区的各种监管要求。① 因此，如今的标准协议包括一些条款，使交易对手能够通过签署相应的主协议来满足监管要求，如争议解决和投资组合对账，以及《欧洲市场基础设施监管规则》项下的保证金要求。② 这对小型和其他非金融交易对手方特别有吸引力，因为这些交易对手方想要独立遵守所有监管要求的成本太高。即使对于大型金融交易对手方，《国际掉期与衍生工具协会协议》仍然是场外衍生品交易对手方使用范围最广的协议。

5.6 初步分析

本章表明，全球衍生品改革远未完成或实现协调。欧盟清算义务于 2016 年开始逐步实施，比二十国集团设定的规范执行的最后期限晚了 4 年，几乎是在金融危机之后的 10 年。③欧盟和美国都实施了多种风险管理机制，例如审慎的抵押品收取和保证金做法；它们要求清算会员在加入中央对手方之前满足特定标准，并要求衍生品遵守标准化做法。这些规则符合国际标准。④ 欧洲证券及市场管理局进行了第一次欧盟范围的中央对手方压力测试，结果表明，在所模拟的

---

① ISDA，“European Market Infrastructure Regulation（EMIR）Implementa - tion Initiatives”（3 September 2017） <http：//www2. isda. org/emir/ >2017 年 9 月 3 日查阅；ISDA，“ISDA Focus：Dodd - Frank”（3 September 2017） <https：//www2. isda. org/dodd - frank/ >2017 年 9 月 3 日查阅。

② ISDA，“ISDA 2013，EMIR Portfolio Reconciliation，Dispute Resolution and Disclo - sure Protocol”（19 July 2013） <http：//www2. isda. org/functional - areas/ protocol - management/proto - col/15 >2017 年 9 月 3 日查阅；ISDA，“ISDA 2016 Variation Margin Protocol”（16 August 2016） <http：//www2. isda. org/functional - areas/wgmr - implementation/isda - 2016 - variation - margin - protocol/ >2017 年 9 月 3 日查阅。

③ 关于实施进展的评论：FSB，“OTC Derivatives Market Reforms：Tenth Progress Report on Implementation”（4 November 201），2 - 3 和 8 - 11 <http：//www. fsb. org/wp - content/uploads/OTC - Derivatives - 10thProgress - Report. pdf >2017 年 9 月 3 日查阅。

④ 同上 8 - 14。

情况下，中央对手方能够应对交易对手方的信用风险。①

场外衍生品改革有赖于金融基础设施机构（特别是中央对手方）的顺利运作，以确保金融市场稳定、系统性风险减少。② 中央对手方利用其风险缓释框架在交易对手之间发挥缓冲作用，抵御市场外部性。在确定一家机构是否对金融体系构成威胁时，其规模、相互关联性以及市场上替代其服务的能力都会被考虑在内。③ 中央对手方发挥的作用是独特的，因为它们紧密互联，对交易对手方有很大的敞口。因此，中央对手方被认为对金融稳定有潜在风险，与其在系统性冲击中发挥作用的能力相关。然而，中央对手方以前也失效过。④ 清算要求只有在以下情况下才能实现目标：目前集中在大而不能倒的中央对手方的最终风险敞口得到妥善管理，濒临倒闭的中央对手方能够得到有效处置。引用美国商品期货交易委员会委员 Giancarlo 的观点：

世界上几家主要清算机构的规模和范围实在太大了，任何一家倒闭对全球经济的影响都会引起广泛的关注。这需要大西洋两岸监管机构之间的灵活合作，从而实现正确的监管和监督平衡。⑤

然而，改革至今没有完成。尽管欧盟在 2012 年就启动了特别处置规范的咨询，但其依然缺乏针对中央对手方的恢复和处置框架。⑥ 此外，2015 年 5 月至 8 月，在欧盟委员会举行的公众咨询中，为收集利益相关方对《欧洲市场基础设

---

① ESMA，“EU – Wide CCP Stress Test 2015”（16 April 2016） <https：// www. esma. europa. eu/sites/default/files/library/2016 – 658 _ ccp _ stress _ test _ report _ 2015. pdf>2017 年 9 月 3 日查阅。2016 年年度压力测试的下一期结果预计将于 2017 年第四季度公布。

② Rüdiger Wilhelmi，“Regulierung in Drittstaaten Und Resultierende Friktionen” Rüdiger Wilhelmi and others（eds），Handbuch EMIR（Erich Schmidt），556，N 17.

③ European Commission，“Consultation on a Possible Framework for the Recovery and Resolution of Financial Institu – tions Other than Banks”（5 October 2012），8.

④ 关于中央对手方险些失效以及最终失效的案例，请见 Jeremy C Kress，“Credit Default Swaps，Clear – inghouses and Systemic Risk：Why Centralized Counterparties Must Have Access to Central Bank Liquidity”（2011）48 Harvard Journal on Legislation 49，49 – 50；Paul Tucker，“Clearing Houses as System Risk Managers”（DTCC – CSFI Post Trade Fellowship Launch，London，1 June 2011） <http：//www. bankofengland. co. uk/ archive/Documents/historicpubs/speeches/2011/ speech501. pdf>2017 年 9 月 3 日查阅。

⑤ Christopher J Giancarlo，“The Looming Cross – Atlantic Derivatives Trade War：‘A Return to Smoot – Hawley’”（The Global Forum for Derivatives Markets，35th Annual Burgenstock Conference，Geneva，September 2014）.

⑥ Tracy Alloway，“A Glimpse at Failed Central Counterparties” Financial Times（London，2 June 2011）<http：//ftalphaville. ft. com/2011/06/02/ 583116/a – glimpse – at – failed – central – counterparties/>2017 年 9 月 3 日查阅。

施监管规则》实施情况的反馈，大多数受访者反映希望中央对手方能够更方便地获得央行流动性。[①] 受访者认为，这种流动性的获取不仅可以抵消中央对手方对商业银行的风险敞口，还可以降低流动性风险，提升坚韧性，创造公平的竞争环境。[②] 然而，大多数公共部门和监管机构反对这一要求，表示这将破坏央行的独立性和裁量权，并引发道德风险。[③]

公众咨询中还收集了对《欧洲市场基础设施监管规则》顺周期性的反馈：公共部门和市场基础设施运营者以及投资经理和行业协会之间的意见再次相左。一些人认为，当前《欧洲市场基础设施监管规则》足以限制中央对手方财务资源的顺周期性。而另一些人仍然认为，存在需要改进的领域，建议采取结果导向型的方法或是允许使用更多工具，以提高灵活性。一些参与者尤其关心的问题是，中央对手方可能突然改变其资格标准和/或保证金水平，这可能导致初始保证金要求突然大幅增加或估值折扣。[④] 在某些情况下，中央对手方可以自主设定估值折扣和抵押品资格，如果保证金要求高于规定要求，可能会增加顺周期性。这种顺周期性不仅可能是由中央对手方自身造成的，也可能源于代理清算协议和经纪人。[⑤] 因此，有一种建议是让客户清算遵循《欧洲市场基础设施监管规则》，并减少清算会员进行代理清算的决定权限。[⑥] 然而，对于这个问题，是通过监管机构更强有力的干预来解决，还是中央对手方继续负责对其风险管理办法加以界定和应用，受访者意见不一。[⑦] 关于符合条件的抵押品，各方明确要求允许提供更多类型的抵押品。[⑧]

许多人批评欧盟委员会相关跨国界活动和在《欧洲市场基础设施监管规则》下等效性评估进程缓慢。在实施《多德—弗兰克法案》后的 6 年里，由于各种规则的不同，两个司法管辖区的做法也不同，尤其是在各方进展缓慢导致流动性碎片化、市场扭曲的情况下，两个司法管辖区之间进行了跨大西洋的对话，

---

① European Commission, “EMIR Review, Public Consultation, 2015 Summary of Contributions” (11 September 2015) < http://ec.europa.eu/finance/consultations/2015/emir-revision/docs/summary-of-responsesen.pdf > 2017 年 9 月 3 日查阅。

② 同上 5。

③ 同上。见第 7 章作者关于道德风险的论点。

④ 同上 7。

⑤ 同注④。

⑥ 同注⑤。

⑦ 同上 8。

⑧ 同上 7。

才找到摆脱保护主义清算的方法。[①] 有人还指出，《欧洲市场基础设施监管规则》对欧盟实体造成了非欧盟实体所没有的不利影响，事实证明，与其他国家的规则相比，欧盟规则要严格得多。[②] 如果美国选择在不久的将来放松对其市场的管制，欧盟的劣势可能会变得更加明显。[③]

这可能会造成进一步的损害，不仅影响交易关系，还会将风险集中在单一市场内，而非将风险分散到全球金融体系。[④] 要想让市场恢复跨境流动性，两个司法管辖区都应逐步放弃其保护主义的监管，这种监管方式复杂、成本高昂、具有破坏性，而且不符合二十国集团最初的目标，即建立一个协调改革的场外衍生品市场，以减少套利。[⑤] 现在的情形恰恰相反，监管执行越发不一致，监管重叠、重复、冲突和差距加剧，从而增加了套利的机会。[⑥] 金融市场流动性很强，特别是场外市场，双边性质使其可以迅速调整合同，从监管不严格的司法管辖区获利，规避监管，最终有可能破坏安全的金融市场。[⑦] 2016 年 6 月，欧洲证券与市场管理局与美国商品期货交易委员会迈出了重要一步，签署了关于合作监管中央对手方的谅解备忘录。[⑧] 2016 年 6 月 13 日，芝加哥商品交易所成为

① International Law Association, "Draft July 2016, Johannesburg Conference", Twelfth Report (2016) <on file with author>, 4 – 6; European Commission, European Commission, "EMIR Review, Public Consultation, 2015 Summary of Contributions" (11 September 2015), 10 – 11.

② European Commission, European Commission, "EMIR Review, Public Consultation, 2015 Summary of Contributions" (11 September 2015), 11.

③ 众所周知，美国对于危机的处置方式是设立严格的规定，仅仅在几年之后就再度放松监管。特朗普总统宣布他将会放松监管。这样的不一致可能会进一步使跨国之间的衍生品交易的跨司法辖区事务变得复杂。见 the discussion in Claudia Aebersold Szalay, "Zehn Jahre Nach Der Finanzkrise: Für Mehr Demut in Der Bankenregulierung" Neue Zürcher Zeitung (Zurich, 13 July 201) <https://www.nzz.ch/mei – nung/zehn – jahre – nach – der – finanzkrise – fuermehr – demut – in – der – bankenregulierung – ld.1305673>2017 年 9 月 3 日查阅。

④ Christopher J Giancarlo, "The Looming Cross – Atlantic Derivatives Trade War: 'A Return to Smoot – Hawley'" (The Global Forum for Derivatives Markets, 35th Annual Burgenstock Conference, Geneva, September 2014).

⑤ Alexey Artamonov, "Cross – border Application of OTC Derivatives Rules: Revisiting the Substituted Compliance Approach" (2015) 1 Journal of Financial Regulation 206, 221.

⑥ 同上 208; Rüdiger Wilhelmi, "Regulierung in Drittstaaten Und Resultierende Friktionen" Rüdiger Wil – helmi and others (eds), Handbuch EMIR (Erich Schmidt), 556 – 8.

⑦ Alexey Artamonov, "Cross – border Application of OTC Derivatives Rules: Revisiting the Substituted Com – pliance Approach" (2015) 1 Journal of Financial Regulation 206, 208.

⑧ ESMA, "ESMA and CFTC to Cooperate on CCPs" (6 June 2016) 媒体新闻 <https://www.esma.europa.eu/press – news/esma – news/esma – andcftc – cooperate – ccps>2017 年 9 月 3 日查阅; International Law Association, "Draft July 2016, Johannesburg Conference", Twelfth Report (2016) <on file with au – thor>, 4 – 6。

第一家获得欧洲证券与市场管理局（ESMA）认证的美国中央对手方。[①] 总体而言，提高抵押品要求是大西洋两岸监管机构的一致意见。

目前，美国已经制定了系统重要性机构有序清算的规则，但没有明确提到其目标是中央对手方。此外，鉴于中央对手方违约时的市场状况，各方可能无法成功将头寸转移到过渡性机构并最终转移到另一个中央对手方。[②]

《欧洲市场基础设施监管规则》于 2012 年 8 月生效，其目标是要求“中央对手方遵守并执行高度审慎、有组织性的商业标准”。[③] 2007 年至 2009 年金融危机的教训表明，常规的恢复和处置程序可能不足以确保金融机构关键职能的持续运作，以及防止金融不稳定。《欧洲市场基础设施监管规则》没有解决中央对手方的关切，因此在 2016 年底出现了一项新的提案草案，题为：关于欧洲议会和欧洲理事会对中央对手方恢复和处置框架条例的提案以及修订条例（EU）第 1095/2010 号、（EU）第 648/2012 号和（EU）2015/2365 号。这份提案草案旨在通过提供充足的工具，帮助濒临倒闭的金融机构保留关键职能，促进各成员国当局之间的合作与协调，并确保迅速和果断的行动。[④] 这项提案日后应可保证中央对手方能够从财务困境中恢复过来，维持关键职能，同时通过常规破产程序处置剩余活动，避免或尽量减少纳税人的成本。[⑤]

---

① 欧洲证券与市场管理局认定的可以在联邦内提供服务与活动的第三国中央对手方名单。

② 此处见关于跨境问题当前问题的讨论：International Law Association，“Draft July 2016，Johannesburg Confer - ence”，Twelfth Report（2016） <on file with author>，7 - 8 和 14 - 5。

③ Recital 4 CCPRRR.

④ Recitals 5 - 6 CCPRRR.

⑤ Recital 7 CCPRRR.

6. 重塑改革

6.1 介绍

2015—2016 年，欧盟委员会根据《欧洲市场基础设施监管规则》第 85 条（1），对该规则进行了广泛评估。评估包括公众咨询和关于审查《欧洲市场基础设施监管规则》的公开听证会。① 这次评估表明，虽然《欧洲市场基础设施监管规则》计划的大部分内容都广受欢迎，但部分内容无法在既定的时间内实施，还有一些内容给小型对手方带来了不必要的负担。② 2016 年，关于《欧洲市场基础设施监管规则》的总体报告被提交至欧洲议会和欧洲理事会，成为欧洲监管评定和绩效的一部分。③ 这些评估结果都体现在《欧盟委员会致欧洲议会及欧洲理事会的报告——2012 年 7 月 4 日欧洲议会及理事会（欧盟）第 648/2012 号第 85 条（1）关于场外衍生品、中央对手方及交易报告库》。④ 报告发现，总的来说，《欧洲市场基础设施监管规则》作为一个框架十分成功，但其中也有待改

---

① European Commission, "Inception Impact Assessment EMIR Amendment", 1 (21 November 2016) <http://ec.europa.eu/smart-regulation/roadmaps/docs/2016_fisma_004_emir_amendment_en.pdf>2017 年 9 月 3 日查阅。

② 同上；European Commission, "Report from the Commission to the European Parliament and the Council under Ar-ticle 85 (1) of Regulation (EU) No. 648/2012 of the European Parliament and of the Council of 4 July 2012 on OTC Derivatives, Central Counterparties and Trade Repositories" COM (2016) 857 final, 6。

③ European Commission, "Questions and Answers on the Proposal to Amend the European Market Infrastructure Regulation (EMIR)", 1 (4 May 2017) Press Release <http://europa.eu/rapid/press-release_MEMO-17-1145_en.htm?locale=en>2017 年 9 月 3 日查阅。

④ European Commission, "Questions and Answers on the Proposal to Amend the European Market Infrastructure Reg-ulation (EMIR)", 1.

进的部分。[①]

在欧洲监管评定和绩效计划开展过程中，欧盟委员会评估了高效和有效实现目标的政策，同时发现了不成比例的成本及负担，而且有些要求过于复杂。报告提出了以更有效的方式加强金融稳定的建议。[②]

根据这些评价反馈，欧盟委员会于 2017 年 5 月对《欧洲市场基础设施监管规则》提出了修正案。这些修正案针对的是场外衍生品的复杂监管，目的是在不影响金融稳定性的同时减轻市场参与者的负担和成本。欧盟委员会发现了不少缺点，包括严重依赖成员国监管机构、金融体系严重的相互关联，以及缺乏针对中央对手方的恢复和处置体系。[③]欧盟已经发现，某些中央对手方的风险集中度比其他中央对手方大，这使部分中央对手方对金融稳定尤为重要。[④]

下文将进一步深入讨论两项核心监管改革：《欧洲市场基础设施监管规则》的改革和中央对手方恢复及处置框架的创建。

6.2 《欧洲市场基础设施监管规则》的改革

2016 年 11 月，关于《欧洲市场基础设施监管规则》的报告指出，鉴于监管对防范系统性风险的重要性，不应对监管的核心要求作出根本性改变。《欧洲市场基础设施监管规则》在提高透明度的同时有效地降低了风险，但仍有

① European Commission, "Proposal for a Regulation of the European Parliament and of the Council Amending Regu - lation (EU) No. 648/2012 as Regards the Clearing Obligation, the Suspension of the Clearing Obligation, the Re - porting Requirements, the Risk - mitigation Techniques for OTC Derivatives Contracts Not Cleared by a Central Counterparty, the Registration and Supervision of Trade Repositories and the Requirements for Trade Repositories, COM (2017) 208 final", 2.

② 同上 3 -4。

③ European Commission, "Communication from the Commission to the European Parliament, the Council and the European Central Bank, Responding to Challenges for Critical Financial Market Infrastructures and Further De - veloping the Capital Markets Union" COM (2017) 225 final.

④ 同上 2 -3。

些部分可以进行完善，以削减过高的费用并简化某些程序。[①] 需要重新调整部分要求，其中最明显的是针对小型金融交易对手方、非金融交易对手方和养老基金，这可以降低参与中央对手方服务的难度以及报告要求。[②] 同时，需要继续遵守其他欧洲法规，包括资本要求法规、金融工具市场指令Ⅱ以及关于中央对手方恢复和处置机制的提议。[③] 这些内容已经在欧盟委员会关于修正《欧洲市场基础设施监管规则》的提案中有所反映。[④]

《欧洲市场基础设施监管规则》的改革侧重于关键方面，包括处于衍生品交易网络边缘的交易对手遵守清算要求、提升透明度和获得清算服务。[⑤] 改革目标是减轻小型金融交易对手方和非金融交易对手方的负担，同时增加小型机构获得清算服务的机会，并简化报告流程。这些改变将通过降低整体波动性的方式来减少突发冲击和业务中断的可能。[⑥]

6.2.1 改革概览

《欧洲市场基础设施监管规则》将从九个方面进行修改。修改报告义务，减轻小型非金融交易对手方和集团内交易的场外衍生品及交易所交易的衍生品的负担，报告义务将由中央对手方代表交易对手方履行。[⑦] 在报告给交易报告库的

① European Commission, “Questions and Answers on the Proposal to Amend the European Market Infrastructure Reg - ulation (EMIR)”, 1; European Commission, “Report from the Commission to the European Parlia - ment and the Council under Article 85 (1) of Regulation (EU) No. 648/2012 of the European Parliament and of the Council of 4 July 2012 on OTC Derivatives, Central Counterparties and Trade Repositories” COM (2016) 857 final, 6; European Commission, “Proposal for a Regulation of the European Parliament and of the Council Amending Regulation (EU) No. 648/2012 as Regards the Clearing Obligation, the Suspension of the Clearing Obligation, the Reporting Requirements, the Risk - mitigation Techniques for OTC Derivatives Contracts Not Cleared by a Central Counterparty, the Registration and Supervision of Trade Repositories and the Requirements for Trade Repositories, COM (2017) 208 final”, 3 - 4.

② European Commission, “Proposal for a Regulation of the European Parliament and of the Council Amending Regu - lation (EU) No. 648/2012 as Regards the Clearing Obligation, the Suspension of the Clearing Obligation, the Re - porting Requirements, the Risk - mitigation Techniques for OTC Derivatives Contracts Not Cleared by a Central Counterparty, the Registration and Supervision of Trade Repositories and the Requirements for Trade Repositories, COM (2017) 208 final”, 8.

③ 同上4和7。

④ 同上6。

⑤ 同上3 - 4。

⑥ European Commission, “Questions and Answers on the Proposal to Amend the European Market Infrastructure Reg - ulation (EMIR)”, 1.

⑦ 同上。

数据质量方面也有变化，交易报告库需要核实数据的完整性和准确性，特别是对于交易双方报告的数据不一致的情况。为此，交易报告库还需要建立强大的比对流程，以便其他交易对手方向另外的报告库报告数据时，将数据与其他报告库进行比较。①

出台有关非金融交易对手方清算的新规则。新的《欧洲市场基础设施监管规则》实施后，达到清算门槛的非金融机构仅需对超过清算门槛的衍生品进行清算，而那些用于对冲风险的场外衍生品对冲头寸将不计入清算门槛。对于这些非金融交易对手方，清算门槛的计算也将简化，它们只需根据 3 月、4 月和 5 月的平均交易活动，每年评估其清算义务即可。②

欧盟委员会还提议修改清算义务，以吸引更多（尤其是小型机构）交易对手方进行交易清算。证据表明，清算义务给小型交易对手方带来了不必要的负担，特别是在他们的衍生品交易范围很小的情形下。因此，修正案建议为需要履行清算义务的衍生品设立清算门槛，即使该类别的衍生品需履行清算责任，低于该门槛的也不必履行清算义务。③ 这一双重门槛概念非常有趣，监管机构可以放松或收紧原本非常严格的清算义务。因此，为了落实金融规定，高流动性衍生品需要履行清算义务。同时，豁免小型交易对手方的清算义务，可以减轻它们所受的影响。这不仅能够减轻高质量抵押品的压力，还可以将客户清算的影响降至最低，尤其是降低上述公司的成本和监管负担。

此外，中央对手方需要向其成员提供预测未来的抵押品要求的工具，并赋权监管机构为未清算的场外衍生品采取额外的风险缓释措施，以及进一步区别持有抵押品方案。④

---

① 同上 1 -2。

② European Commission，“Questions and Answers on the Proposal to Amend the European Market Infrastructure Reg - ulation（EMIR）”，2；Article 4a（1）European Commission，“Proposal for a Regulation of the Euro - pean Parliament and of the Council amending Regulation（EU）No. 648/2012 as regards the clearing obligation，the suspension of the clearing obligation，the reporting requirements，the risk - mitigation techniques for OTC derivatives contracts not cleared by a central counterparty，the registration and supervision of trade repositories and the require - ments for trade repositories，COM（2017）208 final”，4 May 2017（EMIR II）.

③ European Commission，“Questions and Answers on the Proposal to Amend the European Market Infrastructure Reg - ulation（EMIR）”，2 -3.

④ 同上 2。

6.2.2 报告

目前，《欧洲市场基础设施监管规则》需要交易对手双方提供报告。在更新的监管规则中，金融交易对手方与不承担清算义务的非金融交易对手方进行交易后的报告，情况有所改变，金融交易对手需要代表双方报告交易，这样可以减轻小型非金融交易对手方的负担。① 至少有一个交易对手是非金融交易对手方的集团内交易则可以免除报告义务。交易所交易的衍生品将由中央对手方代表交易双方进行报告，从而减轻交易对手方的负担。② 最后，在规则要求报告义务之前达成的交易，如果在报告义务履行之日仍未平仓，将不需要报告。③ 交易报告库的罚款也将根据违规行为而有所提高，以确保威慑作用。④

6.2.3 交易报告

监管者发现两个对手方汇报给交易报告库的数据有时候可能会出现不一致的情形。因此，需要有两处改变。一是交易报告库应当实施关于核实汇报数据的完整性和准确的流程。这一要求可以通过在其他交易报告库进行交叉核对，

---

① Article 9 EMIR II; European Commission, "Proposal for a Regulation of the European Parliament and of the Council Amending Regulation (EU) No. 648/2012 as Regards the Clearing Obligation, the Suspension of the Clearing Obligation, the Reporting Requirements, the Risk - mitigation Techniques for OTC Deriv - atives Contracts Not Cleared by a Central Counterparty, the Registration and Supervision of Trade Repositories and the Requirements for Trade Repositories, COM (2017) 208 final", 16; European Commission, "Questions and Answers on the Proposal to Amend the European Market Infrastructure Regulation (EMIR)", 2 和 7 - 8.

② Article 9 EMIR II; European Commission, "Proposal for a Regulation of the European Parliament and of the Council Amending Regulation (EU) No. 648/2012 as Regards the Clearing Obligation, the Suspension of the Clearing Obligation, the Reporting Requirements, the Risk - mitigation Techniques for OTC Deriv - atives Contracts Not Cleared by a Central Counterparty, the Registration and Supervision of Trade Repositories and the Requirements for Trade Repositories, COM (2017) 208 final", 16.

③ Article 9 EMIR II; European Commission, "Proposal for a Regulation of the European Parliament and of the Council Amending Regulation (EU) No. 648/2012 as Regards the Clearing Obligation, the Suspension of the Clearing Obligation, the Reporting Requirements, the Risk - mitigation Techniques for OTC Deriv - atives Contracts Not Cleared by a Central Counterparty, the Registration and Supervision of Trade Repositories and the Requirements for Trade Repositories, COM (2017) 208 final", 16; European Commission, "Questions and Answers on the Proposal to Amend the European Market Infrastructure Regulation (EMIR)", 2.

④ Article 65 EMIR II; European Commission, "Proposal for a Regulation of the European Parliament and of the Council Amending Regulation (EU) No. 648/2012 as Regards the Clearing Obligation, the Suspension of the Clearing Obligation, the Reporting Requirements, the Risk - mitigation Techniques for OTC Deriv - atives Contracts Not Cleared by a Central Counterparty, the Registration and Supervision of Trade Repositories and the Requirements for Trade Repositories, COM (2017) 208 final", 16.

检查其他交易对手方报告的交易（核对）来实现。① 二是交易报告库应制定程序，满足客户对于有序向另一个交易报告库传输数据的要求，例如，客户希望更改交易报告库的需求。②

该提案还包括《欧洲市场基础设施监管规则》新条款（第76a条），在实施法案后，该条款允许第三国交易报告库访问欧盟交易报告库的数据，确保第三国交易报告库得到充分授权、受到监督及职业保密约束，同时遵守与欧盟的即时和直接数据交换规则。③

6.2.4 清算义务

目前的监管规则规定，一旦交易对手超过一类衍生品的清算门槛，其所有类别的所有衍生品都必须提交清算。改革建议改变这一要求，只要求那些超过清算门槛的衍生品资产类别进行清算。④ 考虑到这些非金融交易对手方不会在衍生品市场上有很大的风险敞口，特别是那些没有超过清算门槛的资产，这次监管的调整将大大减轻这些交易对手方的财务和行政负担。

此外，关于中央对手方恢复和处置框架有一项提议，要求欧盟委员会可以暂停某些资产类别的清算义务。《欧洲市场基础设施监管规则》第6a条的新规定主要针对正在处置情景下的中央对手方，欧盟委员会可以利用这一规定防止中央对手方出现失败。

该提案还为“小型金融交易对手方”设定了清算门槛。大多数金融交易对手方都属于“小型金融交易对手方”，大多数风险事件不是因它们而起，只要低

---

① Article 78, 81EMIR II; European Commission, “Proposal for a Regulation of the Eu - ropean Parliament and of the Council Amending Regulation (EU) No. 648/2012 as Regards the Clearing Obliga - tion, the Suspension of the Clearing Obligation, the Reporting Requirements, the Risk - mitigation Techniques for OTC Derivatives Contracts Not Cleared by a Central Counterparty, the Registration and Supervision of Trade Reposi - tories and the Requirements for Trade Repositories, COM (2017) 208 final”, 16; European Commission, “Questions and Answers on the proposal to amend the European Market Infrastructure Regulation (EMIR)”, 2.

② 同注①。

③ European Commission, “Proposal for a Regulation of the European Parliament and of the Council Amending Regu - lation (EU) No. 648/2012 as Regards the Clearing Obligation, the Suspension of the Clearing Obligation, the Re - porting Requirements, the Risk - mitigation Techniques for OTC Derivatives Contracts Not Cleared by a Central Counterparty, the Registration and Supervision of Trade Repositories and the Requirements for Trade Repositories, COM (2017) 208 final”, 17.

④ European Commission, “Questions and Answers on the Proposal to Amend the European Market Infrastructure Regulation (EMIR)”, 2 - 3; Recital 7 EMIR II.

于这一清算门槛，小型对手方将不受清算要求约束。[1] 这是因为这些交易对手方使用的场外衍生品有限，强制这些交易对手方进行清算，从经济角度而言无法长久持续。[2] 同样，对养老基金和小型金融交易对手方强制清算要求的时限也推后了两年至2019年。[3]

为协助清算会员评估其中央对手方的财务敞口，增加可预测性，中央对手方需要向其会员提供工具，模拟他们为未来交易提供的抵押品金额。[4] 这种可预见性为未来的现金流提供指导，从而降低抵押品的顺周期性。同时，这样的模型并不能充分反映全部的波动性，因为在波动性较低的时期，它是很好的工具，但在市场压力较大时则不是。

新提案进一步体现在监管机构可以选择在特定情形下暂停清算，特别是在某类场外衍生品可能对欧盟稳定构成严重威胁的情况下。[5] 特定资产类别整体的市场波动可能会导致标的价格起伏不定，从而增加中央对手方的风险，并因抵押品要求不稳定而导致流动性短缺。

欧洲监管机构被赋予权力，通过监管技术标准草案，监督那些不受清算义务约束的交易对手的风险缓释流程。[6]这将确保风险管理程序到位，并保证抵押品在交易过程中及时、准确和妥善地隔离，同时保证风险管理流程中的其他重大转变。

6.3 中央对手方恢复与处置

《欧洲市场基础设施监管规则》最显著的缺点之一是，缺乏对中央对手方的恢复和处置方案。《欧洲市场基础设施监管规则》并没有对中央对手方可能违约

---

① Recital 7 EMIR II.

② European Commission, "Questions and Answers on the Proposal to Amend the European Market Infrastructure Reg – ulation (EMIR)", 3.

③ 同注②。

④ 同注③。

⑤ Recital 10 EMIR II; Article 6b (1) (c) EMIR II.

⑥ Article 11 EMIR II; European Commission, "Proposal for a Regulation of the European Parliament and of the Council Amending Regulation (EU) No. 648/2012 as Regards the Clearing Obligation, the Suspension of the Clearing Obligation, the Reporting Requirements, the Risk – mitigation Techniques for OTC Deriv – atives Contracts Not Cleared by a Central Counterparty, the Registration and Supervision of Trade Repositories and the Requirements for Trade Repositories, COM (2017) 208 final", 15.

的最坏情况作出界定。因此，欧盟成员国应制订自己的恢复与处置方案。一些成员国要求本国中央对手方制定财务压力情况下的应急计划，另一些成员国则将中央对手方的恢复和处置作为金融部门广泛处置机制的一部分。然而，没有任何一个国家制订了符合金融稳定委员会原则的中央对手方全面恢复和处置计划。[①]而那些制定了此类立法变更的成员国，在监管和行政规定方面存在相当大的差异。如此巨大的差异将带来不必要的负担，这与《欧洲市场基础设施监管规则》保证跨境协调的目标背道而驰，并在中央对手方面临财务困境时造成额外的风险、成本和负担。此外，不同的监管可能导致竞争扭曲，并破坏目前欧盟内部监管项目的单一市场方式，如资本市场联盟。[②] 因此，欧盟决定在联盟层面建立一个框架，以确保最大限度的统一性，这有利于各国监管机构和单一市场目标，可以防止套利、市场碎片化并且避免法律上的不确定性。[③]

中央对手方的恢复和处置框架可以在《欧盟运作条约》第 114 条找到法律基础[④]，该框架的目标是弥补目前的监管差距以及法律上的不确定性，即在中央对手方失效的情况下，监管部门会采取什么措施。[⑤] 因此，通过确保关键职能持续发挥作用，保护其不受破产机构的影响，恢复和处置框架可以保障金融稳定，同时预防以牺牲纳税人利益为代价向破产机构提供保护的情况出现。正如前所述，中央对手方因其规模、市场重要性和互联性，被视为具有系统相关性。欧盟认为，其所有中央对手方都具有系统相关性。[⑥] 本条例草案是基于为银行的恢复和处置而创立的方法和工具，这些工具是为了使主管部门做好相关准备，以应

---

① European Commission, "Proposal for a Regulation of the European Parliament and of the Council on a Framework for the Recovery and Resolution of Central Counterparties and Amending Regulations (EU) No. 1095/2010, (EU) No. 648/2012, and (EU) 2015/2365, Brussels 28. 11. 2016, COM (2016) 856 final", 5; Recital 8 CCPRRR.

② Recital 8 CCPRRR.

③ European Commission, "Proposal for a Regulation of the European Parliament and of the Council on a Framework for the Recovery and Resolution of Central Counterparties and Amending Regulations (EU) No. 1095/2010, (EU) No. 648/2012, and (EU) 2015/2365, Brussels 28. 11. 2016, COM (2016) 856 final", 5.

④ European Commission, "Proposal for a Regulation of the European Parliament and of the Council on a Framework for the Recovery and Resolution of Central Counterparties and Amending Regulations (EU) No. 1095/2010, (EU) No. 648/2012, and (EU) 2015/2365, Brussels 28. 11. 2016, COM (2016) 856 Final" (n 649). 5; Recital 3 CCPRRR.

⑤ European Commissio, "Proposal for a Regulation of the European Parliament and of the Council on a Framework for the Recovery and Resolution of Central Counterparties and Amending Regulations (EU) No. 1095/2010, (EU) No. 648/2012, and (EU) 2015/2365, Brussels 28. 11. 2016, COM (2016) 856 final", 1.

⑥ 同上 2 -3，在 2 处有脚注。

对清算会员倒闭或具有重大系统性影响的非违约事件而导致中央对手方失效的情形。[①]

6.3.1 监管草案

恢复与处置指失效机构的两个不同的阶段，二者有不同的目标。恢复机制的目标是使金融机构重新具备长期可持续性。在处置过程中，相关部门通常将关键部分分开，并确保这些部分继续运作，而对非关键部分则进行破产。[②] 因此，处于恢复阶段的机构需要特定的政策环境，防止出现高破坏性的失效问题，并实施特定措施引导中央对手方回到正常运作的状态。如果这无法实现，或是政策措施无效，进行处置就是唯一的选择。与恢复措施相反，处置的目的并不是防止该机构倒闭，因为该机构已经在经济上无以为继。它的唯一目标是维持该机构的关键职能，同时有序地对剩余部分进行关闭，并尽量让损失由中央对手方的所有者和债权人承担。[③] 尽管此举很重要，但目前处理失效中央对手方的工具仅限于其内部安排，以及国家监管机构的指导，而这些监管机构的框架并不严格。[④] 这种做法缺乏协调，在欧盟内部以及中央对手方之间相关方的做法彼此不同，这会严重扰乱经济、分裂内部市场，并加剧金融不稳定的情形。

欧盟提出了一项法规，原理同《欧洲市场基础设施监管规则》类似，用于确保所有成员国的统一执行。[⑤] 中央对手方之所以会出现失效是因为清算会员违约或严重操作违约等情况，因此，这项法规为监管机构提供了解决问题的工具。中央对手方与银行不同，没有复杂的跨境分行和子公司安排，而是直接从一个司法管辖区向另一个司法管辖区提供服务，因此仅靠银行的恢复与处置指令是不够的。这也支持在各成员国管辖范围内实施统一的裁定方法。[⑥] 根据该草案的影响评估，新法规有助于确保中央对手方相关的市场参与者共同承担。此外，事先说明违反条例可能会引发公共干预，可以使处置方案的架构更具透明度。[⑦]

---

① Recital 10 CCPRRR.

② European Commissio, “Proposal for a Regulation of the European Parliament and of the Council on a Framework for the Recovery and Resolution of Central Counterparties and Amending Regulations (EU) No. 1095/2010, (EU) No. 648/2012, and (EU) 2015/2365, Brussels 28. 11. 2016, COM (2016) 856 final”, 3.

③ 同注②。

④ 同上 6。

⑤ 同上 7－8。

⑥ 同注⑤。

⑦ 同上 9－10。

然而，这些规则的设计初衷并不是作为触发提示，因为没有任何监管机构可以预见可能需要干预的所有情况，中央对手方也不应当钻制度的空子阻止处置方案的触发。因此，相关的处置部门拥有各种工具，虽然并不会面面俱到，也无法描述所有情形，但可以根据情况提供相应的工具，其目标永远是促进市场纪律、最大限度地减少纳税人成本、在利益相关方之间公平分配损失。[①] 这就是中央对手方恢复与处置条例草案背后的理念和观念。

6.3.2 处置当局

根据中央对手方恢复与处置条例第 3 条，成员国必须指定一个或多个处置当局，这些机构可以是国家中央银行、主管部门、公共管理机构或其他拥有公共管理权力的机构，前提是它们要拥有必要的专业知识、资源和业务能力（第二段）。这些指定当局可以使用处置工具，并有权采取条例中规定的处置程序［第 3 条（1）］。[②]根据第 4 条，必须建立一个处置委员会，由中央对手方处置机构和主管机构的成员，以及根据中央对手方之间的相互联系可以包括各国或第三国成员，[③] 最后是欧洲中央银行体系的相应成员[④]、中央银行[⑤]、其他主管部门[⑥]、欧洲证券与市场管理局[⑦]和欧洲银行管理局。[⑧] 处置委员会的职责是管理和主持该委员会，除中央对手方自己起草的恢复计划（见第 9 条）外，为每个中央对手方起草处置计划（第 13 条），在没有任何特别公共财政支持、中央银行的紧急流动性援助或其他中央银行流动性援助的情况下，评估中央对手方的可清偿能力［第 16 条（1）］，为中央对手方清偿消除障碍（第 17 条）。中央对手方恢复与处置条例第 4 条（4）引入了邀请第三国处置当局作为观察员进入处置委员会的可能性，这些涉及的第三国是指通过清算会员参与或与中央对手方签订互操作合作协议而受到影响。此类第三国的参与将仅限于第 4 条（4）（a）～（e）项中概述的某些跨界执法问题，这些问题不涉及外国中央对手方处置的核

---

① 同上 10。
② Article 3 CCPRRR.
③ Article 4 (2) (c) – (f) CCPRRR in connection with Article 18 (2) (c) – (f) EMIR.
④ Article 4 (2) (g) CCPRRR in connection with Article 18 (2) (g) EMIR.
⑤ Article 4 (2) (h) CCPRRR in connection with Article 18 (2) (h) EMIR.
⑥ Article 4 (2) (i) – (j) CCPRRR in connection with Article 8 (4), 8 (4) (a) EMIR.
⑦ Article 4 (2) (k) CCPRRR.
⑧ Article 4 (2) (l) CCPRRR.

心主题。此外，根据第41条（欧盟）第1095/2010号条例，将设立一个欧洲证券与市场管理局处置委员会，作为内部委员会，对制订和协调处置计划，以及制定失效的中央对手方的处置方法作出决定。[①]

法规草案第Ⅱ节涉及各委员会和处置机构的决策程序，说明一般情况下必须考虑哪些因素［中央对手方恢复与处置条例第7条（a）项］、必须遵循哪些原则［中央对手方恢复与处置条例第7条（b）～（l）项］，以及各方之间的信息交流（中央对手方恢复与处置条例第8条）。这些原则包括将早期干预［7（b）］和处置［7（k）］的成本最小化（中央对手方恢复与处置条例），平衡中央对手方的所有受影响各方的利益［中央对手方恢复与处置条例第7条（g）至（h）项］，以及减轻由中央对手方提供服务的成员国和任何其他受影响的第三国的负面经济和社会影响，特别是对金融稳定的负面影响［中央对手方恢复与处置条例第7条（l）项］。

6.3.3 恢复与处置计划

中央对手方需要制订恢复和处置计划，以防其财务状况严重恶化或存在违反《欧洲市场基础设施监管规则》规定的审慎要求的风险。[②]在恢复计划中，必须通过指标来确定具体情况，其中必须根据恢复计划采取措施，必须持续监测这些指标且每年修订。然而，中央对手方在采取措施干预正在进行的业务时，并不局限于这些情况。相反，在触及指标之前是否采取措施，是由中央对手方自行决定的，中央对手方甚至可以根据自己的恢复计划，在发现需要干预的情况下也不采取行动。[③]如果中央对手方在第二种情况下不采取行动，它必须“当即”向主管部门报告这一情况。在中央对手方希望启动自己的恢复计划的情况下，启动恢复计划的最终决定权在主管部门，主管部门可以根据整体经济状况和对金融体系的潜在不利影响否决恢复计划。[④]

处置当局必须为每个中央对手方制订处置方案，必须先征求主管当局和处置委员会的意见。该计划本身必须考虑到一个或多个清算会员违约、其他亏损原因，特别是投资活动和运营造成的亏损，以及全系统事件造成的更广泛的金

① Article 5 CCPRRR.

② Article 9（1）CCPRRR.

③ Article 9（2）–（3）CCPRRR.

④ Article 9（4）CCPRRR.

融不稳定。[1]然而，处置计划可能不包括特殊公共资金或央行紧急流动性援助，后者尤其不包括非标准的抵押、期限和利率。[2]这种紧急银行流动性不应成为中央对手方的主要恢复工具。[3]然而，作者的假设是，如果一个覆盖整个欧盟、高度互联的中央对手方需要启动其处置计划，特别是如果金融市场的整体形势陷入困境，那么使用央行紧急流动性的可能性很高。此外，该处置计划要求当局在起草计划时考虑到具体情况和情景，包括展示如果中央对手方失败，关键职能如何在法律上和经济上与中央对手方分离，以确保其连续性；[4]估计执行计划要点的时间框架；[5]各种处置战略，取决于指定的时间框架和全局；[6]如何保持中央对手方的关键职能。[7]

中央对手方必须配合并提供所有相关数据，以防止在起草这些处置方案时出现信息不对称和错误假设。[8] 在层级效力方面，处置当局地位高于处置委员会。处置委员会如果没有达成共同决定，则可以要求欧洲证券与市场管理局提供协助。[9] 无论如何，如果在处置计划交送至欧洲证券与市场管理局之日起四个月内没有作出决定，最终决定将由处置当局作出。[10]

6.3.4 早期干预

如果处置当局认为，使用正常的破产程序清算中央对手方或使用处置工具和权力进行处置是可行和可信的，这可以是一种解决方式。然而，必须保持关键职能的连续性，并最大限度避免对金融体系的不利影响。[11] 中央对手方的处置

---

① Article 13（1），（3）CCPRRR.

② Article 13（4）（a）–（c）CCPRRR.

③ Article 13（6）（i）CCPRRR.

④ Article 13（6）（b）CCPRRR.

⑤ Article 13（6）（d）CCPRRR.

⑥ Article 13（6）（j）CCPRRR.

⑦ Article 13（6）（l）CCPRRR. 根据本条款，立法者认为，以下六点是必须确保的关键功能：获得支付和清算服务以及类似的基础设施；清算会员和所有相关的金融市场基础设施；清算会员访问其中央对手方的证券和现金账户以及中央对手方亏欠其清算会员的抵押品；任何互操作性链接的连续性；清算会员头寸的可转移性；保存中央对手方持续履行其关键职能和持续参与其他金融机构或与其他金融机构合作所需的许可证、授权等。

⑧ Article 15 CCPRRR.

⑨ Article 16（4）CCPRRR.

⑩ Article 16 CCPRRR.

⑪ Article 16（2）CCPRRR. 此处内容表明，立法者深知，中央对手方的处置过程注定对金融稳定性有影响。

必须基于和恢复同样的先决条件：

（1）没有特别公共资金支援；

（2）没有中央银行紧急援助；

（3）如果有必要实施央行紧急援助，那么必须遵循标准的抵押要求和期限，以及标准的利率条款。[①]

为实现这一目标，处置当局可提出重大要求，以改变中央对手方的业务做法，包括要求中央对手方剥离某些资产、不再开设现新的或现有的业务线、要求改变中央对手方或任何集团实体的法律及运营架构等措施。[②]

6.3.5 处置

如果有迹象显示，中央对手方运作可能会受到影响，当这种紧急情况迫在眉睫或是已出现侵权行为时，主管当局可以干预中央对手方的运作。[③] 这类干预包括：根据处置计划实施一定的措施；[④] 召开股东大会并制定议程；[⑤] 如果一名或多名董事会成员或高级管理层不适合履行职责，则需对其进行更换；[⑥] 如果这些措施对金融稳定产生不利影响，要求中央对手方不实施某些恢复措施。[⑦] 若在现阶段需要中央对手方采取恢复措施，则只有在需要（i）维持欧盟金融稳定、（ii）维持中央对手方关键服务或（iii）维持中央对手方财务韧性的情况下，才可实施中央对手方的恢复措施。[⑧] 如果中央对手方在现阶段已经启动了瀑布违约管理机制，应立即通知相关当局，并说明其中的缺点或弱点等问题。[⑨] 如果这些措施不足以帮助中央对手方恢复其财务状况并重建有效的运营规则，则相关当局有可能罢免部分或全部董事会成员和高级管理人员，并选择新成员取而代之。[⑩] 这些权力可能会使高级管理层和董事会不愿意及时披露事关中央对手方稳健和财务状况的事实，因为他们不愿意承认自己的缺点，也害怕被撤职。

---

① Article 16（1）（a）－（c）CCPRRR.

② Article 17（7）CCPRRR.

③ Article 19－20 CCPRRR.

④ Article 19（1）（b）CCPRRR.

⑤ Article 19（1）（d）CCPRRR.

⑥ Article 19（1）（e）CCPRRR in coordination with Article 27 EMIR.

⑦ Article 19（1）（j）CCPRRR.

⑧ Article 19（1）（i）CCPRRR in coordination with Article 19（4）（a）－（c）CCPRRR.

⑨ Article 19（5）CCPRRR in coordination with Article 45 EMIR.

⑩ Article 20 CCPRRR in coordination with Article 27 EMIR.

如果早期干预和恢复机制都不能使中央对手方恢复正常运作，或者这两种方法中的一种或两种都没有奏效时，那么，最终的方法/工具/选择是处置中央对手方。当中央对手方满足以下全部条件时，处置当局将采取处置操作：

（1）国家主管当局或者处置当局相互协商，认定中央对手方失效或者可能失效；①

（2）在考虑过所有情况后，在合理的时间内，除了通过私营部门采取措施或采取监管行动之外，没有其他替换方案，可以防止中央对手方失效；②

（3）处置符合公共利益并且无法通过常规清偿流程解决。③

单独或整体应用于处置工具的一般原则为：

（1）头寸和损失分配工具；

（2）账面减值和转换工具；

（3）销售工具；

（4）中央对手方衔接工具；

（5）其他处置工具，与第 21 条与第 23 条一致。④

这些原则确保在合同义务不能再履行的情况下，中央对手方的股东首先承担损失，而债权人排在第二位，并按其债权优先顺序进行排列。⑤处置当局必须遵守处置的一般原则，在损失扩散方面，可以将其看作串联结构。一般而言，如果没有全部完成恢复计划中的合同义务和其他安排，应在实施处置措施前将其全部或部分执行。⑥此外，对于处置过程中产生的损失分配，首先，中央对手方的股东必须承担损失。其次，债权人要承担损失，必须采取与同类债权人同等的方式。损失是有上限的，并且不能超过特定值，即如果处置当局没有采取任何处置行为，或中央对手方采取正常的破产程序时，债权人将产生的损失。⑦此外，如果有必要进行处置程序，中央对手方的董事会和高级管理人员应该更换，除非保留原来的人员更有利于实现处置目标。⑧如果中央对手方是集团的一部分，

① Article 22（1）（a）（i） –（ii）CCPRRR.

② Article 22（1）（b）CCPRRR.

③ Article 22（1）（c）CCPRRR.

④ Article 27（1）（a） –（3）CCPRRR.

⑤ Article 23 CCPRRR.

⑥ Article 23（a）CCPRRR.

⑦ Article 23（b） –（e）CCPRRR.

⑧ Article 23（f）CCPRRR.

则必须考虑对集团其他实体和整个集团的影响。[①]

鉴于欧盟每个中央对手方都被认为是“大而不能倒”的，在大多数情况下，采取处置措施都被视作符合公众利益。因此，任何中央对手方如果发现自己无法实现关键职能，都会采取处置措施。立法者确定了五种情况，在这些情况下，将视中央对手方为“失效”：[②]

（1）根据《欧洲市场基础设施监管规则》第20条的规定，中央对手方的违规行为严重到足以撤销中央对手方授权的理由；

（2）中央对手方无法行使关键职能或在未来无法行使关键职能；

（3）中央对手方无法通过恢复方案恢复职能或在未来无法恢复职能；

（4）中央对手方无法偿还债务或在未来无法偿还债务；

（5）需要增加特别公共资金来支援中央对手方。[③]

如果其中任何一种或多种情况出现，监管机构将进行干预并标记中央对手方为失效机构。只有在某些情况下，才有充分理由提供大笔特别公共资金启动处置程序。法律认定，只有在以下三项同时满足的情况下，才能够使用特别公共资金进行处置：

（1）中央银行提供国家担保，或发行新的债务；

（2）必须由在联盟国家援助框架之下给具有清偿能力的中央对手方提供；

（3）该中央对手方必须可以解决欧盟国家的严重经济动荡，从而维护金融稳定。[④]

此外，如果恢复机制会对金融系统造成太大的破坏，可以立即对中央对手方采取处置机制。[⑤]

在处置中央对手方时，要注意确保中央对手方关键职能的连续性，这必须在恢复计划中加以界定，也要包括及时清偿清算会员的义务，以及保证中央对手方可以根据自身与会员之间的义务，继续登入证券或现金账户。[⑥] 其他的关键职能，包括与其他金融市场基础设施保持实质性联系，防止风险在金融体系内

---

① Article 23（h）CCPRRR.

② Article 22（2）（a）–（e）CCPRRR.

③ 这项法律认为，只有在三项要求同时满足的情况下，才能够动用公共资金用于处置流程，而这三项要求被中央银行视为国家担保。

④ Article 22（2）（e）（i）–（iii）CCPRRR.

⑤ Article 22（3）–（4）CCPRRR.

⑥ Article 21（1）（a）（i）–（ii）CCPRRR.

蔓延，最大限度地减少对公共财政支持的依赖，并将利益相关方的处置成本和对中央对手方价值的影响降至最低。① 要实现这一点，可以通过将业务出售给买方或将业务转让给过桥中央对手方。② 如果选择出售业务，出售的条款和条件必须以商业条款为基础，并符合联盟国家援助框架，出售的利润将交给出售中转让了所有权的产品工具、中央对手方本身和之前遭受损失的非违约清算会员。③ 如果处置当局选择将处置中的中央对手方发行的所有权或其资产、权利、义务或负债转让予过桥中央对手方，则处置当局可先行处置，无须取得该中央对手方的同意，或除过桥中央对手方以外的第三方股东的同意。除了中央对手方恢复与处置条例第 43 条之外，处置部门可以在本指令之外采取行动，即它们可以得到豁免，不必遵循任何流程性要求。④

6.3.6 额外金融资源

当中央对手方在处置过程中，处置当局可以参与到合同中，以便借用其他形式的财务支持，从而保证有效使用处置工具。⑤ 如果满足以下条件，预计会使用政府金融稳定工具：

（1）有必要实现处置目标；

（2）在保证金融稳定的情况下，评估和尽可能采用了其他的处置工具之后，这是最后的选择；

（3）必须遵守联盟国家援助框架；

（4）主管当局授权处置当局提供此类资金援助。⑥

此类政府援助作为最后的手段，要求满足以下条件：

（1）当前的处置工具不足以避免对金融系统产生重大影响；

（2）如果中央银行已经对中央对手方提供了流动性援助，处置工具仍不足以保护公共利益；

（3）如果中央对手方已经转为临时公有，并得到了公募股权的支持，则处

---

① Article 21（1）（b）－（e）CCPRRR.

② Articles 40 and 42 CCPRRR.

③ Article 40（3）CCPRRR.

④ Article 42（1）CCPRRR. 关于法人如何成为过桥中央对手方的相关要求，请见 Article 42（2）CCPRRR。

⑤ Article 44 CCPRRR.

⑥ Article 45（1）（a）－（d）CCPRRR.

置工具是不充足的。[1]

考虑到所有欧洲中央对手方都被认为具有系统相关性，很难想象这样一个中央对手方会在不触发政府稳定工具和政府出资纾困的情况下倒闭。因此，这一条款破坏了二十国集团授权的核心目标，即防止未来纳税人为衍生品市场提供纾困，并破坏了金融市场改革的总体目标。

中央对手方恢复与处置条例也引入了一些机制，这些机制为了金融稳定侵犯了清算会员的权利，因而可能会大大削弱进一步推动非强制性衍生品自愿清算的目标。例如，处置当局可以通过单方面降低中央对手方对非违约清算会员的支付义务的价值，重新分配损失，这些义务是由变动保证金的收益或经济上相同的支付造成的。[2]处置当局还可能要求非违约会员进行额外的现金募集。尽管这部分的上限是向清算基金出资的金额，或者如果存在多只清算基金，则上限是向受影响资产类别的清算基金出资的金额，但这种现金募集可能随时进行，甚至在所有防线耗尽之前就可以进行。[3]这样的规则可能会助长顺周期性，并进一步对有偿付能力的实体造成流动性流失，从而严重破坏金融稳定。此外，它与平衡道德风险和确保中央对手方管理层建立足够强大的风险管理流程的目标相矛盾。在濒临倒闭的中央对手方使用自己的所有财务防线之前，要求清算会员为其提供财务支持，这可能会鼓励中央对手方在事先不充分利用自己的资本，因为它们相信，清算会员将在整个流动性危机期间提供更多资金。这同样适用于清算会员，因为没有违约的清算会员有责任为不够审慎的清算会员蒙受的损失提供资金。

6.3.7 第三国

第6编规定与第三国的关系，即如果第三国中央对手方在一个或多个成员国提供服务或有子公司，或者如果一个成员国中央对手方在第三国提供服务或有子公司。[4] 鉴于英国脱欧及其在清算市场中的核心角色，这一条款变得尤为突出。中央对手方恢复与处置条例第76条允许欧盟成员国无视对第三国处置程序

① Article 45（3）（a）–（c）CCPRRR. 第（iii）段所述的公募股权支持工具，其目的是对中央对手方进行资本重组，并尽快出售给私人买方。见 Article 46 CCPRRR。

② Article 29（1）and Article 30（1）CCPRRR.

③ Article 31（1）CCPRRR.

④ Article 74 CCPRRR.

的承认和执行，前提是这种程序“将对其成员国的金融稳定产生不利影响”，[①]无论何时以牺牲第三国中央对手方为代价进行进一步的抵押品催缴，就会出现这种情况。在两个司法管辖区之间达成国际协议之前，将与相关第三国当局签订合作协议。[②] 在过去几年里已经被无数次证明，这些合作协议和承认更多的是政治上的理由，而不是法律上的理由，特别是在欧盟和美国之间的等效性决定方面，因此，一旦英国退出欧盟，政治议程可能会对总部设在伦敦的中央对手方产生严重影响。

6.4 其他挑战

6.4.1 英国

2016 年 6 月 23 日，英国举行全民公投，决定留在欧盟还是离开欧盟。《欧盟运作条约》（TFEU）第 50 条于 2017 年 5 月 29 日生效，因此，欧盟的解散预计于 2019 年 5 月 29 日完成。[③] 在衍生品清算方面，公投后英国即将脱离欧盟，将对伦敦的中央对手方产生影响。伦敦清算所目前每天处理名义价值 8 500 亿欧元的金融产品。尽管欧盟已经提到打算迫使所有以欧元计价的清算重新回到欧元区，但一些观察人士认为，这是极不可能实现的，而另一些人则预计，英国将失去大部分吸引力和业务。[④]无须多言，这样的要求将直接与现代自由金融市场的所有目标相矛盾。由于伦敦清算所是欧元区最具影响力的中央对手方之一，因此欧盟已经宣布打算加强对欧盟内具有系统相关性的第三国中央对手方的域外监督。在 5 月的演讲中，Dombrovskis 进行了以下声明：

对于对欧盟起关键系统性作用的第三国中央对手方，我们特别考虑了加强

---

① Article 76（b） CCPRRR.

② Article 77（1） in connection with Article 74 CCPRRR.

③ Alex Hunt and Brian Wheeler，“Brexit：All You Need to Know about the UK Leaving the EU, BBC News” BBC News（London，13 July 2017） <http：// www. bbc. com/news/uk – politics – 32810887 >2017 年 7 月 24 日查阅。

④ Jim Brundsen and Alex Barker，“Brussels Set for Power Grab on London's Euro – clearing Market” Financial Times（London，13 July 2017） < https：// www. ft. com/content/b2c842a6 – 2b64 – 11e7 – bc4b – 5528796fe35c >2017 年 9 月 3 日查阅；Samuel Agini，“Euronext Expects Euro – Clearing to Shift from London” Financial News London（London，19 May 2017） <https：//www. fn london. com/articles/euronext – expects – euro – clearing – to – shift – from – london – 20170519 >2017 年 9 月 3 日查阅。

监督的两种可能办法：要求欧盟当局加强对第三国实体的监督权力，或者要求这些对欧盟具有关键系统重要性的中央对手方设在欧盟内部。我们现在需要在影响评估中考虑这些选项。

在将市场碎片化风险降至最低的同时，欧盟需要能够确保对此类关键中央对手方进行监管。①

2017 年 5 月，欧盟发布了一份通讯，概述了其对提供欧元计价服务的具有系统相关性的市场基础设施，特别是中央对手方的未来做法，进一步巩固了这一声明。由于目前高达 75% 的欧元计价利率衍生品在英国进行清算，欧盟正感受到它们对英国监管权力影响力可能减弱的威胁。② 为了应对这些风险，欧盟决定加强监管，并对第三国中央对手方进行更严格的审查。加强监管的目的是防止监管逐底、监管套利和加快市场整合。此外，欧盟打算集中监管所有关键的资本市场职能，这些职能必须有效而稳健地运行。③

这些措施可能会导致进一步的监管负担和不必要的政治僵局。美国已经表明对欧盟在这方面计划的不屑态度。根据英国退出欧盟后采取的方式，它可能会考虑采取对瑞士类似的方式。作为一个非欧盟国家，瑞士选择自愿遵守欧盟的某些规定，同时根据本国的具体需要调整这些规定。④

英国脱离欧盟将导致金融市场出现更多动荡，这不仅将考验现有规则，还可能在伦敦清算所提供的高度复杂的环境下，在衍生品清算方面造成新的市场分裂和不确定性。

6.4.2 美国

不仅欧洲目前面临巨大的监管挑战，美国也是如此。虽然美国在危机后将这一指控带入了对衍生品高度严格的监管边界，但总统的更迭导致了对现有政策程序的审查。2017 年 2 月 3 日，特朗普总统签署了一项行政命令，指示财政部

---

① Valdis Dombrovskis, “Speech by Vice – President Dombrovskis on EMIR REFIT” （Brussels, 4 May 2017） <http://europa.eu/rapid/press – release _ SPEECH17 – 1225en. htm>2017 年 9 月 3 日查阅。

② European Commission, “Communication from the Commission to the European Parliament, the Council and the Eu – ropean Central Bank, Responding to Challenges for Critical Financial Market Infrastructures and Further Developing the Capital Markets Union” COM （2017） 225 final, 3.

③ 同上 3 – 4。

④ 关于瑞士的做法，请见 Alexandra Balmer, Clearing OTC Derivatives: An Analysis of the Post – crisis Re – form on Systemic Risk （Schulthess Juristische Medien, 2017）, 122 – 43。

长在120天内报告当前政府规则和政策是促进还是抑制该命令的金融监管核心原则。[①] 虽然命令中没有明确提到《多德—弗兰克法案》，但特朗普总统明确表示，他打算大幅削减对该法案的监管。[②]对《多德—弗兰克法案》进行审查的目的是减轻银行的金融监管负担，促进资本从银行流向企业。[③]此外，还将减少对具有系统重要性机构的监管，以及其他以客户业务为导向的任务。这一目标通过特朗普总统挑选内阁成员得到了巩固。

目前，还没有明确呼吁减轻衍生品或中央对手方的监管负担。然而，鉴于Christopher Giancarlo计划被任命为美国商品期货交易委员会主席，衍生品框架可能会发生变化。根据美国国会评议法案，参众两院和总统可以废除在上届政府最后60个立法工作日内通过的机构条例。[④]因此，在60天的时间框架内，与主题相关的监管可能包括对银行机构发布的衍生品交易银行的资本金要求，美国商品期货交易委员会在2016年末接受了这一要求。[⑤]

相反，业界对这种前景表示担忧，称这可能会破坏已被证明有效的金融稳定目标。[⑥]这似乎是一种极不寻常的情况，该行业倾向于更高的监管措施，而政客们则支持放松监管。

如果美国选择放松监管的路径，而欧洲继续推动更严格的监管，套利和监管错配可能会继续增加。此外，由于美国公开威胁欧盟，如果他们撤销英国对欧元计价货币的清算主导地位，他们将采取反制措施，这可能导致本已激烈的跨大西洋交易战进一步加剧。

---

① Robert C Pozen，“What Will Happen to Dodd – Frank under Trump's Executive Order?” (9 March 2017) <https://www.brookings.edu/blog/up – front/ 2017/02/06/what – will – happen – to – dodd – frank – under – trumps – executive – order/>2017年3月9日查阅。

② Antoine Gara，“With a Stroke of the Pen，Donald Trump Will Wave Goodbye to Dodd – Frank – Act” For – bes (New York，3 February 2017) <https:// www.forbes.com/sites/antoinegara/2017/02/03/with – a – stroke – of – the – pen – donald – trump – will – wave – goodbye – to – the – dodd – frank – act/#52e8a55c1148>.

③ Robert C Pozen，“What Will Happen to Dodd – Frank under Trump's Executive Order?” (9 March 2017).

④ 同注③。

⑤ 同注④。

⑥ Joe Rennison and Phillip Stafford，“U. S. Derivatives Market Anticipates Modest Dodd – Frank Changes” Financial Times (London，3 February 2017) <https://www.ft.com/content/1f6ccfbe – ed2e – 11e6 – ba01 – 119a44939bb6>2017年3月9日查阅。

6.5 总结

总体而言，可以说，二十国集团2008年的目标在九年后尚未实现。许多衍生品类别仍在逐步实施强制清算。与此同时，监管机构意识到，没有“紧急刹车”的强制清算可能会适得其反，目前正在准备立法，引入暂时暂停清算授权的权力。此外，由于欧盟金融工具市场指令Ⅱ（MiFID Ⅱ）和欧盟金融工具市场法规（MiFIR）于2018年1月3日才生效，交易义务尚未得到妥善履行。金融交易对手方尚未完成在受监管市场进行交易的许可程序。事实证明，交易报告比监管机构计划得更难，也更不可靠，现在要求重新监管，以确保可以消除虚假、不报告和重复报告，或者至少将其保持在最低限度。最重要的是，在《欧洲市场基础设施监管规则》实施四年后，监管机构起草了一份针对中央对手方的恢复和处置法规。这样的框架从一开始就是中肯的，不仅是为了确保具有系统重要性的机构具备保证实现金融稳定目标的所有相关措施，而且对于中央对手方和国家当局来说，围绕现在的法律义务规划其内部框架和监督机构也会更具成本效益。最后，英国退欧迫在眉睫，而且即使不考虑伦敦市场对欧盟的普遍重要性，伦敦市场对欧元计价衍生品清算的重要性也是压倒性的。随着欧盟考虑所有欧元计价衍生品回归，或者坚持对外国中央对手方进行强有力的域外监管，其在清算的道路上还会有更多坎坷。

可以肯定地说，即使在最近这场金融危机过去10年后，二十国集团关于协调全球衍生品监管，尤其是通过中央对手方保证金融市场稳定的雄心（或许是过于热心）的目标仍未实现。中央对手方可能是定时炸弹，有可能摧毁金融市场。进一步监管这一市场可能会导致监管变得更加复杂，给市场参与者带来更高的成本，最终导致他们避免使用衍生品对冲优势，而对冲是衍生品的核心功能。一个好的意图可能导致意想不到的结果，并给金融市场带来新的风险。

《欧洲市场基础设施监管规则》，特别是清算义务，被认为已经实现了许多既定的目标。首先，这一点得到了证明，因为自实施清算义务以来，利率衍生品的中央清算比例已从36%提高到60%。[①]增加强制清算是二十国集团在危机过

① Valdis Dombrovskis，“Speech by Vice－President Dombrovskis on EMIR REFIT”（Brussels，4 May 2017）.

后的核心目标之一。新的挑战对系统性风险构成了新的威胁，特别是在欧盟以外的中央对手方清算以欧元计价的衍生品方面。然而，欧盟对位于外国司法管辖区的衍生品没有监管权，这一事实令欧盟感到恐惧。因此，它正计划加强对第三国实体的监督权力，特别是对那些对欧盟具有关键系统重要性的实体，欧盟目前正在考虑一项建议，坚持让它们坐落在欧盟内部。①

这一监管修订草案对不止一项立法产生了影响。特别是，《欧洲市场基础设施监管规则》降低对企业的报告要求，节省高达 11 亿欧元的运营成本和高达 53 亿欧元的一次性成本，②还会再给养老基金三年时间来开发技术解决方案，使它们能够参与中央对手方清算。③ 正在修订的立法如下：将中央对手方纳入其中的第二公司法指令；银行恢复与处置指令将持有银行牌照的中央对手方排除在外，以确保它们只受新的中央对手方恢复和处置法规监管；《欧洲市场基础设施监管规则》暂停清算义务，以及加强中央对手方风险管理委员会的作用；成立欧洲证券与市场管理局监事会。④

在危机过后，伦敦清算所作为一个例子，用于说明清算应该被视为防范场外衍生品引发系统性风险的良方。虽然伦敦清算所确实成功清仓了雷曼兄弟的敞口，但这一成功得益于四种独特的情况：

（1）伦敦清算所是经验丰富的中央对手方，拥有多年的经验，并已经从以往清算会员违约案例中积累了知识。其他经验较少和新加入市场的中央对手方能否如法炮制伦敦清算所的成功经验？

（2）伦敦清算所对于保证金的要求高于监管机构。⑤ 考虑到抵押品的成本，对抵押品的监管要求是否充分？

（3）在强制清算的压力和日益激烈的市场竞争之下，中央对手方无法严格

---

① Valdis Dombrovskis，“Speech by Vice – President Dombrovskis on EMIR REFIT”（Brussels，4 May 2017）.

② 同上。

③ 同上。

④ European Commission，“Proposal for a Regulation of the European Parliament and of the Council on a Framework for the Recovery and Resolution of Central Counterparties and Amending Regulations（EU）No. 1095/2010，（EU）No. 648/2012，and（EU）2015/2365，Brussels 28. 11. 2016，COM（2016）856 final”，16 – 17.

⑤ LCH. Clearnet，“CCP Risk Management Recovery & Resolution”（3 September 2017）<http：//www. lch. com/documents/731485/762448/ccprisk management _ whitepaper. pdf/4afc698a – 2538 – 4f5b – b7fa – b8ade2dd594a>2017 年 9 月 3 日查阅。

挑选其清算会员。这是否会导致偿付能力较差的清算会员大量涌入，并导致更多道德风险和逆向选择？

（4）考虑到中央对手方对整体系统性风险管理的重要性，如果中央对手方管理不当、资金不足，其本身是否会对金融稳定构成风险？

因此，其他的中央对手方是否能够重新复制伦敦清算所的成功案例，目前我们还不得而知。下一章将讨论新监管框架的意义，特别是中央对手方如何成为维护金融稳定的坚实堡垒。在创新的中央对手方恢复和处置框架之下，为了解决缺乏监管建议的问题，本研究将会介绍一个新概念，即资本化的中央对手方援助基金。

7. 监管分析

7.1 改革目标

这项研究全面解释了几大问题：何为衍生品？衍生品如何导致金融危机？为什么清算可以解决这一问题？不同司法体系下如何重新设计各自的金融市场法规？衍生品可以管理风险——市场风险和信用风险，并将此类风险转嫁给愿意承担风险的市场参与者。与此同时，信用风险正在以交易对手方信用风险的形式滋生。交易所交易的衍生品市场和场外衍生品市场之间产生了共生关系。交易所交易的是具有流动性和标准化的衍生品，场外衍生品市场交易的是特殊的和定制化的衍生品。同时，场外市场依赖交易对手方的信誉度，因为没有中央对手方来承担交易对手方的信用风险。如果场外市场上的交易对手方违约或丧失流动性，将导致有偿付能力的一方在其最需要的时刻失去潜在交易的保护。这种风险如同自然选择过程那样，可以阻止信誉较差的对手方进入场外衍生品市场。

我们看到的监管改革是基于美国《商品期货现代化法案》之前的监管。如果继续维持审慎监管，我们可以避免这场金融危机吗？要是这样，这项新规定有何不同寻常呢？

本章分析清算的优势和局限性，以及围绕清算的法律改革。众所周知，场外衍生品市场并不透明，该市场受益于 G20 关于清算新方案中对于增加信息报告的要求。中央清算还降低了交易对手方低估彼此风险敞口并导致抵押品收取不足的可能性。然而，中央对手方面临依赖交易对手方提供的信息来确定自己的风险敞口和抵押品需求的问题。中央对手方需要抵御市场外部性、交易对手方违约和系统性风险的影响，保证金要求较高，这与清算会员降低成本的目标相冲突。同时，中央对手方通过其清算会员将巨大的市场风险敞口内部化，并将这种风险集中在内部。尽管中央对手方已具有系统重要性，但监管机构未能先发制人地监管它们的恢复和处置。[①]因此，本章还将根据以下假设确定中央对手方如何影响金融稳定和系统性风险。

衍生品改革的目的是通过观察金融危机之前、期间和之后的明显缺陷来解决最明显的问题。Alexander 和 Schwarcz 认为后危机时期的改革“主要是由金融危机的政治化和情绪化的反应所推动，而不是由逻辑驱动”。[②] 危机与改革之间的联系并不紧密，使监管中“更热点”的问题还没有得到解决。因此，当前的改革可以总结为变化太少、行动太晚。

尽管交易所交易的衍生品让定价、交易量、交易对手和头寸变得透明化，但双边场外衍生品市场仍然不透明。鉴于双边交易的本质是私下协商、定制合约、没有信息集中记录，这就导致监管机构和市场参与者意识不到系统性风险会逐步积累。[③]此外，场外市场并不会根据法律要求交易对手方提供抵押品，而是让双方自行解决风险缓释的问题。因此，这样的合约往往缺乏足够审慎的风险缓释措施，在高度杠杆化的情况下，它们会面临很高的交易对手方信用风险，如果市值下降，其损失会进一步加剧。[④]直到金融危机来袭，美国国际集团需要政府纾困，人们才明白这种情况下的影响。

因此，衍生品改革的目标，是通过向交易报告库集中报告来提高透明度，消除双边场外交易的交易对手方信用风险。这是通过强制要求特定衍生品经中央对手方清算来实现的。中央对手方通过合约替代、多边轧差和保证金收取来降低市场风险敞口。[⑤]将这一点与对中央对手方的全球协调宏观审慎监管相结合，降低金融体系中的系统性风险，从而将中央对手方打造为金融稳定性的坚实堡

---

① International Law Association, “Draft July 2016, Johannesburg Conference”, Twelfth Report (2016) <on file with author>, 11, 14 – 16.

② Kern Alexander and Steven L Schwarcz, “The Macro – prudential Quandary: Unsystematic Efforts to Reform Financial Regulation” in Ross P Buckley, Emilios Avgouleas and Douglas Arner (eds), Reconceptualising Global Fi – nance and its Regulation (Cambridge University Press 2016), 157.

③ Jan D Luettringhaus, “Regulating Over – the – Counter Derivatives in the European Union – Transatlantic (Dis) Harmony After EMIR and Dodd – Frank: The Impact on (Re) Insurance Companies and Occupational Pen – sion Funds” (2012) 18 The Columbia Journal of European Law 19, 20.

④ 同上 20 – 21。

⑤ International Law Association, “Draft July 2016, Johannesburg Conference”, Twelfth Report (2016) <on file with author>, 11.

垒。这是改革的预期成果。

7.2 清算和金融稳定性

中央对手方建立的风险缓释的监管框架，旨在消除场外市场的风险敞口。下文将首先分析对透明度、市场敞口和违约处置方面改革的影响，然后再考虑改革对金融稳定的宏观审慎影响。研究认为，改革的目标尚未实现，因为中央对手方不仅面临市场动荡的风险，而且还对金融体系构成风险。尽管如此，监管机构仍没有向中央对手方提供风险管理的新工具，只是寄希望于中央对手方使用与危机前相同的手段来评估和缓释风险。此外，中央对手方获得了相当的裁量权来自行管理其风险。结果表明，主要的中央对手方是“大而不能倒”的，在现行法规下，其处置是一个无解的问题。

7.2.1 改革的影响

金融稳定委员会发布的第 12 次场外衍生品市场改革实施进展报告显示，即便在事关存亡的 G20 匹兹堡会议召开 8 年后，国际社会仍未有效实施规则，来实现预期的市场和谐。[①]在 24 个金融稳定委员会会员司法管辖区中，只有 14 个司法管辖区对非中央清算的衍生品有保证金要求，这意味着这些衍生品只能依赖交易对手方才能确保不会对金融稳定产生负面影响。[②]这 14 个国家的大多数在近年已实施了这些措施。[③]大多数（20/24）司法管辖区现在至少有一个中央对手方可用于清算部分利率衍生品，而大多数其他类别的衍生品仍被中央对手方排除在外。在大多数司法管辖区，特别是在欧盟，清算依然很难获得，只有少数清算会员会积极提供代理清算服务。因此，欧洲证券与市场管理局（ESMA）起

---

① FSB，“Review of OTC Derivative Market Reforms：Effectiveness and Broader Effects of the Reforms”（29 June 2017）<http：//www. fsb. org/wp – content/ uploads/P290617 – 1. pdf>2017 年 9 月 3 日查阅，1。

② 同上 20. FSB，“OTC Derivatives Market Reforms：Twelfth Progress Report on Implementa – tion”（29 June 2017）<http：//www. fsb. org/wp – content/ uploads/P290617 – 2. pdf>2017 年 9 月 3 日 查阅，1 – 2，12 – 29。

③ FSB，“OTC Derivatives Market Reforms：Twelfth Progress Report on Implementation”（29 June 2017），17；FSB，“Review of OTC Derivative Market Reforms：Effectiveness and Broader Effects of the Reforms”（29 June 2017），10 – 15.

草了条款，将小型金融交易对手方的清算要求推迟了两年。①金融稳定委员会认为，此举是成功的。事实表明，尽管监管取得了明显进展，自2007/2008年金融危机以来也颁布了许多新规则，但是，许多规则尚未生效，或没有得到有效落实。②在金融稳定委员会的报告中，以下内容仍然让人担心：

改革的长期经济影响仍然很难评估……而且，只有在更长的一段时间之后，我们才能完全确定其影响。……因此，本报告分析不能视作对改革效果和有效性的最终定性评估。③

可以将其解读为：金融稳定委员会并不确定衍生品改革是否达到了其设定的初衷，而且，改革可能在金融市场稳定方面并没有起到任何作用。后文将根据目前的情况，详细说明需要关注的具体领域和需要改进的领域。

7.2.1.1 透明度

清算可以从两方面降低场外衍生品市场的不透明程度。一方面，成为中央对手方的清算会员须符合若干前提条件，特别是与其清算会员金融资源相关的条件。④因此，清算会员通常是大型金融机构，如对冲基金和全球银行。不符合这些前提条件的机构，只能通过现有的清算会员与中央对手方进行业务处理。⑤清算结构提供了谁有资格成为清算会员以及谁在从事衍生品交易的洞察。相比之下，国家监管允许小型交易对手方、非金融机构和其他机构免除强制清算义务，可能会导致未知的风险。新的欧盟规则进一步豁免小型金融交易对手方的清算义务，因为它们没有资格加入清算所。⑥

另一方面，合约替代是清算带来的第二个提高透明度的优势。通过合约替代，中央对手方用两个新合约取代原来的合约来成为每个卖方的买方以及买方

① FSB，“OTC Derivatives Market Reforms: Twelfth Progress Report on Implementation”（29 June 2017），25.

② FSB，“Review of OTC Derivative Market Reforms: Effectiveness and Broader Effects of the Reforms”（29 June 2017）1 – 5.

③ 同上6。

④ Lieven Hermans，Peter McGoldrick and Heiko Schmiedel，“Central Counterparties and Systemic Risk”（November 2013）6，3.

⑤ Craig Pirrong，“The Inefficiency of Clearing Mandates”（2010）665 Cato Journal 8，8.

⑥ 见第6章6.2.4节。

的卖方。[①] 合约替代能够记录未平仓合约，通过公布定价和交易量的数据可以提高透明度，帮助了解风险敞口。[②]监管机构和公众都可以获得这些信息，评估金融系统中风险的积累情况。[③]然而，相较于向交易报告库报告的义务而言，清算带来的透明度提升并不明显。即使是豁免清算要求的合约，也需要向交易报告库披露头寸信息。交易报告库会对所有数据进行收集、存储和披露，以便及早发现潜在的风险积累。[④]由于向交易报告库披露的许多数据包含错误，欧盟决定对交易报告库的规则进行改革以减少信息报告的错误。新规则还将为中央对手方设立一项新的责任，即代表交易对手方报告交易。

监管者往往依靠中央对手方实现大量的信息披露。下面的例子是关于监管机构是如何依赖中央对手方进行风险管理和评估的。根据《欧洲市场基础设施监管规则》第24条，对于与中央对手方有关的任何紧急情况，中央对手方必须立即通知欧洲证券与市场管理局和欧洲系统性风险委员会。因此，监管机构高度依赖中央对手方提供的信息，中央对手方会汇报金融市场上可能影响市场流动性或金融体系稳定的不利事态的情况。这种信息必须汇报给中央对手方或其任一清算会员所在的所有会员国。[⑤]这也表明，应高度依赖和信任清算会员所在司法管辖区的中央对手方，它们拥有对抗市场风险的能力。如果不遵守这种风险管理做法，可能会导致市场变得不安全。鉴于每个中央对手方每天都会面对大量信息，任何监管机构都无法及时处理这些信息，这一点显而易见，监管机构必须依赖中央对手方向其提供的信息。然而，没有任何理论讨论过这种依赖性，这令人惊讶。

7.2.1.2 净额结算

中央对手方的合约替代，可以给市场带来其他的好处。通过接手交易对手方的头寸，中央对手方可以抵消市场参与者之间的头寸，从而降低市场整体的

---

① Stacey Anderson, Jean – Philippe Dion and Hector Perez Saiz, "To Link or Not to Link? Netting and Exposures Between Central Counterparties" (March 2016) 6, 4.

② Jeremy C Kress, "Credit Default Swaps, Clearinghouses and Systemic Risk: Why Centralized Counterpar – ties Must Have Access to Central Bank Liquidity" (2011) 48 Harvard Journal on Legislation 49, 69.

③ IMF, "Making Over – the – Counter Derivatives Safer: The Role of Central Counterpar – ties" in IMF (ed.) Global Financial Stability Report April 2010: Meeting New Challenges to Stability and Building a Safer System (IMF 2010), 7 – 8.

④ CPSS and IOSCO, "Principles for Financial Market Infrastructures" (April 2012) 9.

⑤ Article 24 EMIR.

风险敞口。①加入中央对手方的清算会员数量越多，中央对手方的净额结算机会也就越多。这是清算改革的一项重要的激励因素。通过增加净额结算机会，整体投资组合敞口减少。这不仅降低了抵押品要求，使清算会员受益，还降低了系统性风险。②通过将中央对手方专业化服务指定到特定的资产类别，可以获得规模经济效应，进一步加强多边净额结算。净额结算对衍生品在市场上的风险敞口有很大影响。2017 年 9 月，全球场外衍生品市场未平仓名义总价值近 500 万亿美元，但通过净额结算抵消债务后的信用敞口仅为 3 万亿美元。③

在双边场外交易市场，交易对手方负责征收和管理抵押品。尽管有国际掉期与衍生工具协会的主协议，但市场上并没有任何统一的方法。清算改变了这一情形，原因在于中央对手方开始负责从其清算会员那里征收和管理抵押品。中央对手方规定，应定期收取能够反映市场情况和风险敞口的初始保证金和变动保证金。此外，中央对手方还要求其会员预交清算基金，以便在交易对手方违约之前预先对风险敞口进行消除，以免对市场产生影响。④

Duffie 和 Zhu 的研究结果表明，多个中央对手方之间进行分散清算需要提高抵押品要求，因为会削弱多边净额结算降低整体市场敞口的能力，减少了净额结算的机会，还提高了保证金和其他风险缓释抵押品的要求。⑤为了保证规模经济，一个中央对手清算的不同资产类型应当继续净额结算，并由同一个中央对手方进行清算。⑥在现实情况中，从来不是只有单一的中央对手方，抵押品的要求也因此提升。为制衡这一情况，人们提出了不同的建议。中央对手方可相互联

① Stacey Anderson, Jean – Philippe Dion and Hector Perez Saiz, “To Link or Not to Link? Netting and Ex – posures Between Central Counterparties” (March 2016) 6, 4; Jeremy C Kress, “Credit Default Swaps, Clearing – houses and Systemic Risk: Why Centralized Counterparties Must Have Access to Central Bank Liquidity” (2011) 48 Harvard Journal on Legislation 49, 54.

② Manmohan Singh, “Collateral Netting and Systemic Risk in the OTC Derivatives Market” (April 2010) 99, 8.

③ BIS, “International Banking and Financial Market Developments” (September 2017) <http://www.bis.org/publ/qtrpdf/r_qt1709.htm>2017 年 9 月 3 日查阅。

④ Stacey Anderson, Jean – Philippe Dion and Hector Perez Saiz, “To Link or Not to Link? Netting and Ex – posures Between Central Counterparties” (March 2016) 6, 4.

⑤ Darrell Duffie and Haoxiang Zhu, “Does a Central Clearing Counterparty Reduce Counterparty Risk?” (2011) 1 The Review of Asset Pricing Studies 74, 23; Manmohan Singh, “Velocity of Pledged Collateral: Anal – ysis and Implications” (November 2011) 256, 18.

⑥ Darrell Duffie and Haoxiang Zhu, “Does a Central Clearing Counterparty Reduce Counterparty Risk?” (2011) 1 The Review of Asset Pricing Studies 74, 23.

系或签订互操作协议，提高多边净额结算的能力。[①]还有人建议，重复使用抵押品，以降低整体抵押品要求。[②]进一步加深对抵押品的依赖，会使市场更容易受到市场动荡的影响，并增加市场内部的顺周期性。[③]

中央对手方互操作协议：要了解风险如何集中在中央对手方、内部互联如何使风险在新的金融市场结构中扩散，就必须分析关联风险。在市场剧烈波动时，多个大型交易对手方违约的风险切实存在[④]，特别是在活跃的交易对手方之间相互关联并高度集中的市场。自有资源/预先出资的金融资源面临超出预计的压力，如果市场出现连续多次违约，并且其他非违约会员的清算基金已被用来弥补较早的违约损失，这种压力尤为明显。

中央对手方之间的内部联系或互操作协议允许所有参与者之间进行多边净额结算，从而减少整体会员范围内清算系统的金融风险。与此同时，一个中央对手方可以参与多个市场。[⑤]鉴于单一的全球中央对手方能够对所有市场参与者的风险敞口进行净额结算，可以通过相互联系中央对手方，扩大外国和本国中央对手方之间的风险敞口的净额结算，从而降低总体抵押品要求。[⑥]目前，场外衍生品清算市场由几家在全球范围内专门从事特定资产类别的大型中央对手方主导。要想最大限度地提高净额结算能力，较小的国内中央对手方可以与大型国

---

① 统一见 Stacey Anderson, Jean – Philippe Dion and Hector Perez Saiz, “To Link or Not to Link? Netting and Exposures Between Central Counterparties” (March 2016) 6; Jurg Mägerle and Thomas Nellen, “Interopera – bility between Central Counterparties” (August 2011) 12.

② 关于可行性的深入讨论和计算，请见 Manmohan Singh, “Velocity of Pledged Collateral: Analysis and Implications” (November 2011) 256; Manmohan Singh, “Collateral Netting and Systemic Risk in the OTC Deriva – tives Market” (April 2010) 99。

③ International Law Association, “Draft July 2016, Johannesburg Conference”, Twelfth Report (2016) <on file with author>, 13.

④ Kern Alexander, “The European Regulation of Central Counterparties: Some International Challenges” in Kern Alexander and Rahul Dhumale (eds), Research Handbook on International Financial Regulation (Edward El – gar, 2012), 245 – 6; Jeremy C Kress, “Credit Default Swaps, Clearinghouses and Systemic Risk: Why Central – ized Counterparties Must Have Access to Central Bank Liquidity” (2011) 48 Harvard Journal on Legislation 49, 52 – 3.

⑤ Stacey Anderson, Jean – Philippe Dion and Hector Perez Saiz, “To Link or Not to Link? Netting and Ex – posures Between Central Counterparties” (March 2016) 6, 4; Jurg Mägerle and Thomas Nellen, “Interoperability between Central Counterparties” (August 2011) 12, 1.

⑥ Stacey Anderson, Jean – Philippe Dion and Hector Perez Saiz, “To Link or Not to Link? Netting and Ex – posures Between Central Counterparties” (March 2016) 6, 2, 17.

际中央对手方签订互操作协议，从提升的净额结算中获益。[①] 然而，这种中央对手方之间的联系会导致风险，这是因为中央对手方之间会出现信用风险敞口。在相互联系的中央对手方违约时，未违约的中央对手方有义务履行违约中央对手方的合约义务，如果较小的国内中央对手方必须覆盖国际中央对手方的头寸，就可能会产生不利影响。[②] 伦敦清算所是这方面为数不多的案例之一，这一案例发生在伦敦清算所和瑞士中央对手方——瑞士交易所之间。[③]

然而，经验表明，小型国内中央对手方和国际大型中央对手方之间的互联并不可取。虽然中央对手方违约的风险低于清算会员违约的风险，但本国中央对手方的较高风险敞口与净额结算能力不存在有利的相关性，如果本国中央对手方只有几个会员，这只会以不利的方式增加清算会员的风险敞口。[④] 这拓展了 Mägerle 和 Nellen 研究的方向，他们还分析了互操作性对系统性风险的影响，[⑤] 结论是，互操作协议可以通过增加多边净额结算机会，降低保证金要求、清算基金支付和交易对手风险敞口，避免多个中央对手方清算同一资产类别所产生的效率低下问题。[⑥]欧洲法规也鼓励中央对手方之间的互操作协议。然而，Mägerle 和 Nellen 的研究表明，此类互操作协议往往存在担保不足的问题，从而加剧了系统性风险担忧。为了抵消这一趋势，如果中央对手方达成此类协议，监管机构需要其提供额外的抵押品，这导致抵押品要求的提高，继而导致清算会员成本的增加。[⑦]

抵押品要求：最近的金融危机之下，全球范围内对抵押品的要求进一步增加。这是由于金融监管在两个不同领域上的变化。首先，金融危机的教训引发

---

① Stacey Anderson，Jean - Philippe Dion and Hector Perez Saiz，“To Link or Not to Link? Netting and Ex - posures Between Central Counterparties”（March 2016）6，2 and 4.

② 同上 4。

③ 同上 5；SIX x - clear and LCH. Clearnet，“Link Agreement Summary between LCH. Clearnet Ltd. and SIX x - Clear AG”（3 September 2017） <https：//www. six - securities - services. com/dam/downloads/clear - ing/about - us/inter operability/clr - x - clear - lchcearnet - link - agreement - en. pdf>2017 年 9 月 3 日查阅。

④ Stacey Anderson，Jean - Philippe Dion and Hector Perez Saiz，“To Link or Not to Link? Netting and Ex - posures Between Central Counterparties”（March 2016）6，24 - 5.

⑤ Jurg Mägerle and Thomas Nellen，“Interoperability between Central Counterparties”（August 2011）12，2.

⑥ 同上 8 - 9，22；Darrell Duffie and Haoxiang Zhu，“Does a Central Clearing Counterparty Reduce Coun-terp - arty Risk?”（2011）1 The Review of Asset Pricing Studies 74，8 - 12，20。

⑦ Jurg Mägerle and Thomas Nellen，“Interoperability between Central Counterparties”（August 2011）12，22.

了金融市场改革。特别是在欧洲，抵押品要求的提高有多方面的原因：欧洲私人回购市场的趋势、场外衍生品改革、欧盟保险公司偿付资本监管指令Ⅱ和资本要求指令Ⅵ，以及新的巴塞尔协议Ⅲ对于流动性的要求。[①] 其次，量化宽松等非标准化货币政策提高了抵押品要求，公共部门为了货币管理也采取了同样的举措。[②] 不断增加的抵押品要求使抵押品变得更加昂贵和稀缺。为了解决抵押品不足的问题，人们建议对抵押品进行再抵押。[③] 通常抵押品必须是现金或高流动性证券，而这两者的供应很有限。尽管银行不是抵押品的所有者，但它们通常会重复使用抵押品。[④] 大型全球性银行是最频繁使用清算服务的清算会员，往往会感受到中央清算抵押品要求提高的压力。这也可以为它们提供此前没有盈利空间的新商机。[⑤] Anderson 等认为，将有足够的抵押品供应来满足监管要求，建立市场基础设施将使抵押品无法流动，导致暂时的抵押品短缺。[⑥]

因此，净额结算减少了风险敞口；然而，它需要通过昂贵而稀缺的抵押品来实现这一点。Duffie、Zhu、Anderson 以及 Joeveer 分析了抵押品清算的影响，并得出以下结论：尽管单一的全球中央对手方可以实现最佳的多边净额结算，但监管方法使市场过于分散，无法实现这一优势，而单一的全球中央对手方也会引发关于系统性风险管理的重大问题。因此，目前市场呈现碎片化状态，影响了多边净额结算的优势，也提高了抵押品要求及其成本。与此同时，监管机构意欲促进中央对手方之间的联系以及互操作协议，但清算会员较少的本国小型中央对手方一旦与全球大型中央对手方达成此类协议，将处于不利地位，这是因为大型的中央对手方存在违约的潜在成本。同时，任何互操作协议都可能增加中央对手方之间的系统性风险，原因在于抵押品可能出现不足。如果监管机构积极推动大规模抵押和过度抵押，那么人为提高了抵押品的要求和成本。[⑦] 因此，目前中央对手方之间相互联系可谓是双方皆输。此外，未清算的合约对抵押品提

① Ronald W Anderson and Karin Joeveer, "The Economics of Collateral" (August 2011), 6.

② 同注①。

③ Manmohan Singh, "Under - collateralisation and Rehypothecation in the OTC Derivatives Market" (2010) 14 Financial Stability Review 113, 114.

④ 同注③。

⑤ Ronald W Anderson and Karin Joeveer, "The Economics of Collateral" (April 2014), 23 - 4, 32.

⑥ 同上 35. 又见 International Law Associatio, "Draft July 2016, Johannesburg Conference", Twelfth Report (2016) <on file with author>, 13。

⑦ 又见 Jurg Mägerle and Thomas Nellen, "Interoperability between Central Counterparties" (August 2011) 12, 23。

出了更高的要求，目的是防范风险、规避强制清算，而这会导致抵押品的枯竭。①

7.2.1.3 违约管理

中央对手方可以采取与双边市场不同的方式收取抵押品、初始保证金和变动保证金，以及清算基金。这种差异在交易对手方违约的情况下尤为明显，在这种情况下，损失由清算会员共同承担。②

在双边场外交易市场，交易对手方只能通过常规交易机制寻找违约头寸的重置。这取决于需要补仓的规模，如同雷曼兄弟倒闭后的情况一样，急剧增加的重置交易和降价抛售可能会让市场进入螺旋运行状态。③ 这不仅可能导致潜在交易对手短缺，还可能引发突发性的流动性短缺，造成市场参与者之间彼此不信任。④ 这样的事件，以及未来在缺乏流动性的市场上短时间内大量重置违约头寸，都会增加价格波动。这样的价格冲击也会导致低价抛售，从而引发巨额亏损，最终威胁到其他市场参与者的偿付能力。⑤ 人们对这类破坏性事件十分担忧，将最终贷款人纾困作为最后一根救命稻草。⑥

关于金融资源，主要有两个原则：违约者支付原则和幸存者支付原则。⑦ 违约者支付原则要求清算会员以保证金的形式为其当前交易提供抵押品，而幸存者支付原则要求提供集体预先交纳的清算基金。在第一种制度下，中央对手方依靠违约者的保证金来弥补会员违约造成的损失，而第二种制度则依赖清算基金来弥补损失。⑧ 这两种违约制度通常是同时实施的，违约者支付的保证金是为了弥补正常市场情况下遭受的损失，而幸存者支付原则只有在违约出现在高度动

① 见非中央清算的中央对手方的保证金要求。又见 Manmohan Singh，“Collateral Netting and Systemic Risk in the OTC Derivatives Market”（April 2010）99，9 、1。

② Jeremy C Kress，“Credit Default Swaps，Clearinghouses and Systemic Risk：Why Centralized Counterpar－ties Must Have Access to Central Bank Liquidity”（2011）48 Harvard Journal on Legislation 49，65－6.

③ Craig Pirrong，“The Inefficiency of Clearing Mandates”（2010）665 Cato Journal，8，22.

④ 同注③。

⑤ 同注④。

⑥ 例如美国长期资本管理公司（1998） 和美国国际集团（2008）。

⑦ Philipp Haene and Andy Sturm，“Optimal Central Counterparty Risk Management”（June 2009）8，2.

⑧ 同注⑦。

荡市场的情况下，或者在其他资金不足的情况下才会发挥作用。[①] 此外，中央对手方可能会向本国和国际商业银行进行紧急信贷，但这可能会引发道德风险的困境。[②] 因此，要确保幸存者支付基金有充足的预交资金，这样就不需要额外的资金。[③]

清算基金是中央对手方进行清算的另一大优势，这有助于中央对手方在清盘、平仓和转移违约会员的头寸给其他有偿付能力清算会员的同时保证市场信心。[④] 伦敦清算所成功清盘雷曼兄弟9万亿美元风险敞口的案例就足以证明这一点。中央对手方有一个瀑布式违约管理机制，首先使用违约者自己的抵押品，如果这些抵押品不足，则将使用幸存者的违约基金，最后才使用中央对手方的自有资金。[⑤] 中央对手方的自有资本被称为“风险共担”，这可以激励（尤其是营利性组织的）中央对手方充分监控风险。[⑥] 因此，中央对手方的资本和组织稳定性与风险缓释方法紧密相关。当前的“风险共担”机制是否充分，这就是另一个问题了。

风险共担：目前的监管框架使中央对手方将最终的财务损失从自己的资产负债表转移到会员身上，方法是首先使用清算会员缴纳的资金，并要求其他会员注资，最后是自己的资金。虽然这保护了中央对手方自身财务不受市场波动的影响，有利于整体金融的稳定，但也降低了中央对手方在其权力范围内保障

---

① 又见 Christian Chamorro – Courtland, “The Trillion Dollar Question: Can a Central Bank Bail Out a Cen – tral Counterparty Clearing House Which is ‘Too Big to Fail’?” (2012) 6 Brooklyn Journal of Corporate, Finan – cial & Commercial Law 432, 449 – 50.

② 同上 450 – 451. 关于道德风险的讨论，见第1章1.2节以及第6章6.2.2.2节。

③ BlackRock, “Roundtable on Recovery of Derivatives Clearing Organizations” (27 April 2015) <https://www.blackrock.com/corporate/en – us/literature/ publication/cftc – recovery – of – derivatives – clearing – organizations – 042715.pdf>2017年9月3日查阅。

④ Christian Chamorro – Courtland, “The Trillion Dollar Question: Can a Central Bank Bail Out a Central Counterparty Clearing House Which is ‘Too Big to Fail’?” (2012) 6 Brooklyn Journal of Corporate, Financial & Commercial Law 432, 442 – 3.

⑤ Article 45 EMIR; Dietrich Domanski, Leonardo Gambacorta and Cristina Picillo, “Central Clearing: Trends and Current Issues” [2015] BIS Quarterly Review 59, 61; Christian Chamorro – Courtland, “The Trillion Dollar Question: Can a Central Bank Bail Out a Central Counterparty Clearing House Which is ‘Too Big to Fail’?” (2012) 6 Brooklyn Journal of Corporate, Financial & Commercial Law 432, 443.

⑥ Paul Tucker, “Are Clearing Houses the New Central Banks?” (Over – the – counter Derivatives Symposium, Chicago, 11 April 2014), 5; Robert Cox and Robert Steigerwald, “Tensions at For – profit CCPs Could Put Them at Risk” Risk Magazine (New York, 18 February 2016) <http://www.risk.net/risk/opinion/ 2447480/tensions – at – for – profit – ccps – could – put – them – at – risk>2017年9月3日查阅。

审慎风险管理的自身利益。① 关于中央对手方的所有权结构，② 这一过程保护了投资者，投资者无须坚持审慎的风险管理。③ 缺乏风险共担，可能鼓励中央对手方的股东和管理层以较低的成本清算高风险产品，从而吸引更多的业务并实现利润最大化。④ 考虑到中央对手方的系统性角色，在财务困难的情况下，必然会得到公共支持。这损害了衍生品改革的原有核心目标，即承诺中央对手方将有足够良好的风险共担机制，以确保它们避免道德风险，并支持对市场的审慎监管。⑤

估值误差：欧洲法规要求中央对手方持有充足的抵押品，以处理其最大清算会员的违约，或者第二大和第三大清算会员违约合计的较大风险敞口。⑥ 然而，随着新的、更复杂的衍生品被认为可以标准化并清算，中央对手方如今面临两难境地，因为它们没有经验为这些产品的风险敞口定价。合约估值错误也会对抵押品的结构和可靠性产生负面影响。抵押品每天会经过一次或多次估值，并与资产的市值挂钩（逐日盯市）。⑦ 由于抵押品的选择是由双方决定的，因此资产市值突然下滑可能会导致抵押品和中央对手方的安全缓冲受到影响。⑧ 此外，随着更多有特色的和定制衍生品清算的出现，中央对手方面临没有历史价值作为参照开展基准估值的问题。⑨ 这可能会导致逆向选择，这将在后文说明。在流动性较差的市场交易复杂工具，给市场价值的公正估值带来了难度。价格以及风险计算需要复杂的模型进行估值。过去几年专门从事这类交易的大型交易商公司投入了大量资源来开发和测试这些模型。这类模型对于向交易对手收取充足的抵押品是必要的。⑩ 这在很大程度上激励了私人交易商，促使他们优化模型并定期更新。与之相比，模型能帮助中央对手方的所有会员受益，这样一来，

---

① 又见 Paolo Saguato，“The Ownership of Clearinghouses：When ‘Skin in the Game’ is Not Enough，the Remutualization of Clearinghouses”（2017）34 Yale Journal 601，641。

② 见7.2.2.4.2。

③ Paolo Saguato，“The Ownership of Clearinghouses：When ‘Skin in the Game’ is Not Enough，the Remu－tualization of Clearinghouses”（2017）34 Yale Journal 601，641.

④ 同上642－3。

⑤ 同上643。

⑥ Article 16 EMIR.

⑦ Yesha Yadav，“Clearinghouses in Complex Markets”（2013）101 Georgetown Law Journal 387，419.

⑧ 同注⑦。

⑨ 同上；International Law Association，“Draft July 2016，Johannesburg Conference”，Twelfth Report（2016）<on file with author>，13－14。

⑩ Yesha Yadav，“Clearinghouses in Complex Markets”（2013）101 Georgetown Law Journal 387，419.

中央对手方模型被认为是面向公共利益的，这不利于促进其会员建立和实施更好的模型（例如，以集体行动的形式）。[①] 好的模型不仅可以让交易商公司更好地量化价格和违约风险，而且还可以通过在对不同工具进行估值时获得信息优势来实现更高的交易利润。[②] 这类交易对于中央对手方来说是全新的，与私人交易商公司相比，中央对手方从一开始就处于信息劣势。第二个劣势可以在中央对手方模型和银行模型之间找到。由于银行与对手方在多个维度持续交互，相对于只进行衍生品交易的中央对手方，它们对交易对手方和中央对手方产生的风险有更好的了解，这使得中央对手方在有效定价风险敞口方面进一步处于劣势。[③] 必须说明一点，在违约情况下进行损失估计，其准确性会受到改革前双边交易对手的相同错误和不准确性的影响。[④]

对于信用衍生品交易，想要确定充足的抵押品来保护中央对手方免受潜在违约的影响，比其他工具更复杂。此外，新的清算产品的负面影响，以及对其缺乏经验，都增加了将其推向市场的难度，特别是在早期以及创建新的产品分类时。[⑤]

信用违约互换（CDS）清算：如第2章阐述，信用违约互换是风险特别高的衍生品，原因在于在第三方发生信用事件，特别是违约或破产的情况下，信用违约互换具有保险性质的担保。[⑥] 尽管信用违约互换是场外衍生品市场较新的产品，但它们是2007—2009年金融危机的主要角色，这也是美国国际集团需要纾困的原因。这表明，信用违约互换可能会造成巨大的经济损失。信用违约互换除了造成交易对手违约风险外，还会产生一种特殊的风险，也就是所谓的“突发违约”风险。[⑦] 突发违约风险超越了常规的非履约风险，因为其与掉期不同，不会随着时间的推移而逐渐波动，但一旦信用事件发生，事件就会迅速升级，也就是参考实体突然违约。这样的信用事件很可能发生在市场普遍低迷的时候，

---

① Craig Pirrong, “The Inefficiency of Clearing Mandates” (2010) 665 Cato Journal 8, 15.

② Craig Pirrong, “The Inefficiency of Clearing Mandates” (2010) 665 Cato Journal 8, 15.

③ Ronald W Anderson 及 Karin Joeveer, “The Economics of Collateral” (April 2014), 18 – 19, 22; Craig Pirrong, “The Inefficiency of Clearing Mandates” (2010) 665 Cato Journal 8, 15.

④ International Law Association, “Draft July 2016, Johannesburg Conference”, Twelfth Report (2016) < on file with author >, 13 – 14.

⑤ Yesha Yadav, “Clearinghouses in Complex Markets” (2013) 101 Georgetown Law Journal 387, 419.

⑥ Jeremy C Kress, “Credit Default Swaps, Clearinghouses and Systemic Risk: Why Centralized Counterpar – ties Must Have Access to Central Bank Liquidity” (2011) 48 Harvard Journal on Legislation 49, 52.

⑦ 同上56。

与其他衍生品相反，对这些衍生品的顺周期性起到了负面作用。① 信用违约互换还增加了信用违约互换叠加敞口带来的系统性风险，比如对金融稳定构成威胁的美国国际集团的案例。因此，欧盟和美国已强制要求标准化的信用违约互换由中央对手方进行清算。②

由于信用违约互换的风险也转移到了中央对手方身上，中央对手方固有的系统性风险就会变得非常大。③ 与其他衍生品合约不同，在其他衍生品合约中，收取盯市保证金可以帮助降低系统性风险。鉴于信用违约互换可以突然到期，这些合约对中央对手方尤其危险。然而，中央对手方既没有任何管理标的风险的选择，也没有任何风险缓释工具来解决信用违约互换的突发违约风险。Yadav、Kress 和 Chamorro - Courtland 都与作者的观点一致，他们发现信用违约互换对中央对手方的稳定构成了特殊威胁，会使得保证金和违约基金瞬间蒸发。④ 因此，由于缺乏对许多衍生品合约定价的经验，特别是信用违约互换的特殊性质，再加上对中央对手方客户风险计算的依赖，在风险计算失误和定价过低的情况下，会增加持有抵押品要求。新的中央对手方的设立、客户清算的增加和清算要求，削弱了中央对手方对谁可以加入的选择权⑤，这是对中央对手方提出更高资本金要求（特别是在强制清算的早期阶段）的另一种观点，尤其是清算要求继续分阶段实施的情况下。强制性清算需要清算许多不同交易对手方和新清算

---

① 同上。

② 同上 57 - 60 及 69 - 70。

③ International Law Association, “Draft July 2016, Johannesburg Conference”, Twelfth Report (2016) <on file with author>, 11, 13 - 14.

④ Yesha Yadav, “Clearinghouses and Regulation by Proxy” (2014) 43 Georgia Journal of International and Comparative Law 161, 164; Jeremy C Kress, “Credit Default Swaps, Clearinghouses and Systemic Risk: Why Centralized Counterparties Must Have Access to Central Bank Liquidity” (2011) 48 Harvard Journal on Legislation 49, 79; Christian Chamorro - Court - land, “The Trillion Dollar Question: Can a Central Bank Bail Out a Central Counterparty Clearing House Which is ‘Too Big to Fail’?” (2012) 6 Brooklyn Journal of Corporate, Financial & Commercial Law 432, 456 - 8.

⑤ 见 “non - discriminatory access” to be granted to contracts needing clearing (Article 7 (1) EMIR), 清算监管要求允许交易场所在大多数情况下支持中央对手方（Article 7 (3) EMIR: “[The] CCP may refuse access to the CCP following a formal request by a trading venue only where such access would threaten the smooth and orderly function of the markets of adversely affect systemic risk”），个体中央对手方之间因为经济原因竞争提供清算服务。

会员的更多场外合约，因而增加了对质量较高的抵押品需求。① 可以预见，随着强制清算继续变得更加普遍，越来越多的信用违约互换将从双边市场转移到清算市场。② 如前所述，当新产品首次获得批准时，中央对手方缺乏可靠的信息来源。信息不对称和逆向选择的风险在早期阶段特别大，也就是说在中央对手方获得产品相关的经验之前都是如此。如果标准和资本要求可以被证明没有必要那么严格，就可以将其降低。《欧洲市场基础设施监管规则》呼吁定期进行压力测试③，以确保“在极端但合理的市场条件下”具有弹性［《欧洲市场基础设施监管规则》第 49 条（1）］，却没有任何强制性监管规定要求中央对手方考虑市场的内在关联引发的流动性集中和市场风险敞口问题。④

7.2.2　系统性风险和中央对手方

基于上述原因，衍生品改革导致风险集中在中央对手方而不是双边市场。⑤ 国家监管机构已将中央对手方从一个市场参与者转变为衍生品市场的主要监管者，尽管其本身就存在许多风险。⑥ 中央对手方可能会因为许多原因而破产，比如风险集中、操作风险、金融创新、道德风险、逆向选择、互联风险和互操协议，以及流动性短缺。⑦

对场外衍生品进行强制清算，会引发出于私利而钻制度空子，从而增加道

① Kern Alexander，“The European Regulation of Central Counterparties：Some International Challenges” in Kern Alexander and Rahul Dhumale（eds），Research Handbook on International Financial Regulation（Edward Elgar 2012），245.

② Yesha Yadav，“Clearinghouses and Regulation by Proxy”（2014）43 Georgia Journal of International and Comparative Law 161，164.

③ Article 49（1）EMIR.

④ The CPSS and IOSCO，“Principles for Financial Market Infrastructures”（April 2012），要求中央对手方拥有透明的规则和应急备案来应对流动性不足的问题和多重违约出现的问题。然而，这样的条例缺乏欧盟恢复与处置的框架。见 Lieven Hermans，Peter McGoldrick and Heiko Schmiedel，“Central Counterparties and Systemic Risk”（November 2013）6，5。

⑤ Rüdiger Wilhelmi and Benjamin Bluhm，“Systemische Risiken Im Zusammenhang Mit OTC Derivat – en” in Rüdiger Wilhelmi and others（eds），Handbuch EMIR（Erich Schmidt Verlag），51 –6；International Law Association，“Draft July 2016，Johannesburg Conference”，Twelfth Report（2016）<on file with author>，11.

⑥ 见 Yesha Yadav，“Clearinghouses and Regulation by Proxy”（2014）43 Georgia Journal of International and Comparative Law161，163。

⑦ 又见 Christian Chamorro – Courtland，“The Trillion Dollar Question：Can a Central Bank Bail Out a Cen – tral Counterparty Clearing House Which is ‘Too Big to Fail’?”（2012）6 Brooklyn Journal of Corporate，Finan – cial & Commercial Law 432，437。

德风险、逆向选择和信息不对称的危险。与此同时，中央对手方内部集中了多个交易对手方的风险，要求中央对手方拥有强大的风险管理实践，以抵消所有的负风险敞口，防止失效。然而，要想维持金融体系的稳定，保证人们对中央对手方的信任，最重要的是要考虑：如果中央对手方失效了会怎样？下面的内容将对这些问题进行分析和解答。

7.2.2.1 风险集中

清算本应通过在清算会员之间进行净额结算和损失共担来减轻系统性风险。然而，这也将系统性风险集中在中央对手方内部，破坏了风险在整体金融体系中的预期分布。① Kress 有一个恰当的类比："双边交易对手方失效，可能会产生多米诺骨牌效应，而中央对手方失败，则会引发推土机效应。"② 引言部分也介绍过系统性风险与宏观审慎政策决策之间的联系，并解释了在金融繁荣时期建立缓冲，从而在经济低迷出现后保持运营以防违约的重要性。现实表明，中央对手方可以通过收取抵押品和准备清算基金来实现这一点。

系统性风险的两种机制可能会增加并相互产生作用。一种是多米诺骨牌效应：一次违约可能会因造成损失引发同一清算体系内的其他参与者违约，并最终通过系统传播冲击。另一种则是由清算相关的风险管理做法引发的，即使在没有违约的情况下，市场也可能导致"挤兑和去杠杆"机制。③ 在国家和国际层面上，清算会员之间以及其他金融机构和金融市场基础设施之间的中央对手方的风险不断集中，这时便有必要采取强有力的风险管理措施来控制风险。④ 会员在各中央对手方之间出现重复并不令人感到意外，尤其是对于具有全球系统重要性的金融机构更是如此。由于中央对手方特别容易受到这些机构的影响，因此需

① 又见 Jeremy C Kress, "Credit Default Swaps, Clearinghouses and Systemic Risk: Why Centralized Counterparties Must Have Access to Central Bank Liquidity" (2011) 48 Harvard Journal on Legislation 49, 73; International Law Association, "Draft July 2016, Johannesburg Conference", Twelfth Report (2016) <on file with author>, 11。

② Jeremy C Kress, "Credit Default Swaps, Clearinghouses and Systemic Risk: Why Centralized Counterparties Must Have Access to Central Bank Liquidity" (2011) 48 Harvard Journal on Legislation 49, 73.

③ Dietrich Domanski, Leonardo Gambacorta and Cristina Picillo, "Central Clearing: Trends and Current Issues" [2015] BIS Quarterly Review 59, 65, 68.

④ Lieven Hermans, Peter McGoldrick and Heiko Schmiedel, "Central Counterparties and Systemic Risk" (November 2013) 6, 8-9.

要特别关注其中的潜在风险敞口。①

发生多米诺骨牌效应的可能性取决于冲击的规模和中央对手方所掌握的全部资源情况。② 小的冲击可能会被中央对手方妥善化解，如果违约会员提供了足够的资金来弥补自身违约造成的所有损失，就不会引发冲击。一旦违约方自己的资源不足以弥补损失，而其他参与者被要求出资，就会使正常运行并具有一定韧性的体系结构恶化，并进一步引发不稳定。③ 因此，人们必须认识到，市场上较小的冲击事件和违约可以由中央对手方来处理。更大的潜在系统性冲击可能会导致多起违约，特别是如果中央对手方必须使用自身的流动性和来自银行的额外流动性，可能会出现违约金额过大而无法处理的局面。如果银行本身由于系统性冲击而出现流动性问题，那么来自银行的流动性可能会枯竭，这样引发的多米诺骨牌效应可能会比没有清算结构时更为严重。④

如果中央对手方处于这样一种境地，即必须在资金不足的情况下激活流动性，并要求参与者额外出资，就会给市场参与者带来额外的压力，并导致出现进一步的违约，多米诺骨牌效应也可能会增强。⑤ 最终，一连串的违约可能会耗尽中央对手方的所有流动性，迫使其进入处置阶段而倒闭。中央对手方的失效还会给其参与者带来额外的压力，因为在不稳定的市场环境下，参与者必须以不同的方式关闭交易。由于大多数参与者在多家清算所参与了多个清算流程，共同交易对手的违约会同时给跨司法管辖区的多个中央清算所带来同样的麻烦。⑥

需要认识到，中央对手方（尤其是其风险管理实践）与未清算的市场、标的资产和抵押品紧密交织，因此，任何突然的价格波动都有可能对它们的进一步发展产生重大的影响。虽然近些年来仅有为数不多的几家中央对手方倒闭，

---

① Lieven Hermans, Peter McGoldrick and Heiko Schmiedel, "Central Counterparties and Systemic Risk" (November 2013) 6, 9.

② Dietrich Domanski, Leonardo Gambacorta and Cristina Picillo, "Central Clearing: Trends and Current Is - sues" [2015] BIS Quarterly Review 59, 68.

③ 同上; International Law Association, "Draft July 2016, Johannesburg Conference", Twelfth Report (2016) <on file with author>, 14。

④ Dietrich Domanski, Leonardo Gambacorta and Cristina Picillo, "Central Clearing: Trends and Current Is - sues" [2015] BIS Quarterly Review 59, 68. International Law Association, "Draft July 2016, Johannesburg Conference", Twelfth Report (2016) <on file with author>, 14 - 16.

⑤ Dietrich Domanski, Leonardo Gambacorta and Cristina Picillo, "Central Clearing: Trends and Current Is - sues" [2015] BIS Quarterly Review 59, 68.

⑥ 同上 68 - 9。

但那些近乎失效的情况确实表明，公共干预是很有必要的。需要公共干预的机构包括：1974 年糖类期货暴跌后的巴黎 CLAM 清算所、1983 年棕榈油期货暴跌后吉隆坡的大宗商品清算所，以及 1987 年全球股市崩盘后的香港期货交易所。[①]

中央对手方通常由营利性组织拥有，直接抵消了中央对手方逆周期方式运作的目标。在市场增长时期，可以预期中央对手方会降低保证金以促进利润和增长，在市场恶化时会增加保证金，这就是采取顺周期的方式。[②] 这种顺周期性会直接影响中央对手方应对风险的能力。Brunnermeier 等识别了流动性螺旋导致顺周期性的三个核心原因，即事后的风险措施、不同的波动性和逆向选择。[③] 为了抵消这一趋势，应该从一开始就谨慎选择追加保证金或折扣。中央对手方在突发市场波动时，不应立即选择追加保证金或折扣的方法。与此同时，需要促进信息传播，以抵消人为导致的可用流动性相关的信息不对称情况。[④]

7.2.2.2 逆向选择和信息不对称

如果合约的一方比另一方拥有更多关于合约的信息，这被称为信息不对称。当同样的情况在两个或更多的当事人签订合约或交易之前发生时，这被称为逆向选择。[⑤] Akerlof 用二手车市场（“柠檬”和“李子”的比喻）来描述信息不对称和逆向选择在市场上的作用。[⑥] 中央对手方容易受到逆向选择和信息不对称两个因素的影响。

中央对手方的基本结构允许清算会员违约造成的损失在剩余有偿付能力的

---

① Lieven Hermans, Peter McGoldrick and Heiko Schmiedel, “Central Counterparties and Systemic Risk” (November 2013) 6, 9 fn 16.

② Paul Tucker, “Are Clearing Houses the New Central Banks?” (Over – the – counter Derivatives Symposium, Chicago, 11 April 2014), 7 – 8; Paolo Saguato, “The Ownership of Clearinghouses: When ‘Skin in the Game’ is Not E – nough, the Remutualization of Clearinghouses” (2017) 34 Yale Journal 601, 643.

③ Markus Brunnermeier and others, “The Fundamental Principles of Financial Regulation” (June 2009) 11, 22; 又见：International Law Association, “Draft July 2016, Johannesburg Conference”, Twelfth Report (2016) <on file with author>, 13。

④ Markus Brunnermeier and others, “The Fundamental Principles of Financial Regulation” (June 2009) 1122.

⑤ Quy – Toan Do, “Asymmetric Information”, 1 (September 2003) <http: //site resources. worldbank. org/DEC/Resources/84797 – 1114437274304/Asymmetric _ Info _ Sep2003. pdf>2017 年 9 月 3 日查阅。

⑥ George A Akerlof, “The Market for ‘Lemons’: Quality Uncertainty and the Market Mechanism” (1970) 84 The Quarterly Journal of Economics 488, 489 – 90.

会员之间分配。Yadav 用博弈论（“猎鹿”）来描述不利的激励。[①] 她描述了以下情景：回报取决于所有参与者之间的合作。如果各方通过遵守规则进行正确的合作，他们就会猎到“鹿”，如果不这样做，各方为了追求自己的利益而偏离方向，就只能抓住“兔子”。最好的解决方案是各方通力合作，但由于很难说其他人遵循的是什么目的，一些人可能会转而追求“兔子”，偏离抓“鹿”的最初目标。[②] 将这一点转化为清算，最佳的风险缓释是所有清算会员、客户和中央对手方本身必须追求的目标。任何放松和疏忽都可能导致高昂的成本。

另一个原因在于交易对手方和中央对手方计算风险敞口的方式。[③] 双方都需要对风险进行建模，模型更准确的一方比另一方更有优势。衍生品的创建者和卖家坐拥大量背景信息、模型和预测信息；产品定制化程度越高，一方利用合约对手方缺乏信息的可能性就越大。[④] 这种“无知或信息失误”可能是由商业信息缺乏、记录失误和/或技术上的无知造成的。[⑤] 商业信息缺乏是指非专业投资者对自己购买的东西缺乏理解，转而依赖财务顾问的推销。《金融工具市场指令》（MiFID I）开始限制市场准入，将参与者细分为散户、专业人士和合格的交易对手，但是保护和关注的义务却相对匮乏。[⑥] 法律理解的出现是因为缺乏对复杂结构性金融合约的深度及其影响的解释。误导性的名称、隐蔽的子协议和大量相互关联的协议可能很快就会掩盖定制产品的真正含义，特别是如果价格很有吸引力，而且提供的方式令人信服时。[⑦]

技术上的误解，尤其是对结构性产品估值的误解很常见。估值的统计分布只能通过高度复杂的模型来完成，这超出了所有非数学家的理解范畴，而且对银行的普通客户交易对手方来说成本太高。[⑧] 此外，衍生品交易使用的语言不直观，因此很难理解买家到底在买什么。当索赔提交给德国法院时，银行公开解

---

① Yesha Yadav, “Clearinghouses in Complex Markets” (2013) 101 Georgetown Law Journal 387, 417 - 19.

② 同上 417 - 18。

③ 这些模式也可能会出现和金融危机前双边对手方同样的问题，见 International Law Association, “Draft July 2016, Johannesburg Conference”, Twelfth Report (2016) <on file with author>, 14。

④ Michael AH Dempster, Elena A Medova and Julian Roberts, “Regulating Complex Derivatives: Can the Opaque Be Made Transparent?” in Kern Alexander and Niamh Moloney (eds), Law Reform and Financial Markets (Edward Elgar 2011), 113.

⑤ 同上。

⑥ 同上 114。

⑦ 同上 115 - 16。

⑧ 同上 116。

释道，它们曾试图获得公平的市场价值（体现该工具相对于远期收入流价格的统计分布，并根据风险进行调整），然后尽可能地将其影响（划分双方预期回报的分界线）推向有利于银行的对手方。[①] 很自然，买家完全依靠提供给他们的信息，并不了解公平市场价格是多少，也不知道银行的计算方式。虽然清算会员都是专业客户，但这些危险也并不紧急；不过，这也表明，交易对手方愿意为了自己的利益而尽可能地突破界限。根据这项改革，中央对手方必须在很大程度上依赖这些交易对手方提供信息。这怎么能保证信息的有效性呢？清算会员直接受益于提供风险影响较低的信息，因为较低的风险要求他们提供较少的抵押品。这直接导致了信息不对称和逆向选择的问题。

低估与客户清算相关的第三方风险敞口是监管的疏忽，而这也可能会被中央对手方低估。根据国家管理框架的不同，可能不要求清算会员直接向中央对手方透露其与非清算会员之间的合约性质，或仅在被请求时才披露。这种间接参与的情况有所增加，特别是希望降低相关固定成本的小银行和金融中介机构，如果在衍生品市场上的活动有限，它们就会选择间接参加。[②] 因此，即使清算参与者的总数仍然相对较少，提供客户清算服务的直接参与者的数量也会增加，特别是在有清算要求的情况下。[③] 缺乏披露此类风险敞口可能导致特定第三方的风险敞口累积，而中央对手方没有充分考虑这一点，或是在风险权重和收取保证金方面也没有考虑这一点。

这种信息不对称可以从市场参与者之间转移给与中央对手方互动的市场参与者。同样，在中央对手方清算合约之前，模型、预测、公允市值和执行价格可以在有合约关系的交易对手方之间偏向一方。中央对手方必须依赖获取的信息，海量的信息使中央对手方并没有财力以及资源去进行自己的计算。这样的盲点和对风险的误判可能会让中央对手方对冲击毫无准备，并影响风险模型，类似的情形是市场突然遭受意外冲击，这会对互联互通的市场和全球清算系统造成严重破坏。

---

① 附加参考：同上 117。

② Dietrich Domanski，Leonardo Gambacorta and Cristina Picillo，“Central Clearing：Trends and Current Is－sues”［2015］BIS Quarterly Review 59，64.

③ 同上 62 及 64－5。

7.2.2.3 道德风险

在强制集中清算中，最健全和财务最可靠的交易对手方无须经过自然选择过程，因为中央对手方采取了合约替代，最终履行交易对手方彼此合约义务的责任。因此，让第三方最终承担履行合约的责任会增加个人承担道德风险的风险。[①] 中央对手方严重暴露于其清算会员的道德风险之中。

为了抵消这种道德风险，中央对手方向其清算会员收取保证金和抵押品。[②] 一般来说，中央对手方不会改变风险定价，并根据会员的清算产品组合和/或信用评级，就其整体资产负债表风险设定抵押品水平。[③] 大型的、有影响力的会员可能会受到利益驱动影响相关中央对手方，从而为其风险头寸优惠定价，以降低总体抵押品要求。根据 Pirrong 的预计，保证金太低的情况可能会成为频繁出现的问题，因此，中央对手方面临比其模型预测更大的违约损失。[④] 然而，清算会员和中央对手方本身都应该控制鲁莽行为，因为这会导致更高的风险，并导致在会员违约时需要追加资金的可能性变得更大。[⑤]

将集中在中央对手方内部的系统性风险充分挖掘出来很有必要。作者认为，监管机构并没有考虑到清算会员所代表的异质群体，以及一些清算会员和中央对手方所有者在现行法规下可能追求激励的扭曲。[⑥] 信息不对称和道德风险成本尚未得到充分发掘。中央对手方由于其作为担保人的功能，可能会增加将不计后果的贷款成本外部化的动机，为其股东实现公司利润最大化，同时将大部分风险转嫁到其会员身上。[⑦] 如果存在有保证的回报，交易对手方之间的高风险合约更有可能发生。中央对手方就是这么做的：为了避免风险在市场上蔓延，它们保证在交易对手违约的情况下会介入并赔偿损失。这样一来，对于承保相关的

---

① Kevin Dowd，“Moral Hazard and the Financial Crisis”（2009）29 Cato Journal 141，142.

② Paul Tucker，“Are Clearing Houses the New Central Banks?”（Over – the – counter Derivatives Symposium，Chicago，11 April 2014），5.

③ Craig Pirrong，“The Inefficiency of Clearing Mandates”（2010）665 Cato Journal，8，17.

④ 同上 16。

⑤ 同上。

⑥ Similar opinion：Yesha Yadav，“Clearinghouses in Complex Markets”（2013）101 Georgetown Law Journal387，416 –20；Paolo Saguato，“The Ownership of Clearinghouses：When ‘Skin in the Game’ is Not Enough，the Remutualization of Clearinghouses”（2017）34 Yale Journal 601，637 –40.

⑦ Paolo Saguato，“The Ownership of Clearinghouses：When ‘Skin in the Game’ is Not Enough，the Remu – tualization of Clearinghouses”（2017）34 Yale Journal 601，643.

监督会进一步减少，而且交易对手方的尽职调查也减少了，因为总是有第三方介入为违约方的交易对手方偿还债务。[①] 因此，如果一个会员签订合约的风险太高，其他清算会员必须通过互助来承担成本。[②] 这就鼓励各方利用中央对手方风险分担的特性来为自己谋利。监管部门没有充分解决这一情况。中央对手方也没有足够的工具来检测和保护自己免受此类情况的影响。这种信息不对称也鼓励其他各方利用中央对手方，因为他们意识到自己正被其他会员“玩弄”而决定加入这场游戏。

此外，如果一家中央对手方认为自己具有系统重要性，太大而不能倒，可能会进一步增加其所有者和股东承担的风险，因为如果过度冒险或风险管理实践不充分，中央对手方的会员或公共资金将被用于应对流动性短缺或违约。[③] 因此，允许中央对手方获得商业银行甚至中央银行提供的紧急信贷额度可能会产生新的风险。[④]

7.2.2.4 中央对手方授权要求

根据《欧洲市场基础设施监管规则》，中央对手方的市场准入水平非常低。《欧洲市场基础设施监管规则》第 16 条（1）要求中央对手方的永久最低资本水平为 750 万欧元。在欧洲，《欧洲市场基础设施监管规则》第 16 条（3）建议欧洲银行管理局、欧洲中央银行系统和欧洲证券与市场管理局明确技术标准，确保中央对手方的资本、留存收益和准备金与其活动的风险成比例。然而，即使他

---

① Same opinion：Rüdiger Wilhelmi and Benjamin Bluhm，“Systemische Risiken Im Zusammenhang Mit OTC Derivaten” in Rüdiger Wilhelmi and others（eds），Handbuch EMIR（Erich Schmidt），51 –2，N 9 –10.

② Craig Pirrong，“The Economics of Clearing in Derivatives Markets Netting，Asymmetric Information and the Sharing of Default Risks Through a Central Counterparty”，15 and 49.

③ Jeremy C Kress，“Credit Default Swaps，Clearinghouses and Systemic Risk：Why Centralized Counterpar – ties Must Have Access to Central Bank Liquidity”（2011）48 Harvard Journal on Legislation49，73；Christian ChamorroCourt – land，“The Trillion Dollar Question：Can a Central Bank Bail Out a Central Counterparty Clearing House Which is ‘Too Big to Fail’?”（2012）6 Brooklyn Journal of Corporate，Financial & Commercial Law 432，438 –40.

④ Christian Chamorro – Courtland，“The Trillion Dollar Question：Can a Central Bank Bail Out a Central Counterparty Clearing House Which is ‘Too Big to Fail’?”（2012）6 Brooklyn Journal of Corporate，Financial & Commercial Law 432，450. 其他作者早先讨论过中央对手方和中央银行之间的强劲纽带。见 Stephan G Cecchetti，Jacob Gyntelberg and Marc Hollanders，“Central Counterparties for Over – the – Counter Derivatives”［2009］BIS Quarterly Review 45，45 –55；Jeremy C Kress，“Credit Default Swaps，Clearinghouses and Sys – temic Risk：Why Centralized Counterparties Must Have Access to Central Bank Liquidity”（2011）48 Harvard Journal on Legislation 49，49 –79。

们明确更高的资本配置对于金融体系的整体平稳运行是必要的，也需要一个漫长的监管改革过程。[①] 作者认为，对于一个具有系统重要性的中央对手方来说，750 万欧元还不够高。[②] 为确保中央对手方有能力成功地履行其对市场的义务，应考虑提高中央对手方及其会员的出资额。伦敦清算所有较高的保证金要求，因此在没有动用清算基金的情况下得以成功应对雷曼兄弟的倒闭。然而，监管最低要求低于伦敦清算所的要求。[③] 初始保证金和变动保证金需要足够高，这样才能保证中央对手方永远不需要使用清算基金。新的中央对手方是否会要求会员提供足够高的抵押品目前尚不可知，新的中央对手方缺乏伦敦清算所的经验，而来自会员和市场的竞争压力可能会产生适得其反的效果。

《欧洲市场基础设施监管规则》预计，额外的资本要求将与中央对手方的风险成比例。然而，2007/2008 年前，没有一个市场参与者愿意或是能够评估这种风险。2007—2009 年期间，全球股市遭受了 16 万亿欧元的损失，同期银行和保险公司不得已减记了高达 1 万亿欧元的资金。[④] 因此，欧盟对中央对手方规定的 750 万欧元的基础资金要求似乎只是沧海一粟。

压力测试：为确定中央对手方是否实施了充分的风险管理，必须定期进行压力测试。压力测试模型用来确定风险敞口和弱点，但无法考虑到市场中极端但合理的每一种可能性。即使中央对手方试图为大冲击做好准备，但是从事前角度来看，保险的价格过分高昂，原因在于这种事件发生的可能性实在太低。[⑤] 压力测试不能百分之百确定这家金融机构能够安然度过所有潜在灾难。相反，压力测试的最终目标是消除系统中的基础性缺陷，为所有相关人员提供应急培训，并优化应急程序的速度和意识。[⑥]

---

① Kern Alexander, "The European Regulation of Central Counterparties: Some International Challenges" in Kern Alexander and Rahul Dhumale (eds), Research Handbook on International Financial Regulation (Edward Elgar 2012), 244.

② 同样的观点：International Law Association, "Draft July 2016, Johannesburg Conference", Twelfth Report (2016) <on file with author>, 14，陈述中央对手方自身的风险分担必须要足够，以提供充足的资金和激励监控风险。

③ 伦敦清算所旗下法国清算所对衍生品的要求是 99.7%。《欧洲市场基础设施监管规则》第 41 条要求 99% 和 99.5%，对于美国更是低于 99%。见第 5 章，第 5.3 – 5.4 节。

④ The de Larosière Group, "The High – Level Group on Financial Supervision in the EU Report" (25 February 2009), 6.

⑤ Ben S Bernanke, "Clearing and Settlement during the Crash" (1990) 3 The Review of Financial Studies 133, 143 – 4.

⑥ Craig Pirrong, "The Economics of Central Clearing: Theory and Practice" (May 2011) 1, 24 – 6.

压力测试可以测试中央对手方承受其最大会员或第二大、第三大会员违约（如果风险敞口较大）的能力。欧洲的第一次压力测试结果成绩斐然。[①] 然而，在1987年10月19日的“黑色星期一”，一场信用危机威胁到了美国两家最大的清算所，十多家清算会员突然无法满足资本金要求，其中六家不得不按照要求对其追加超过其资金的保证金。[②] 如今的中央对手方能否经受住这样的危机还有待观察，但这项研究得出的结论是，中央对手方需要有更加严格的授权要求。中央对手方必须持有更高的资本金，清算基金应该能够承受比监管机构目前预期更多的潜在违约。

中央对手方的所有权：对中央对手方的所有权必须有统一的规定。正如前文所述，中央对手方的所有权结构对中央对手方承担风险的意愿有相当大的影响。然而，监管机构尚未规定中央对手方所有权模式，以防止出现营利性中央对手方。[③] 清算会员已经对此表达了担忧，尽管向中央对手方提供了管理风险的抵押品，但这些会员并不认为自己对中央对手方拥有足够的风险监控权。[④] 虽然共同中央对手方由其清算会员拥有和运营，但股份制的中央对手方的运营以营利为目的。两者都会在清算会员之间分担损失。不过，虽然共同中央对手方的风险由清算会员承担，但营利性的中央对手方的风险管理会在中央对手方和清算会员之间分担，从而减少了清算会员的话语权。[⑤] 历史表明，最初所有的中央对手方都是由清算会员共同拥有的组织。这使清算会员的动机保持一致，确保审慎风险管理和中央对手方的稳定性，同时清算会员最终要为违约会员造成的损失负责。直到最近20年，随着场外衍生品市场的繁荣，商业模式才从共同组织转

① ESMA，“EU－Wide CCP Stress Test 2015”（16 April 2016）<https：// www. esma. europa. eu/sites/default/files/library/2016－658 _ ccp _ stress _ test _ report _ 2015. pdf>2017年9月3日查阅。

② Jeremy C Kress，“Credit Default Swaps，Clearinghouses and Systemic Risk：Why Centralized Counterparties Must Have Access to Central Bank Liquidity”（2011）48 Harvard Journal on Legislation 49，49－50.

③ Article 30 EMIR.

④ Robert Cox and Robert Steigerwald，“Tensions at For－profit CCPs Could Put Them at Risk” Risk Magazine（New York，18 February 2016） <http：// www. risk. net/risk/opinion/2447480/tensions－at－for－profit－ccps－could－put－them－atrisk>2017年9月3日查阅。

⑤ 同上；Yesha Yadav，“Clearinghouses and Regulation by Proxy”（2014）43 Georgia Journal of International and Comparative Law 161 172－3；Paolo Saguato，“The Ownership of Clearinghouses：When ‘Skin in the Game’ is Not Enough，the Remutualization of Clearinghouses”（2017）34 Yale Journal 601，627。

变为营利性公司。[①]

虽然在欧盟和美国，大多数中央对手方都由交易所所有，并以营利性股东所有的模式运营[②]，但英格兰银行建议，用户所有、非营利性的中央对手方对更密切的监控的意愿更强，它们可以更密切地监控自己和会员的风险行为。[③] 股东所有权增加了利润最大化的激励效应，然而有限责任减少了这种激励，因为在破产的情况下，每个股东最终会承担风险，所以对会员的负外部效应会增加。营利性组织的中央对手方受到利润的驱动，它们无视所承担的实际风险，通过将场外衍生品吸引到中央对手方并提供更多清算业务来增加收入，可能比有效管理风险的监管效果来得更快。中央对手方必须通过清算新产品来寻找新业务。这就是最终的风险：如果营利性的中央对手方降低其清算会员的标准，就会产生交易对手方信用风险，其他清算会员不得不承担中央对手方风险管理失效的代价。[④] 突然对清算会员增加此类额外成本和抵押品要求，可能导致中央对手方将失效的成本内化，并进一步加剧这种情况。[⑤] 此外，创建新业务可能涉及中央对手方使用自下而上的清算机制，虽然提供了新的产品，但其风险可能会更高。为防止这种情况发生，清算会员需要在营利性中央对手方的风险管理过程中拥有更大的话语权。[⑥] 正如本章所指出，不能忽视当前监管改革的经验教训。Cox 和 Steigerwald 指出，尽管立法者和监管者正试图通过事前监管和压力测试来采取预防性措施，但没有人能预见一切。在中央对手方遇到流动性短缺的情况下，

---

① Randall S Kroszner，"Central Counterparty Clearing：History，Innovation and Regulation"（European Central Bank and Federal Reserve Bank of Chicago Joint Conference on Issues Related to Central Counterparty Clearing，Frankfurt，3 April 2006），37 –9；Paolo Saguato，"The Ownership of Clearinghouses：When 'Skin in the Game' is Not Enough，the Remutualization of Clearinghouses"（2017）34 Yale Journal 601，627.

② Kern Alexander，"The European Regulation of Central Counterparties：Some International Challenges" in Kern Alexander and Rahul Dhumale（eds），Research Handbook on International Financial Regulation（Edward Elgar 2012），250.

③ Bank of England，" Financial Stability Report "，57（December 2010）28 <http：// www. bankofengland. co. uk/publications/documents/fsr/2010/fsrfull1012. pdf>2017 年 9 月 3 日查阅。

④ Paolo Saguato，"The Ownership of Clearinghouses：When 'Skin in the Game' is Not Enough，the Remu – tualization of Clearinghouses"（2017）34 Yale Journal 601，631 –2.

⑤ 同上 632。

⑥ Robert Cox and Robert Steigerwald，"Tensions at For – profit CCPs Could Put Them at Risk" Risk Maga – zine（New York，18 February 2016） <http：// www. risk. net/risk/opinion/2447480/tensions – at – for – profit – ccps – could – put – them – atrisk>2017 年 9 月 3 日查阅；Paolo Saguato，"The Ownership of Clearinghouses：When 'Skin in the Game' is Not Enough，the Remutualization of Clearinghouses"（2017）34 Yale Journal 601 632 –4.

清算会员和中央对手方之间必须建立健全的信任关系，因为它们必须共同努力解决这一问题。①

中央对手方在日常事务中面临艰难的选择，这是其复杂的内部结构的直接体现。在股份制的中央对手方，股东的利益可能与中央对手方会员的利益直接冲突，双方在财务利益上也存在分歧，使这一冲突变得更加复杂。股东提供股权资本，想要实现利润最大化，同时对中央对手方亏损敞口十分有限。与此同时，会员提供了中央对手方担保基金，如果预付资金机制不足，可能会受到额外的资金追加和资金损失的影响。因此，虽然股东可能倾向于高风险、高利润的策略，但会员将承担这一策略的后果，因此他们更加强烈地反对这一策略。② Saguato创造了一个短语，即中央对手方是“多利益相关方公司”，必须平衡股东、管理层和会员的利益。③ 虽然会员最致力于实施确保财务安全的策略，但他们没有投票权，而管理委员会主要对公司股东负责。

会员所有的中央对手方也可能承担风险，因为会员可能有意愿推动更高风险的清算，来获得更高的回报。④ 中央对手方分享更多信息，简化会员沟通，可能会促进理性策略的发展，以减少风险交易和追求私利。⑤ 为此，信息交流必须保证其他各方理解战略，并且必须使用这些信息来实现最佳战略。⑥

最后，中央对手方在市场中既是监管者又是市场参与者的双重角色，蕴含着很大的潜在冲突。特别地，需要平衡通过充裕的交易量和收费服务创造利润的商业利益，同时还要在扎实的风险管理实践上投入巨资，这给中央对手方带来了道德和商业决策两方面极不寻常的结合。⑦ 在这种新的监管环境中，中央对手方被赋予的重大影响力和权力不容低估。监管机构给中央对手方带来了艰难

---

① Robert Cox and Robert Steigerwald，“Tensions at For – profit CCPs Could Put Them at Risk” Risk Magazine（New York，18 February 2016） < http：// www. risk. net/risk/opinion/2447480/tensions – at – for – profit – ccps – could – put – them – atrisk >2017 年 9 月 3 日查阅；Paolo Saguato，“The Ownership of Clearinghouses：When ‘Skin in the Game’ is Not Enough，the Remutualization of Clearinghouses”（2017）34 Yale Journal 601，632。

② Paolo Saguato，“The Ownership of Clearinghouses：When ‘Skin in the Game’ is Not Enough，the Remu – tualization of Clearinghouses”（2017）34 Yale Journal 601，633 –44.

③ 同上 637。

④ Yesha Yadav，“Clearinghouses in Complex Markets”（2013）101 Georgetown Law Journal 387，418.

⑤ 同上 420 –421。

⑥ 同上 421。

⑦ Yesha Yadav，“Clearinghouses and Regulation by Proxy”（2014）43 Georgia Journal of International and Comparative Law 161，165 –166.

的取舍：成本与风险。彻底的风险管理将通过增加抵押品、其他资源和费用，来增加交易对手方和市场参与者使用中央对手方的相关成本。考虑到许多交易对手方和清算会员对价格敏感，为了降低成本，他们可能会将业务转移到其他地方，中央对手方被迫作出权衡，要么以降低自身风险管理为代价来吸引更多业务，要么保持较高的风险管理标准而无法吸引业务，从而无法实现股东或所有者的目标。[①] 在立法过程中，中央对手方优先事项的相互冲突被完全忽视了。

7.2.2.5 监管碎片化

欧盟和美国的比较表明，尽管它们有许多相似之处，但二十国集团的核心目标——创建一种全球协调的方法，以防止监管套利和更高的合规成本——并未取得成功。[②] 这种缺乏监管协调的现象不能完全归咎于民族主义和保护主义，也可以归咎于金融稳定委员会等国际准则制定者缺乏创新方法。尽管金融稳定委员会没有为如何构建宏观审慎监管及指导原则来实施场外衍生品市场改革提供思想基石，但正在观察哪些规则发展得最好，哪些规则无效。[③] 这增加了规则和方法的碎片化，导致不连贯和不兼容的规则以及监管套利的可能。

立法进程还错失了一次机会，涉及中央对手方的跨境运营。中央对手方拥有的优势是经验、专业知识和更接近市场的位置，这是目前其他任何监管机构所无法拥有的。监管机构的目标是，使用这一点，将监管市场的大部分责任交给这些金融市场机构，要求中央对手方根据自己的模式收取保证金，甚至在未来保障自己的复苏和处置计划。因此，中央对手方将履行金融市场的把关职能，这是有风险的。[④] 然而，监管机构未能通过维持高度分散的监管框架，为中央对手方提供充分的工具，以最大限度地提高其跨境认知和市场实力。由于监管限制和缺乏应对这种情况的工具，中央对手方可能会从其跨境交易中感受到市场风险，但无法对此作出反应。

---

① Yesha Yadav, "Clearinghouses and Regulation by Proxy" (2014) 43 Georgia Journal of International and Comparative Law 161, 173 – 174。

② 见第 5 章，第 5.3 – 5.4 节；International Law Association, "Draft July 2016, Johannesburg Conference", Twelfth Report (2016) <on file with author>, 4 – 6。

③ Kern Alexander and Steven L Schwarcz, "The Macro – prudential Quandary: Unsystematic Efforts to Re – form Financial Regulation" in Ross P Buckley, Emilios Avgouleas and Douglas Arner (eds), Reconceptualising Global Finance and its Regulation (Cambridge University Press 2016), 132 – 4.

④ Yesha Yadav, "Clearinghouses and Regulation by Proxy" (2014) 43 Georgia Journal of International and Comparative Law 161, 180.

7.2.2.6 联动风险

联动风险基于不同参与者作为中央对手方参与者如何聚集在一起，以及这种互联互通对市场的影响，特别是中央对手方与银行之间的联动。由于这两家金融机构在四个关键层面上相互作用，中央对手方对银行有极高的依赖性。

银行，无论其规模和系统重要性如何，都是中央对手方参与者，因为它们是衍生品的最终用户，依赖于中央对手方提供的服务来清算其合约。规模较大、具有系统相关性的银行是不同司法管辖区多家中央对手方的清算会员。① 参与各种清算体系，增加了两者之间的相互联系。根据允许加入的其他直接参与者的数量，清算参与者之间的信用水平有所不同，由于信用质量下降，这可能导致特定金融部门风险敞口的增加。②因此，银行与中央对手方之间的第一个联系是银行作为清算会员的参与。其次，由于银行作为清算会员参与，它们通过交纳保证金和清算基金向中央对手方提供资金。此外，银行在中央对手方违约的情况下向中央对手方提供备用流动性或借贷便利，因此在市场动荡的情况下未能提供这些流动性将使中央对手方面临流动性风险。③ 在正开展的《欧洲市场基础设施监管规则》审查中，市场参与者还认为，这种互联性可能会增加顺周期性。④

风险管理价格，特别是以变动保证金形式的额外投入，是根据市场价格确定何时需要额外投入。这类基于风险价值的保证金模型有可能在市场平静时期低估风险，但在市场压力上升时加剧风险，因为抵押品价值的下降将降低初始保证金的价值。这将触发中央对手方内部的机制，要求提供额外的抵押品，可能迫使会员去杠杆和诉诸抛售，放大不利的市场状况。⑤作为对这一发现的回应，欧盟委员会提议通过强制中央对手方向其清算会员披露模型来解决这一问题，

---

① Dietrich Domanski，Leonardo Gambacorta and Cristina Picillo，“Central Clearing：Trends and Current Is－sues”［2015］BIS Quarterly Review 59，62.

② 同注①。

③ 同上 62－63。

④ European Commission，“EMIR Review，Public Consultation，2015 Summary of Contributions”（11 September 2015）<http：//ec. europa. eu/finance/ consultations/2015/emir－revision/docs/summary－of－re-sponses en. pdf>2017 年 9 月 3 日查阅。

⑤ Dietrich Domanski，Leonardo Gambacorta and Cristina Picillo，“Central Clearing：Trends and Current Is－sues”［2015］BIS Quarterly Review 59，69.

根据这些模型，清算会员可以计算出未来要交纳的保证金。[①]

一些突然的变化，例如流动性短缺、担保品价值下降以及中央对手方风险管理政策受到仔细审查，这种情况下人们可能会增加对市场稳定性的怀疑，这与监管机构旨在增强用户对中央对手方的信心以防止挤兑的目标背道而驰。[②] 中央对手方必须考虑适当的折扣防范价格突然变化的影响。中央对手方不能被视为与市场原则无关的独立实体。金融市场中意外的资产冻结直接影响到中央对手方履行其违约管理程序的能力，因为它阻止了出售非现金担保品以弥补损失的操作。反之则相反，平仓或转移中央对手方违约参与者的头寸，可能会直接导致其他市场失去信心。[③] 中央对手方依赖银行为其提供金融服务，如现金保证金管理，或存放所收取的作为抵押品的金融工具。[④] 银行是众多中央对手方的所有者。[⑤] 这种所有权模式可能会影响风险行为，因为用户拥有的中央对手方有更大的动机来维持一个同质的、高质量的参与基础，以帮助其用户降低成本和风险。非用户所有的中央对手方的主要目标是增加参与度，从而增加利润，这对风险管理产生了负面影响。[⑥]

银行可以被视为中央对手方的主要融资方，但也是它们最大的风险来源。虽然银行为其参与的中央对手方提供稳定的业务，但它们与其他风险较高的交易对手方和交易的相互关联，有可能危及清算系统。

7.2.2.7 大而不能倒

至关重要的是，要认识到如果中央对手方无法获得必要的资源来履行其必须承担的合约义务，那么它们就不会消除交易对手方风险，因为它们自己可能

---

① European Commission, “Questions and Answers on the Proposal to Amend the European Market Infrastructure Regulation（EMIR）”, 3.

② Lynton Jones, “Current Issues Affecting the OTC Derivatives Market and Its Importance to London”（April 2009） <http://bourse-consult.com/wp-content/uploads/2014/03/OTCDerivativesReportv21.pdf> 2017年9月3日查阅，19。

③ Dietrich Domanski, Leonardo Gambacorta and Cristina Picillo, “Central Clearing: Trends and Current Is-sues”［2015］BIS Quarterly Review59, 69.

④ 同上63。

⑤ 2006年，股票交易所拥有55%的中央对手方，银行拥有35%的中央对手方。2014年，股票交易所增加中央对手方的所有权至83%，相较之下银行占有14%，但仍然是第二大所有方，也是非用户拥有中央对手方风险最高的类别。同上62-63。

⑥ 同上63。

会倒闭。[①] 考虑到中央对手方在后危机金融体系中的重要性，最终的问题是，它们是不是大而不能倒？如果它们具有系统的重要性，必要时政府会动用公共资金救助中央对手方。股份制的中央对手方自20世纪90年代就已出现，但清算会员直到最近才对这种所有权模式感到担忧。原因是中央对手方被认为具有系统重要性，而清算会员和中央对手方经营者存在依赖公共资金救助中央对手方的观点。然而，自清算改革以来，各国政府一直避免使用公共资金这样做，最终损失将由清算会员承担。[②]

然而，与此同时，中央对手方正与各国央行进行对比。与央行一样，中央对手方为市场提供流动性和保险，从而使金融市场更加稳定。它们通过合约替代和净额结算来获得市场地位，同时通过收取抵押品来保护自己。如果抵押品发生损失或一家大型交易对手方破产，它们将面临风险敞口，另一家交易对手也可能因此破产。然而，虽然中央银行因为受到国家担保而不会倒闭，但中央对手方没有这样的保护，如上所述，其最终风险由清算会员承担。尽管大型清算会员不太可能同时倒闭，但并不是说这样的事情永远不会发生，尤其是清算全球交易产品的中央对手方没有足够的保护，所以处境更加危险。[③] 向市场传达的信息和市场上实际发生的情况之间存在很大的差异。正如中央对手方所表现的那样，实现核心公共政策目标的机构不能任由其倒闭，大型中央对手方倒闭对整体市场和清算会员（主要是关键的全球金融公司）的负外部性将是灾难性的。[④] 历史教训可以证明这一点：1987 年香港期货交易所在股灾中失效，导致整体证券市场关停，影响到所有市场参与者，无论他们是否参与了期货市场。[⑤]

二十国集团要求对所有场外衍生品进行清算，这凸显出中央对手方在促进全球金融市场稳健和防范系统性风险（以及道德风险）方面的重要性。如果清

---

① Yesha Yadav, "Clearinghouses in Complex Markets" (2013) 101 Georgetown Law Journal 387, 410; International Law Association, "Draft July 2016, Johannesburg Conference", Twelfth Report (2016) <on file with author>, 11 – 12.

② Robert Cox and Robert Steigerwald, "Tensions at For – profit CCPs Could Put Them at Risk" Risk Maga – zine (New York, 18 February 2016) <http: // www. risk. net/risk/opinion/2447480/tensions – at – for – profit – ccps – could – put – them – atrisk>2017 年 9 月 3 日查阅。

③ Paul Tucker, "Are Clearing Houses the New Central Banks?" (Over – the – counter Derivatives Symposium, Chicago, 11 April 2014), 1 – 2.

④ 同上 2。

⑤ 更多细节统一见 Hong Kong Securities Review Committee, "The Operation and Regulation of the Hong Kong Securities Industry" (27 May 1988) Report of the Hong Kong Securities Review Committee <http: // www. fstb. gov. hk/fsb/ppr/report/doc/DAVISON _ E. PDF>2017 年 9 月 3 日查阅。

算会员和中央对手方董事会认为自己大而不能倒，他们就会更愿意牺牲合理的风险管理做法，因为可以获得政府的支持。[①] 中央对手方并不会奇迹般消除交易对手方的风险，而是将原本单一交易对手方的信用风险和市场风险进行所有会员共同承担，并有效地在其资产负债表上持有所有清算会员的敞口。[②] 同时，监管机构和中央对手方风险管理团队有责任通过保证金和抵押品来收取恰当质量和数量的股权资本，从而确定适当的风险管理方法，并引入市场头寸。[③] 中央对手方在微观审慎范围内受到监管，并会产生宏观审慎影响，也可能受到宏观审慎市场变化的影响。[④]

中央对手方处置正成为欧洲监管的主题，目前的提议是中央对手方进行恢复与处置监管。然而，这一框架并没有解决任何核心问题，例如，中央对手方的所有权结构或者如何最优地处理清算所产生的道德风险问题。作者想要从相反的角度讨论，这一新规定实际上在破坏此前所有遏制中央对手方衍生品交易风险所作出的努力。通过增加条款，承诺用公共资金拯救濒临倒闭的机构，以防止进一步的系统性冲击，这实际上在任何具有系统相关性的中央对手方遇到流动性短缺的情况下都很必要。此外，中央对手方恢复与处置条例中提出的大多数措施都会由相应的处置当局和国家主管当局自行决定。[⑤]

因此，这种观点在很大程度上取决于人们的看法，而且会受到政治情绪的干扰，而不是金融稳定方面的考虑。尽管欧盟已经预见到了一些保障措施，如“债权人不会更糟原则”[⑥] 以及其他针对利益相关方的保障措施，但如果要权衡

---

① Paul Tucker, “Are Clearing Houses the New Central Banks?” (Over - the - counter Derivatives Symposium, Chicago, 11 April 2014), 5 - 6.

② Stephan G Cecchetti, Jacob Gyntelberg and Marc Hollanders, “Central Counterparties for Over - the - Counter Derivatives” [2009] BIS Quarterly Review45, 50; Dietrich Domanski, Leonardo Gambacorta and Cristina Picillo, “Central Clearing: Trends and Current Issues” [2015] BIS Quarterly Review 59, 60; International Law Association, “Draft July 2016, Johannesburg Conference”, Twelfth Report (2016) <on file with author>, 11.

③ 又见 Stephan G Cecchetti, Jacob Gyntelberg and Marc Hollanders, “Central Counterparties for Over - the - Counter Derivatives” [2009] BIS Quarterly Review45, 50。

④ Lieven Hermans, Peter McGoldrick and Heiko Schmiedel, “Central Counterparties and Systemic Risk” (November 2013) 6, 2 - 6.

⑤ 处置机构的权力范围很广，并由欧洲委员会 、欧洲议会的监管以及中央对手方恢复与处置条例第48 - 59 条所规定。在欧洲委员会 、欧洲议会的监管以及中央对手方恢复与处置条例第 52 条中，有一条隐 藏条款，其中规定成员国的政府部门有权力，而其他的欧盟成员国必须遵照其要求和中央对手方处置中的成员国实施同样的手段和策略。可以观察一下欧盟是否会在危机时刻将这一条例拓展到第三国，这将很有趣。

⑥ Articles 60 - 67 CCPRRR.

金融稳定性与保障措施，那么公众对金融稳定的关切可能永远高于私人利益。[①]此外，由于担心高度关联的机构可能会对宏观经济稳定产生影响，这种监管倾向可能导致监管部门对仍可挽救的中央对手方仓促进行干预。这种仓促干预的后果可能是破坏中央对手方股份和利益相关方的价值、扰乱市场，并引发其他中央对手方对类似情形的担忧。同样，等待过久再进行干预，也可能会对金融稳定造成意想不到的后果，包括风险蔓延，可能还会产生系统范围的连锁反应。

因此，新监管规定并没有消除中央对手方可能需要公共财政支持的风险。相反，新监管规定在特定情况下增进了使用这类流动性支持的可能，即使中央对手方本身仍有自己的资金。但这直接助长了道德风险，破坏了衍生品市场改革的所有目标。由于欧盟立法明确提到了可以使用公共资金救助中央对手方，整个改革的核心主张（即承诺永远不会因为衍生品市场失灵而使用纳税人的钱救助私人机构）被破坏了。此外，如果需要公共资金来稳定或支持欧盟的中央对手方，其他市场参与者很可能也需要类似的支持。因此，二十国集团关于确保未来不需要公共资金来支持经济的承诺并没有实现，至少在衍生品方面是如此。

7.3 管理中央对手方系统性风险的替代解决方案

7.3.1 当前最佳建议

美国的模式，是将中央对手方转移到过渡机构，这是目前唯一可行的建议，欧盟也在推行这种模式。[②] 然而作者认为，如果清算会员认为中央对手方可能失效，他们是否会立即扣下向中央对手方支付的保证金。因此，可能没有任何资产可以转移给过渡机构。欧盟认识到，目前的框架不足以确保第三国齐心协力合作解决危机，即确保协助执行第三国管辖范围内相关方、资产和负债的处置行动。[③]

---

① Articles 60 – 67 CCPRRR.

② 请见关于先行法律中中央对手方的恢复与处置存在的问题的相关讨论：International Law Association, "Draft July 2016, Johannesburg Conference", Twelfth Report (2016) <on file with author>, 14 – 16. 关于欧盟的讨 论，见第 6 章，第 6.3 节。

③ European Commission, "Proposal for a Regulation of the European Parliament and of the Council on a Framework for the Recovery and Resolution of Central Counterparties and Amending Regulations (EU) No 1095/2010, (EU) No 648/2012, and (EU) 2015/2365, Brussels 28. 11. 2016, COM (2016) 856 Final" (n 649). 16.

在此，作者想为中央对手方提供替代解决方案。考虑到大多数中央对手方都是大而不能倒，这一解决方案应该是它们最后的选择。监管当局的首要目标应该是使中央对手方恢复流动性，并允许其维持经营目标或清盘。因此，必须找到解决方案，这样纳税人就不必支付流动性成本，同时让中央对手方获得流动性。

作者认为，Cecchetti、Gyntelberg 以及 Hollanders、Chamorro – Courtland 和 Kress 提出的中央对手方解决方案是最具创新性的建议，这些专家建议通过允许央行作为最后贷款人的形式来使中央对手方获得流动性，以抵消中央对手方带来的系统性风险。在危机后的新角色中，如果具有系统相关性的金融机构出现资不抵债的情况，并被认为规模太大和/或相互关联程度太大而不能倒闭，各国央行愿意为其提供流动性。① 然而，Chamorro – Courtland 指出，中央对手方永远不会经历“流动性不足”的阶段，根据目前的指导原则，这是央行干预所必需的阶段。② 中央对手方将直接从具有流动性切换到无法清偿的状态，这样就不具备最后贷款人干预的前提条件，即面临流动性不足问题，但仍有偿付能力。③ 当中央对手方从其会员那里获得保证金并拥有清算基金时，中央对手方是具有流动性的，直到瀑布式违约处置程序的所有资源都用尽，此时它失去了偿付能力，便进入违约状态。④ 这不符合最后贷款人协议，如果中央对手方违约，只能归咎于自己缺乏风险管理。⑤ 由于欧盟和美国的监管不一致，目前还不清楚这种央行

---

① Christian Chamorro – Courtland, “The Trillion Dollar Question: Can a Central Bank Bail Out a Central Counterparty Clearing House Which is ‘Too Big to Fail’?” (2012) 6 Brooklyn Journal of Corporate, Financial & Commercial Law 432, 451 – 2.

② 同上 451 – 7. 关于中央银行作为最后贷款人的能力，有更深入的讨论，请见 Seraina N Grunewald, The Resolution of Cross – Border Banking Crisis in the European Union (Kluwer Law International 2014), 32 – 5 and 183 – 9。

③ Christian Chamorro – Courtland, “The Trillion Dollar Question: Can a Central Bank Bail Out a Central Counterparty Clearing House Which is ‘Too Big to Fail’?” (2012) 6 Brooklyn Journal of Corporate, Financial & Commercial Law 432, 455.

④ International Law Association, “Draft July 2016, Johannesburg Conference”, Twelfth Report (2016) <on file with author>, 14 – 15.

⑤ 同样的观点，请见 Christian Chamorro – Courtland, “The Trillion Dollar Question: Can a Central Bank Bail Out a Central Counterparty Clearing House Which is ‘Too Big to Fail’?” (2012) 6 Brooklyn Journal of Corporate, Financial & Commercial Law 432, 456 – 9。

干预是否会被现行立法直接禁止。[①] 如果欧盟在目前的状态下引入中央对手方恢复与处置条例，未来将明确允许这样的做法。[②]

除了法律不确定性之外，该想法还存在两个缺点。保证获得央行流动性，不仅直接导致了“大而不能倒”的道德风险问题，也破坏了监管机构让中央对手方成功使用风险缓释手段的目标。同时，这也改变不了用公共资金救助私人机构的事实。[③] 本研究中广泛地讨论了道德风险问题。向中央对手方提供显性或隐性的公共资金，将破坏监管机构的目标，也破坏了整个衍生品改革要求违约者支付成本的初衷。此外，如果央行资金被用来救助中央对手方，最终承担成本的是纳税人。因此，这种想法没有解决根本问题，即将风险转移回参与风险的各方，而是允许他们攫取利润，将损失转嫁给其他人。

7.3.2 一种新做法

我们需要的方法，是既允许衍生品和清算用户从系统中获利，又要求他们（而不是纳税人）对负面影响负责。我们还需要考虑国际层面的中央对手方清算和中央对手方的跨境活动两方面的问题。与此同时，需要解决中央对手方“大而不能倒”的处置问题。其目的是防止任何国家层面的干预和纾困，建立最终让中央对手方和衍生品市场参与者承担责任的制度，从而消除清算会员将自身利益放在首位的激励。我们还必须认识到，已经开始清算的衍生品市场的规模对整体金融市场造成了外部效应，这个趋势不是任何国家能扭转的。因此，处理中央对手方问题的解决方案不应在一国的层面进行，而应考虑到清算的国际性和

---

① 相关讨论请见 Jeremy C Kress, “Credit Default Swaps, Clearinghouses and Systemic Risk: Why Central－ized Counterparties Must Have Access to Central Bank Liquidity” (2011) 48 Harvard Journal on Legislation 49, 84－92; Christian Chamorro－Courtland, “The Trillion Dollar Question: Can a Central Bank Bail Out a Central Counterparty Clearing House Which is ‘Too Big to Fail’?” (2012) 6 Brooklyn Journal of Corporate, Financial & Commercial Law 432, 461－79。

② 见第 6 章，第 6.3.6 节。

③ 同样的问题以及公共资金使用的道德风险问题，请见 Craig Pirrong, “The Inefficiency of Clearing Man－dates” (2010) 665 Cato Journal 8; Craig Pirrong, “The Economics of Central Clearing: Theory and Prac-tice” (May 2011) 1; Yesha Yadav, “Clearinghouses in Complex Markets” (2013) 101 Georgetown Law Journal 387。

相互关联性。[①] 为此，作者提出了原创性的观点，向违约的中央对手方提供中央对手方清算参与者的新资金，防止道德风险。[②]

7.3.2.1 中央对手方清算基金

这些优势都可以通过创建全球性的“中央对手方违约基金”来整合。该基金由中央对手方的清算参与者持续出资，包括直接清算会员和代理清算客户。[③] 持续的资金提供了事前注资的保险计划，同时以逆周期的方式解决问题。该基金缴纳标准较低，因此不会在金融动荡时期因突然需要缴纳资金而造成额外的风险。由于该基金建立在全球范围内，考虑到了清算不局限于国界，而且大多数清算会员都是多个中央对手方的会员这种情况，因此，中央对手方不需要向每个国家单独缴纳资金，而是统筹注资，从而减少此类项目所需的总抵押品金额。因全球性质，允许在波动和动荡时期，各相关方都可使用这一基金，并弥补相关国家无法独自承担求助中央对手方的财政负担。

7.3.2.2 优势

这项建议能够抵消当前法规的所有负外部性。通过确保市场参与者承担最终的财务负担，单一中央对手方管理风险的成功程度及其遵循的所有权模式就变得次要了。这样的清算基金将要求每一家交易对手方和每一家中央对手方向全球清算基金注资，让衍生品市场的参与者进行风险共担。如果合约得到清算，衍生品交易的每一方、无论大小，都将被要求向全球中央对手方清算基金支付合约价值的一部分。

这种方法不仅减少了道德风险，而且将剩余的道德风险转移到市场参与者身上。过度冒险的社会经济成本被直接转移给那些从清算中获利最多的人。事实证明，拥有保险基金是吸收存款银行的强大工具，其形式是欧盟最近扩大到

---

① 请见 International Law Association， “Draft July 2016，Johannesburg Conference”，Twelfth Report（2016） <on file with author>，14 –15，其中说明跨境恢复机制是十分有必要的，而当前所有的命题最终都会由纳税人掏 腰包；Yesha Yadav，“Clearinghouses and Regulation by Proxy”（2014）43 Georgia Journal of International and Comparative Law 161，184。

② 这一观点最早由本书作者在其博士论文中提出：见 Alexandra Balmer，Clearing OTC Derivatives：An Analysis of the Post – crisis Reform on Systemic Risk（Schulthess Juristische Medien 2017），196 –7. 是否有其他资金采用了相同的方法，作者不得而知。

③ 这些资金可以用于补充保证金和其他资本金。

整个司法管辖区的存款担保计划。[①]

这样的全球清算基金不会妨碍净额结算或其他降低中央对手方风险措施的收益，也不需要对现有监管作出任何重大改变。该提议将实现正在进行的监管改革未能实现的目标：通过中央对手方，以协调一致的全球方式消除衍生品风险。此外，它还消除了大而不能倒、互联而不能倒的中央对手方违约风险，而不会破坏全球金融市场的稳定。所有这些好处的取得都无须在发生危机时使用纳税人的钱。

7.3.2.3　可能的实施方法

具有系统相关性的中央对手方都应该成为中央对手方保险基金的强制性会员，以确保在内部风险管理不成功的情况下不需要纳税人的资金。每个中央对手方将被要求根据规模、相互关联性、内部风险控制措施和清算的合同类型，向全球基金支付合理数量的资金。这种循序渐进的支付确保了中央对手方之间的合理和公平。

这类中央对手方的所有直接及间接清算会员，也须就其通过中央对手方进行清算的每笔交易，向基金支付一定数额的款项。这种支付既可以是税款，也可以是额外交费，就像今天对各个中央对手方的保证金和清算基金支付一样。虽然这些额外的支付增加了流动性压力，但在中央对手方破产的情况下，在市场上拥有充足的流动性的好处在短期内超过了交易对手方的额外成本。这也可能激励中央对手方的股东追求强大的风险管理措施，而不是短视的盈利能力，如果这能让他们对全球基金的支付减少的话。虽然风险较高产品有着较高交费，一开始可能会阻碍某些新产品的清算，但它也可能激励中央对手方在引入这些产品的清算之前确保充分的风险管理。因此，预计引入这样一只基金不会对创新产生长期的负面影响。

目前，欧盟有一种类似的税收形式，即金融交易税，可以在自愿的基础上

---

① European Commission，“European Deposit Insurance Scheme”（3 September 2017） <https：//ec. europa. eu/in – fo/business – economy – euro/banking – and – finance/ banking – union/european – deposit – insurance – scheme _ en >2017 年 9 月 3 日查阅；Jan Strupczewski，“European Commission Unveils Scheme for EU Deposit Guarantees” Reuters（London，24 November 2015） <http：//www. reuters. com/ article/eu – banks – deposits – guarantee – idUSL8N13J2DC20151124 >2017 年 9 月 3 日查阅。

缴纳，并将失败的成本返还给金融部门。[①] 金融交易税对衍生品交易征收最低0.01%的税，但允许会员国自行决定征收更高的税。[②] 以这一数字为起点，可以用它来确定支付水平，如果在全球范围内应用，还可以进一步降低。

如果具有系统相关性的中央对手方失去流动性，耗尽自己的财务储备，它可以立即向保险基金申请资金，以保证其义务并安抚市场。由于清算会员为此提供资金，他们有更大的动力来监督他们加入的中央对手方，而不是把自己的利益放在首位，因为他们最终会承担这些中央对手方的财务风险。

7.4 总结

只有清算会员与中央对手方携手合作，建立强有力和健全的风险管理措施，才能使双方的利益保持一致，从而防止每个清算会员的逆向选择和道德风险，同时还能显著降低中央对手方失效的风险。2006 年，Kroszner 提供的证据表明，中央对手方成功清算了交易所交易的衍生品合约，因为所有市场参与者的动机是一致的，即确保有效的风险管理实践。他指出，随着中央对手方开始冒险进入更复杂、流动性更差的产品，而不是典型的交易所交易产品，中央对手方承担的风险会增加。与此同时，监管干预的增加阻碍了单个中央对手方量化风险管理的能力，甚至增加了道德风险。这可能与直觉相违背，最终破坏中央对手方的稳定性，而稳定性却是监管干预的初衷。[③]

中央对手方没有任何新的工具来管理风险敞口，这与金融危机之前并无不同。虽然确实通过多边净额结算降低了系统性风险，场外市场确实变得更加透明，中央对手方违约管理瀑布机制和基金可能有助于遏制风险敞口，但并没有创新方法来保证中央对手方风险管理的有效性。恰恰相反，监管机构似乎已经把“球”踢给了私人所有和运营的中央对手方，让它们提供充分的风险管理，

---

① European Commission, “Financial Transaction Tax: Making the Financial Sector Pay Its Fair Share” (28 September 2011) Press Release <http: //europa. eu/ rapid/press - release _ IP - 11 - 1085 en. htm? locale = en >2017 年 9 月 3 日查阅。

② Thomas Hemmelgarn and others, “Financial Transaction Taxes in the European Union” (January 2016) No 62 - 2015 < http: //ec. europa. eu/taxation _ customs/resources/documents/taxation/gen _ info/economic _ analysis/ tax _ papers/ taxation _ paper _ 62. pdf >2017 年 9 月 3 日查阅。

③ Randall S Kroszner, “Central Counterparty Clearing: History, Innovation and Regulation” (European Central Bank and Federal Reserve Bank of Chicago Joint Conference on Issues Related to Central Counterparty Clearing, Frankfurt, 3 April 200), 37.

就像伦敦清算所证明了自己有能力做到的那样。然而，中央对手方为市场提供了公共政策目标。因此，作者认为清算义务对提高衍生品市场安全性的目标不利。事实上，改革的最大结果是将公共政策目标强加给私人所有的机构，并将市场风险集中在中央对手方。因此，与美国国际集团的失效相比，中央对手方的失效对金融体系的损害要大得多。中央对手方是具有系统重要性的机构，它们无法履行职责可能会对金融稳定造成巨大风险。

监管完全忽视了联动风险，特别是在资产分离失败、持有抵押品的银行或运营中央对手方的银行倒闭的情况下。虽然技术标准最终可能会解决所提出的一些问题，但中央对手方在很大程度上要靠自己。在欧盟委员会，新的中央对手方的监督和授权由其注册所在成员国的当局决定。尽管欧盟委员会和议会打算协调欧盟层面的监督，这可能有助于不同程度的监督和风险管理。

这项规定在很大程度上赋予了中央对手方很大的自由裁量权，特别是在其主要风险管理工具——保证金收取和清算基金规模方面。这与宏观审慎监管方法相矛盾，因为它为随意的选择留下了空间，并可能在这一过程中造成系统性风险。总之，作者发现监管机构没有充分使用其权力来确保足够谨慎的风险管理做法，而且赋予了中央对手方太多的自由裁量权。此外，由于缺乏针对中央对手方（尤其是具有系统重要性的中央对手方）的解决方案，以及欧盟计划在欧盟引入明确的纳税人纾困方案，作者认为，如果没有新的方法，纳税人将被迫再次干预，以防止金融危机来袭。为了解决这一难题，作者提出了新的选择，即以两步法的形式使中央对手方更具系统安全性。首先，应该通过限制新中央对手方的市场准入来增加中央对手方的风险管理，提高它们的最低资本金和清算基金规模，所有中央对手方也应由其会员共同拥有。其次，应为具有系统相关性的中央对手方设立全球中央对手方保险基金。资金必须事先由具有系统相关性的中央对手方的所有直接和间接清算会员提供。如果中央对手方面临流动性问题，可以动用这笔资金，而不是冒险由政府纾困。这样的基金减少了道德风险问题，并确保成本控制在使用衍生品和清算的细分市场内。因此，这项建议克服了当前衍生品改革的所有缺点，同时也是可融资和可实施的。它只需要全球合作和市场准备为自己的行为承担全部责任。

8. 总结与展望

今日世界的问题，无法用曾创造它们的思维解决。(阿尔伯特·爱因斯坦)

8.1 发现

本研究展开讨论了过去、现在和未来金融衍生品的监管，特别是中央对手方清算方面的内容。主要目的是确定中央对手方是否具备恰当的举措应对场外衍生品大规模清算带来的挑战。本研究还着手确定，在最近一次金融危机之后发现的金融市场风险是否得到了有效的处理，并将其降至非系统性水平。

本研究发现，各主要司法管辖区在不同实施阶段的监管各自为政，没有明确统一的未来方向。如果市场参与者希望在全球范围内继续在衍生品市场交易，这种不尽如人意的监管方式让他们付出了高昂的执行成本，法律的不确定性，还需要他们遵守多种未经协调的监管要求。这要求中央对手方实现公共政策目标，尽管有大量法规尚未实施或颁布，但这些规则的应用在很大程度上是由监管机构自行决定的。下面概述了本书的主要结论。

8.2 关键结论

8.2.1 金融稳定的新堡垒

衍生品的主要目的是允许市场参与者将风险从自身及其账簿转移到愿意承担风险的其他市场参与者。场外衍生品允许一方创建定制工具以满足其特定需求；反过来，这种定制的属性导致定制工具缺少广泛的受众，使它们对第三方没有什么价值，几乎没有流动性。过去，场外衍生品的不透明和抵押不足是众所周知的，因为交易对手可以就每份合同的条款和条件进行双边谈判。它们的双边属性允许交易超出监管范围，而公共记录的缺乏导致风险累积的增加。因此，尽管衍生品本身可以实现社会“理想”目的，例如套期保值，但其投机使用可能导致社会成本增加。两者之间的界限是灵活的，美国国际集团及其过度的信用违约互换敞口就是一个例子。2008 年，场外衍生品市场规模达到 670 万亿美元的峰值，使美国国际集团的信用违约互换合约风险敞口具有系统重要性，其失败对金融系统构成威胁。因此，美国国际集团获得了 1 800 亿美元的纾困，场外衍生品被认为是罪魁祸首。然而，作为中央对手方的伦敦清算所成功地在短时间内减少了对雷曼兄弟 9 万亿美元的敞口。此后，中央对手方被认为是解决未知系统性风险积聚、遏制场外衍生品交易对手违约和审慎风险管理的解决措施。本书分析了，金融危机后在监管机构和决策者的领导下，中央对手方应对系统性风险敞口的风险管理实践，特别是其净抵消头寸，以及收取保证金和清算基金。

在 2009 年匹兹堡 G20 会议上，共达成了四项承诺，通过对标准化场外衍生品合约实施强制性清算来稳定市场，防止未来出现类似情况。这些承诺将于 2012 年从国家层面来实施，并提供强有力的风险管理框架和宏观审慎监管。为此，国际标准制定者就如何履行承诺和改革金融体系提供了软法律指导。他们从及时应对金融市场挑战的能力中获益，从而促进了软法律在金融监管中重要性的日益提高。这些软法律包括确定适合清算的场外衍生品的指南、未清算场外衍生品保证金的安排、金融市场基础设施标准的安排以及关于市场基础设施恢复和处置的指导。

事实证明，将场外衍生品改革纳入国家监管比预期更加困难和耗时。2010 年，美国是第一个通过《多德—弗兰克华尔街改革与消费者保护法案》实施衍生品改革的司法管辖区。然而，直到 20 世纪 90 年代，美国才对衍生品实行严格的监管。此前的监管禁止在交易所范围之外进行衍生品投机交易。随着时间的推移，尽管 1996—1999 年期间美国商品期货交易委员会专员 Brooksley Born 提出反对，场外衍生品仍在不断游说下免予严格监管。她辞职后，《商品期货现代化法案》于 2000 年颁布，开放场外衍生品市场，并免除监管。因此，《多德—弗兰克华尔街改革与消费者保护法案》通过限制衍生品的投机性使用和强制大多数衍生品进行强制清算来扭转局面。

欧盟遵守国际标准和 G20 承诺花费了更长时间。《欧洲市场基础设施监管规则》要求对某些标准化场外衍生品进行清算，目前正在逐步实施。尽管欧盟在美国之后颁布了相关法规，但这些规则并不等效，这导致了两个司法管辖区之间长期的、出于政治动机的僵局。

中央对手方依赖于某些风险管理措施。这些措施包括谨慎选择清算会员，在清算会员之间净额结算抵消头寸以减少市场风险敞口，收取初始保证金和变动保证金作为抵押品抵御市场风险和抵押品估值的变化，要求清算会员支付违约基金，以控制会员违约情况下的损失，并制定严格且经过压力测试的协议，以确定中央对手方在清算会员违约情况下的处理方式。清算改变了中央对手方与其会员之间的许多基本联系。

第一，随着更多的中央对手方进入市场提供服务，竞争扭曲也随之出现。由于保证金和其他资源降低，资本较少的交易对手被接受为直接清算会员，这可能会破坏审慎的风险管理。此外，中央对手方还接受了不太适合清算的产品。伦敦清算所受益于在没有清算要求的情况下具备更大的灵活性。以往清算会员违约后的违约处置经验，让伦敦清算所具备新成立中央对手方所缺乏的复杂技巧和经验。因此，监管机构对所有中央对手方将同样有效和成功地管理清算会员的期望可能无法实现。在清算中增加新的和更奇特的衍生品，如信用违约互换合约，增加了中央对手方的风险，因为它们的价值更复杂，并且可以在没有先兆的情况下变成违约——导致衍生工具的到期。

第二，中央对手方可能缺乏为要求清算的产品定价的经验。原始合约的交易对手方在定义合约的风险参数方面具有更多的经验和可能更强的能力。这种优势可能基于更准确的模型或更丰富的经验，以及与交易对手方更频繁的互动。这使中央对手方面临来自信息不对称的逆向选择，如降低合约风险更有利于交易对手，或较低的风险需要较少的抵押品，而自金融危机以来，抵押品变得更加昂贵和稀缺。因此，围绕产品适当风险定价的问题削弱了中央对手方的风险管理能力。

第三，通过中央对手方违约管理程序，清算会员之间的损失共担增加了道德风险，从而诱使清算会员实现利润最大化，并接受其他清算会员可能需要在过度冒险的情况下提供更多资金。中央对手方所有权结构的股份制进一步加剧了这种情况。对承担不合理高风险的清算会员征收的罚款越低，他们在经济繁荣时期追逐难以实现的利润的可能性就越大。宏观审慎监管在降低系统性风险和促进金融稳定方面的目标恰恰相反。第 1 章指出，应该在财政盈余时期创造缓冲，并以逆周期的方式采取行动。因此，不为中央对手方明确共同所有权和禁止任何营利活动与通过中央对手方稳定金融市场的目标相矛盾。这种股份制结构也会阻止清算会员相互制衡，并降低他们在确认中央对手方的管理者和股东过度承担风险时的干预能力。如果清算会员利用其影响力减少提供抵押，道德风险也可能增加。双边市场和清算市场之间的主要区别，在于集中管理的抵押品缓冲。任何抵押品减少都可能降低中央对手方抵御金融冲击的能力。

第四，在欧盟，中央对手方资本最低设定为750万欧元，而美国则由其监管机构自行决定。因为中央对手方自身的资金是要共担风险的，这就保证中央对手方的管理和股东有动力与清算会员协同一致。将衍生品市场的总体规模与如此小的资本进行比较，这是否足以激励中央对手方是个疑问。尽管第一次在欧盟范围的压力测试证明是成功的，但它没有测试欧盟中央对手方处理超出法律要求的后续违约的能力。历史数据表明，当最大清算会员或前两大清算会员无法满足其抵押品要求时，其他清算会员也会同时遇到同样的困难，从而使系统相关性中央对手方管理“金融末日”的能力受到质疑。与伦敦清算所和雷曼兄弟的情况相反，如果违约清算会员的保证金不足以控制损失，违约基金和中央对手方自身的资本就是市场传染和遏制之间的屏障。虽然目标是必须有足够高的保证金，绝不动用违约基金或中央对手方自有资本，但作为最后手段，这些资源都必须足够高，以承受比当前预期更多的违约。

第五，中央对手方已演变为具有高系统性风险的机构，许多中央对手方都已是高系统相关性而不能倒。虽然美国对此类具有系统重要性的中央对手方的监管和监督有所区别，但欧盟没有——尽管已将所有欧盟注册的中央对手方归为具有系统相关性的中央对手方。具有系统重要性的金融机构和具有全球系统重要性的金融机构对金融系统的稳定性构成了更大的风险，因为它们之间高度关联，它们的失效将导致传染和其他违约。专门监管是应对其市场重要性所必需的，这可能包括更高的资本要求和抵押品要求。系统性相关机构会产生道德风险问题，因为如果这些中央对手方的风险管理失效，它们将期望得到救助。这是确保中央对手方审慎风险管理，并使会员执行此类规则的方法。此外，有关中央对手方破产的讨论仍然存在，特别是健全的恢复和处置框架，在该框架中，中央对手方的长期生存能力得以恢复；如果无法实现，则将关键部分进行分离，并确保其继续服务，而非关键部分则破产。

因此，尽管立即采取行动重新设计全球框架，以减少场外衍生品对金融系统目标的威胁，并使中央对手方成为金融系统的堡垒，但系统性风险本身并未得到解决。相反，风险不再分散到多个大型全球公司，而是集中在中央对手方身上，甚至有所增加。因此，作者发现，衍生品改革的目标尚未实现，当前的监管既没有果断落实，也没有创造更好的局面。事实上，系统性风险比以前更加集中，但在某些方面监管力度有所减弱。

8.2.2 管理预期

8.2.2.1 中央对手方风险管理的负担

监管机构已有效地将风险管理实践的大部分权力委托给中央对手方。考虑到中央对手方是私有机构，在没有国家担保的情况下（比如央行）实现公共政策目标是非同寻常的。具体而言，通过对清算和清算所起源的讨论发现，它们是在没有国家授权的情况下从市场需要演变而来的。最终，中央银行接管了银行清算所，但交易所和清算所从未出现过同样的萌芽。即使在清算授权之后，现代中央对手方仍然是私营机构。其所有权结构不清晰可能进一步影响政策目标的实现。因此，中央对手方的混合状态可能通过隐性国家担保进一步影响道德风险问题，欧盟关于中央对手方恢复和处置监管的提案进一步强化了这一点。

尽管如此，监管将风险敞口的独立监控委托给交易对手，以收取充足的抵押品作为保证金和违约基金。为此，中央对手方必须设计复杂的风险管理模型，并将其视为公共资源。这类模型需要由清算会员提供资金，他们是否愿意提供额外资金来创建这类模型尚不确定。相反，交易对手方，特别是大型金融机构，已经掌握了高度复杂的模型，这些模型使它们能够在履行清算义务之前在双边市场实现利润和对冲风险。与被视为公共资源的模型相比，这些私有模型可能具有更高的质量，使至少一个清算会员能够以牺牲其他会员的利益为代价获利，并选择错误计算风险敞口的中央对手方。因此，它利用中央对手方的风险管理谋取私利，并通过信息不对称和逆向选择破坏稳定目标。监管机构没有向中央对手方提供任何工具，也没有对这类不良行为采取措施。

中央对手方的模型是计算初始和变动保证金以及清算基金的基础。初始保证金应评估交易对手方和合约对中央对手方的总体风险敞口，变动保证金聚焦抵押品价值和风险敞口的变化。充足的保证金与中央对手方自身违约管理瀑布机制的效率有关，因为交易对手方的出资被用作违约的第一道防线。清算基金同样重要，可避免在中央对手方以外的金融市场被破坏前提前使用。尽管监管机构规定保证金必须达到99% ~99.5%的置信水平，但伦敦清算所仍要求更高的保证金。更高的保证金要求降低了使用清算基金的可能性。因此，如果一个经验丰富的中央对手方要求的保证金高于最低限额，则会提出这样一个问题：减少抵押品是否可以实现相同的效益，以及其他相互竞争的中央对手方是否会实施足够谨慎的保证金要求。实施更高的保证金要求不仅有助于通过额外的缓冲来抵御逆向选择，而且还可以提高中央对手方的风险管理能力。由于有清算会员的压力，预计会促使中央对手方将其保证金要求降至监管的最低水平，因此，如果发现最低水平过低，从一开始提高最低水平可能会防止以后的调整。

首先，根据《欧洲市场基础设施监管规则》，中央对手方的清算基金必须足以承受最大会员或第二大和第三大会员的违约（如果其总风险敞口更大）。其次，如果多个大型清算会员同时违约，中央对手方可能无法维持，这在极端但合理的市场条件下是可能的。考虑到中央对手方的较低资本要求，违约基金规模的增加不仅可以减少清算会员之间的道德风险，还可以提高中央对手方在清算会员违约时的持续经营能力。再次，中央对手方有权决定其对交易对手方的风险敞口，并可能成为逆向选择的牺牲品。最后，由于欧盟对中央对手方的授权和主要监督委托给中央对手方成立所在会员国，因此可以想象，尽管《欧洲市场基础设施监管规则》采取了最大限度的协调方法，但会员国之间可能存在巨大差异。这种差异可能进一步导致中央对手方（选择在何处建立）和清算会员（决定在何处进行交易清算）的逆向选择机会。

8.2.2.2 监管机构（过度）依赖中央对手方

监管机构赋予中央对手方的广泛自由裁量权没有得到严格的监督。虽然欧盟中央对手方必须有一个由欧洲证券与市场管理局和成员国监管当局代表组成的监督委员会，但是监管机构需要依赖中央对手方提供给它们数据。大量的数据和信息不仅会压倒国家和欧盟层面的监管机构，而且它们也可能缺乏及时传播和评估信息的能力。它们还将面临创建模型来描述市场和风险所在的困难。中央对手方为监控和评估每个清算会员及每个衍生工具合约而创建的模型对金融市场的稳定至关重要，并且这些模型已由中央对手方管控。为了掌握所有风险敞口和市场动态，并履行其监督金融市场的义务，监管当局必须依靠中央对手方向其提供及时、正确和完整的信息。然而，更重要的是，监管者必须相信中央对手方会立即对所有市场变化作出反应，并对不符合先决条件的会员实施惩罚，然后它们自己才能作出反应。考虑到场外衍生品清算在后危机金融监管背景下的重要性，委托市场模型的创建和对其有效性的盲目相信令人震惊。

因此，作者得出结论，监管者过度依赖中央对手方全面、及时和谨慎地评估和缓释其风险的能力。监管目标是使中央对手方成为抵御所有市场负外部性和冲击的堡垒，但中央对手方本身是当前金融稳定的最大风险之一，这种过度依赖中央对手方自身能力的情况超出了审慎风险管理的范围。令作者惊讶的是，这种过度依赖中央对手方提供数据的情况并未在文献中找到解决办法。

在欧盟恢复和处置框架的背景下，对中央对手方的过度依赖似乎正在减弱。然而，恢复和处置机构以及国家监管机构获得的自由裁量权超过了最大限度监管协调的预期，并基于法律可预见性，可能导致整个欧盟采取支离破碎的做法。此外，许多拟议规则似乎直接破坏了 G20 的目标，特别是允许在特定情况下向中央对手方提供公共资金。欧盟在不久的将来将面临更多的挑战，特别是考虑到英国脱欧以及目前最重要的欧盟中央对手方的所在地。

8.3 理论意义

危机后对场外衍生品清算框架的探索使人们注意到改革的多重局限性。第一，欧盟和美国这两个场外衍生品交易最重要的司法管辖区之间缺乏协调。这种不和谐导致了衍生品交易的下滑，导致原本高度一体化的市场支离破碎。第二，在全球层面实施改革的进展非常缓慢。第三，系统性风险并未降低，而是从双边市场转移到了中央对手方。中央对手方集中了这一风险，如果它失效，市场外部性将远大于上次金融危机期间所经历的情况。因此，必须制定严格的风险管理措施，以确保其拥有在极端但合理的市场中抵御任何外部性的能力。第四，监管机构规定的保证金要求与伦敦清算所规定的不匹配，美国要求的保证金甚至低于欧盟。因此，符合监管最低要求的中央对手方可能无法应对伦敦清算所成功管理的相同风险敞口。因此，有必要提高抵押品水平。第五，随着中央对手方可能失效并对金融稳定构成巨大风险的可能性日益显现，有必要建立一个连贯的恢复和处置框架。该框架需要考虑其对道德风险的潜在影响。欧盟关于恢复和处置框架的提议可能直接导致道德风险的增加，因为它允许公共资金用于救助中央对手方，而不是明令禁止。

因此，作者建议加强监管和监管的全球协调，以确保直接应用，并且使监管套利的可能性较小。同时，需要协调中央对手方的宏观审慎监管，避免套利可能性。中央对手方的微观审慎风险管理需要改进，确保它们能够通过以初始保证金和变动保证金以及清算基金的形式提供更高的抵押品来抵御金融危机。中央对手方自身的资本也必须增加，并且需要区分系统相关的和非系统相关的中央对手方。最后，必须确定恢复和处置框架，并在国际层面进行协调。作者提出的创建全球中央对手方违约基金是实现这一目标的可能途径。

8.4 展望

8.4.1 强化中央对手方

当前改革的趋势需要重新评估和变革，因为它是建立在事后之见的基础上的，大多数市场参与者承受了过重的负担而没有明显的收益。目前，关于如何处理场外衍生品的双边风险敞口，没有比清算更好的方案。尽管如此，作者并不认为目前清算的方式是寻求可持续金融市场的灵丹妙药。在市场参与者、监管者和中央对手方之间形成的三角关系中，信任是必不可少的，因为任何监管都不可能全面或预防所有可能。同样，中央对手方需要确保其已建立了所有防线来管理多个清算会员违约，因为只有中央对手方才能及时且全面地获取有关其会员的大部分信息。然而，如果中央对手方特别是一个系统性相关的中央对手方自身违约，我们需要考虑最坏的情况。

目前，最具创新性的提议是在必要时向中央对手方提供央行流动性。这一概念涉及系统性风险的持续和遏制，但没有充分解决由此产生的社会成本和道德风险。这种流动性的增加将破坏强化清算会员、中央对手方所有者和股东管理其风险敞口的直接责任的目标。它还会产生社会成本，并不能保证中央对手方违约的成本是根据因果原则分摊的。

因此，作者建议创建一只全球中央对手方违约基金。其资金将由所有直接和间接清算会员根据每项衍生品交易出资。所有具有系统重要性的中央对手方都必须成为会员，这样一只基金就足够了。它还加强了规则协调，防止套利。最重要的是，它不会产生道德风险或额外的社会成本，因为最终责任和成本是根据因果原则归属的。与国内基金相比，全球基金还将降低抵押品的总体成本，因为只要求对一只基金出资，从而减轻抵押品的额外压力。

8.4.2 参与研讨

尽管监管者授予中央对手方很大的自由裁量权，但作者不确定这是实际信任的结果，还是缺乏更好的选择。在完成这项广泛的研究后，作者无法确定监管机构是否选择玩“烫手山芋”游戏，或者是否真正全面考虑了这项法规的所有方面，新法规似乎将其监管和监督义务转移到了中央对手方，希望它们遵守提议的规则并进一步改进。如果它们不能做到这一点，是否已经找到了解决办法，并且已经获得了更多的时间来寻找更加可持续的方法。研究还发现，系统性风险集中在中央对手方内，从而将风险从双边市场转移出去，但并未消除。为抵消这些风险以实现金融稳定而采取的风险管理做法被认为是不充分的。因此，作者得出结论，尽管在设计衍生品监管改革时有良好的意图——至少在美国，这更像是事后恢复监管——但其全部潜力尚未实现。为了充分缓解中央对手方清算场外衍生品对系统性风险的威胁，应该做更多的工作。

衍生品自产生以来就造成了损失，而中央对手方过去也曾违约。因此，在本书论述之后，现在由你们来回答以下问题：我们是否实现了设定的政策目标，能够通过中央对手方的清算来防止金融衍生品的系统性风险？不管你的答案是什么，重要的是要保持活跃的讨论，并听取关于这个问题的新观点。

参考文献

Acharya VV and Bisin A, ‘Counterparty Risk Externality: Centralized versus over – the – Counter Markets’ (2014) 149 Journal of Economic Theory 153

Acharya VV and Richardson M, ‘Causes of the Financial Crisis’ (2009) 21 Critical Review 195

Achtelik O, ‘Clearingpflicht, Art. 4 EMIR’ in Rüdiger Wilhelmi and others (eds), *Handbuch EMIR* (Erich Schmidt Verlag 2016)

Achtelik O and Steinmüller M, ‘Risikominderungstechniken Für Nicht Durch Eine CCP Geclearte OTC – Derivatkontrakte’ in Rüdiger Wilhelmi and others (eds), *Handbuch EMIR* (Erich Schmidt Verlag 2016)

Achtelik O and Steinmüller M, ‘Zusammenspiel Zwischen EMIR Und Der Verordnung (EU) Nr. 575/2013 (CRR)’ in Rüdiger Wilhelmi and others (eds), *Handbuch EMIR* (Erich Schmidt Verlag 2016)

Aebersold Szalay C, ‘Zehn Jahre Nach Der Finanzkrise: Für Mehr Demut in Der Bankenregulierung’ *Neue Zürcher Zeitung* (Zurich, 13 July 2017) <https://www.nzz.ch/meinung/zehn-jahre-nach-der-finanz krise-fuer-mehr-demut-in-der-bankenregulierung-ld.1305673> accessed 3 September 2017

Agini S, ‘Euronext Expects Euro – Clearing to Shift from London’ *Financial News London* (London, 19 May 2017) <https://www.fnlondon.com/articles/euronext-expects-euro-clearing-to-shift-from-london-2017 0519> accessed 3 September 2017

Akerlof GA, ‘The Market for “Lemons”: Quality Uncertainty and the Market Mechanism’ [1970] 84 The Quarterly Journal of Economics 488

Alexander K, ‘The European Regulation of Central Counterparties: Some International Challenges’ in Kern Alexander and Rahul Dhumale (eds), *Research Handbook on Interna-*

tional Financial Regulation (Edward Elgar 2012)

Alexander K and Maly V, 'The New EU Market Abuse Regime and the Derivatives Market' 9 Law and Financial Markets Review 243

Alexander K and Schwarcz SL, 'The Macro – prudential Quandary: Unsystematic Efforts to Reform Financial Regulation' in Ross P Buckley, Emilios Avgouleas and Douglas Arner (eds), *Reconceptualising Global Finance and its Regulation* (Cambridge University Press 2016)

Alexander K and others, 'The Legitimacy of the G20 – a Critique under International Law' (May 2014) <https://ssrn.com/abstract = 2431164>

Alfes A, 'Die Sicherungsmechanismen Der CCP' in Rüdiger Wilhelmi and others (eds), *Handbuch EMIR* (Erich Schmidt Verlag 2016)

Allen & Overy, 'An Introduction to the Documentation of OTC Derivatives "Ten Themes"' (May 2002) <http://www.isda.org/educat/pdf/tenthemes.pdf> accessed 3 September 2017

Alloway T, 'A Glimpse at Failed Central Counterparties' *Financial Times* (London, 2 June 2011) <http://ftalphaville.ft.com/2011/06/02/583116/a – glimpse – at – failed – central – counterparties/> accessed 3 September 2017

Anderson RW and Joeveer K, 'The Economics of Collateral' (April 2014) Anderson S, Dion J – P and Saiz HP, 'To Link or Not to Link? Netting and Exposures Between Central Counterparties' (March 2016) 6

Anon, 'Market Participants to the Fed Commitments' (3 September 2017) <https://www2.isda.org/attachment/MjkxNA = =/073108% 20Supplement.pdf> accessed 3 September 2017

Apfelbaum B, 'Report Says New York Fed Didn't Cut Deals on AIG' *New York Times* (New York, 31 October 2011) <http://www.nytimes.com/2011/11/01/business/gao – says – new – york – fed – failed – to – push – aigconcessions.html? mcubz = 0> accessed 3 September 2017

Arora N, Ghandi P and Longstaff FA, 'Counterparty Credit Risk and the Credit Default Swap Market' (2012) 103 Journal of Financial Economics 280

Artamonov A, 'Cross – Border Application of OTC Derivatives Rules: Revisiting the Substituted Compliance Approach' (2015) 1 Journal of Financial Regulation 206

Balmer A, *Clearing OTC Derivatives: An Analysis of the Post – crisis Reform on System-*

ic Risk (Schulthess Juristische Medien 2017)

Bank of England, 'Financial Stability Report' (December 2010) 28 <http: //www. bankofengland. co. uk/publications/documents/fsr/2010/fsr full1012. pdf> accessed 3 September 2017

Baumann J, 'Der Siegeszug Des Soft Law' *SRF* (Bern, 27 August 2015) <http: //www. srf. ch/news/wirtschaft/der – siegeszug – des – soft – law> accessed 3 September 2017

BCBS, 'International Convergence of Capital Measurement and Capital Standards' (June 2006) <http: //www. bis. org/publ/bcbs128. htm> accessed 3 September 2017

BCBS and IOSCO, 'Margin Requirements for Non – centrally Cleared Derivatives' (March 2015) <http: //www. bis. org/bcbs/publ/d317. htm> accessed 3 September 2017

Berkshire Hathaway, '2002 Annual Report Berkshire Hathaway Inc.' (2003) <www. berkshirehathaway. com/2002ar/2002ar. pdf> accessed 3 September 2017

Bernanke BS, 'Clearing and Settlement during the Crash' (1990) 3 The Review of Financial Studies 133

BIS, 'OTC Derivatives: Settlement Procedures and Counterparty Risk Management' (September 1998) <http: //www. bis. org/cpmi/publ/d27. pdf> accessed 3 September 2017

BIS, 'International Banking and Financial Market Developments' (March 2016) <http: //www. bis. org/publ/qtrpdf/r _ qt1603. htm> accessed 3 September 2017

BIS, 'Global OTC Derivatives Market' (3 September 2017) <http: // stats. bis. org/statx/srs/table/d5. 1> accessed 3 September 2017

BlackRock, 'Roundtable on Recovery of Derivatives Clearing Organizations' (27 April 2015) <https: //www. blackrock. com/corporate/en – us/ literature/publication/cftc – recovery – of – derivatives – clearing – organizations042715. pdf> accessed 3 September 2017

Brown C and Hao C, 'Treating Uncertainty as Risk: The Credit Default Swap and the Paradox of Derivatives' (2012) 46 Journal of Economic Issues 303

Brundsen J and Barker A, 'Brussels Set for Power Grab on London's Euro – Clearing Market' *Financial Times* (London, 1 May 2017) <https: // www. ft. com/content/b2c842a6 – 2b64 – 11e7 – bc4b – 5528796fe35c> accessed 3 September 2017

Brunnermeier M and others, 'The Fundamental Principles of Financial Regulation' (June 2009) 11

Carney J, 'The Warning: Brooksley Born's Battle with Alan Greenspan, Robert Rubin And Larry Summers' *Business Insider* (New York, 21 October 2009) < http: // www. businessinsider. com/the – warningbrooksley – borns – battle – with – alan – greenspan – robert – rubin – and – larrysummers – 2009 – 10? IR = T > accessed 3 September 2017

Cecchetti SG, Gyntelberg J and Hollanders M, 'Central Counterparties for Over – the – Counter Derivatives' [2009] BIS Quarterly Review 45

CFTC, 'Derivatives Clearing Organisation' (3 September 2017) < http: // www. cftc. gov/IndustryOversight/ClearingOrganizations/index. htm > accessed 3 September 2017

Chamorro – Courtland C, 'The Trillion Dollar Question: Can a Central Bank Bail Out a Central Counterparty Clearing House Which Is "Too Big to Fail"?' (2012) 6 Brooklyn Journal of Corporate, Financial & Commercial Law 432

Clifford Chance and ISDA, 'Regulation of OTC Derivatives Markets: A Comparison of EU and US Initiatives' (September 2012) < www2. isda. org/attachment/NDc4Mw%3D%3D/CliffCh – ISDA%2520 reg%2520comparison%2520of%2520EU – US%2520initiatives%2520Sept %25202012. pd > accessed 3 September 2017

Coffee JCJ, 'Extraterritorial Financial Regulation: Why E. T. Can't Come Home' (2014) 99 Cornell Law Review 1259

Cont R and Kokholm T, 'Central Clearing of OTC Derivatives: Bilateral vs Multilateral Netting' (2012) < https: //papers. ssrn. com/sol3/papers. cfm? abstract _ id = 2233665 >

Contratto F, *Konzeptionelle Ansatze Zur Regulierung von Derivaten Im Schweizerischen Recht* (Schulthess Juristische Medien 2006)

Cooper AF and Bradford CIJ, 'The G20 and the Post – crisis Economic Order', CIGI G20 Papers No 3' (June 2010)

Counterparty Risk Management Policy Group II, 'Toward Greater Financial Stability: A Private Sector Perspective' (25 July 2005)

Cox R and Steigerwald R, 'Tensions at For – profit CCPs Could Put Them at Risk' *Risk Magazine* (New York, 18 February 2016) < http: //www. risk. net/risk/opinion/2447480/tensions – at – for – profit – ccps – could – put – themat – risk > accessed 3 September 2017

CPMI and IOSCO, 'Recovery of Financial Market Infrastructures' (October 2014)

< https://www. bis. org/cpmi/publ/d121. pdf > accessed 3 September 2017

CPSS, ' A Glossary of Terms Used in Payments and Settlement Systems' (March 2003) < www. bis. org/cpmi/publ/d00b. pdf > accessed 3 September 2017

CPSS and IOSCO, ' Principles for Financial Market Infrastructures' (April 2012) < http://www. bis. org/cpmi/publ/d101a. pdf > accessed 3 September 2017

Cusenza P and Abernethy R, ' Dodd – Frank and the Move to Clearing' [2010] Insight Magazine 22

Davis Polk, ' Dodd – Frank Progress Report' (19 July 2016) < https: // www. davispolk. com/files/2016 – dodd – frank – six – year – anniversary – report. pdf > accessed 3 September 2017

Dempster MAH, Medova EA and Roberts J, ' Regulating Complex Derivatives: Can the Opaque Be Made Transparent?' in Kern Alexander and Niamh Moloney (eds), *Law Reform and Financial Markets* (Edward Elgar 2011)

de Teran N, ' How the World's Largest Default Was Unravelled' *Financial News London* (London, 13 October 2008) < http: //www. efinancial news. com/story/2008 – 10 – 13/how – the – largest – default – was – unravelled > accessed 3 September 2017

Dizard J, ' The next Financial Crisis: I Told You so, and It Wasn't My Fault' *Financial Times* (London, 1 May 2015) < http: //www. ft. com/intl/ cms/s/0/b40fb70e – effa – 11e4 – bb88 – 00144feab7de. html#axzz3zfz1zo5c > accessed 3 September 2017

Do Q – T, ' Asymmetric Information' (September 2003) < http: // siteresources. worldbank. org/DEC/Resources/84797 – 1114437274304/ Asymmetric _Info _Sep2003. pdf > accessed 3 September 2017

Domanski D, Gambacorta L and Picillo C, ' Central Clearing: Trends and Current Issues' [2015] BIS Quarterly Review 59

Dombrovskis V, ' Speech by Vice – President Dombrovskis on EMIR REFIT' (Brussels, 4 May 2017) < http: //europa. eu/rapid/press – release _ SPEECH – 17 – 1225 _ en. htm > accessed 3 September 2017

Dowd K, ' Moral Hazard and the Financial Crisis' (2009) 29 Cato Journal 141

Duffie D and Zhu H, ' Does a Central Clearing Counterparty Reduce Counterparty Risk?' (2011) 1 The Review of Asset Pricing Studies 74

Durbin M, *All About Derivatives* (2nd ed, McGraw – Hill Education 2010) Eidgenossisches Finanzdepartement, ' Erläuterungsbericht Zur Verordnung Über Die Finanzmarktinfrastrukturen Und Das Markverhalten Im Effekten – Und Derivatehandel (Finanzmarktinfrastrukturverordnung, FinfraV)' (20 August 2015)

ESMA, 'Report on Trends, Risks, and Vulnerabilities' (February 2013) 1 <https: //www. esma. europa. eu/sites/default/files/library/2015/11/2013212 _ trends _ risks _ vulnerabilities. pdf > accessed 3 September 2017

ESMA, 'Letter to Commissioner Barnier Re: Classification of Financial Instruments as Derivatives' (14 February 2014) < https: //www. esma. europa. eu/sites/default/files/library/2015/11/2014 – 184 _ letter _ to _ commissioner _ barnier _ – _ classification _ of _ financal _ instruments. pdf > accessed 3 September 2017

ESMA, 'ESMA Resumes US CCP Recognition Process Following EU – US Agreement' (10 February 2016) Press Release < https: //www. esma. europa. eu/press – news/esma – news/esma – resumes – us – ccp – recognitionprocess – following – eu – us – agreement > accessed 3 September 2017

ESMA, 'EU – Wide CCP Stress Test 2015' (16 April 2016) < https: //www. esma. europa. eu/sites/default/files/library/2016 – 658 _ ccp _ stress _ test _ report _ 2015. pdf > accessed 3 September 2017

ESMA, 'ESMA and CFTC to Cooperate on CCPs' (6 June 2016) Press Release < https: //www. esma. europa. eu/press – news/esma – news/esma – andcftc – cooperate – ccps > accessed 3 September 2017

ESMA, 'About ESMA' (3 September 2017) < https: //www. esma. europa. eu/about – esma/who – we – are > accessed 3 September 2017

ESMA, 'Central Counterparties' (3 September 2017) < https: //www. esma. europa. eu/policy – rules/post – trading/central – counterparties > accessed 3 September 2017

ESMA, 'Central Counterparties and Trade Repositories' (3 September 2017) < https: //www. esma. europa. eu/regulation/post – trading/centralcounterparties – ccps > accessed 3 September 2017

ESMA, 'OTC Derivatives and Clearing Obligation' (3 September 2017) < https: //www. esma. europa. eu/regulation/post – trading/otc – derivativesand – clearing – obligation > accessed 3 September 2017

EuroCCP, 'Clearing & CCP's' (*Perspectives*, 3 September 2017) < https: // euroccp. com/qa/clearing – ccp's > accessed 3 September 2017

European Central Bank, 'Financial Stability and Macro – prudential Policy' (3 September 2017） < https：//www. ecb. europa. eu/ecb/tasks/stability/ html/index. en. html > accessed 3 September 2017

European Central Bank，'Macro – prudential Policy Strategy'（3 September 2017）< https://www. ecb. europa. eu/ecb/tasks/stability/strategy/html/index. en. html > accessed 3 September 2017

European Commission，'Financial Transaction Tax：Making the Financial Sector Pay Its Fair Share'（28 September 2011）Press Release < http：// europa. eu/rapid/press – release _ IP – 11 – 1085 _ en. htm? locale = en > accessed 3 September 2017

European Commission，'Consultation on a Possible Framework for the Recovery and Resolution of Financial Institutions Other than Banks'（5 October 2012） < ec. europa. eu/finance/consultations/2012/nonbanks/ docs/consultation – document _ en. pdf > accessed 3 September 2017

European Commission，'EMIR Review，Public Consultation，2015 Summary of Contributions'（11 September 2015） < http：//ec. europa. eu/ finance/ consultations/2015/emir – revision/docs/summary – of – responses _ en. pdf > accessed 3 September 2017

European Commission，'European Commission and the United States Commodity Futures Commission：Common Approach for Transatlantic CCPs'（10 February 2016）Press Release < http：//europa. eu/rapid/pressrelease _ IP – 16 – 281 _ en. htm > accessed 3 September 2017

European Commission，'Inception Impact Assessment EMIR Amendment'（21 November 2016） < http：//ec. europa. eu/smart – regulation/ roadmaps/docs/ 2016 _ fisma _ 004 _ emir _ amendment _ en. pdf > accessed 3 September 2017

European Commission，'Questions and Answers on the Proposal to Amend the European Market Infrastructure Regulation（EMIR）'（4 May 2017）Press Release < http：//europa. eu/rapid/press – release _ MEMO – 17 – 1145 _ en. htm? locale = en > accessed 3 September 2017

European Commission，'European Deposit Insurance Scheme'（3 September 2017）< https://ec. europa. eu/info/business – economy – euro/ banking – and – finance/banking – union/european – deposit – insurance – scheme _ en > accessed 3 September 2017

European Commission，'Functional Definition of a Central Counterparty Clearing House（CCP）'（3 September 2017） < http：//ec. europa. eu/ internal _ market/financial – markets/docs/clearing/2004 – consultation/eachannex3 _ en. pdf > accessed 3 September

2017

European Commission, 'Communication from the Commission to the European Parliament, the Council and the European Central Bank, Responding to Challenges for Critical Financial Market Infrastructures and Further Developing the Capital Markets Union' COM (2017) 225 final

European Commission, 'Proposal for a Regulation of the European Parliament and of the Council Amending Regulation (EU) No 648/ 2012 as Regards the Clearing Obligation, the Suspension of the Clearing Obligation, the Reporting Requirements, the Risk – Mitigation Techniques for OTC Derivatives Contracts Not Cleared by a Central Counterparty, the Registration and Supervision of Trade Repositories and the Requirements for Trade Repositories, COM (2017) 208 Final' <http: //eur – lex. europa. eu/resource. html? uri = cellar: b12bb02d – 30ba – 11e7 – 9412 – 01aa75ed71a1. 0001. 02/DOC _ 1&format = PDF> accessed 3 September 2017

European Commission, 'Proposal for a Regulation of the European Parliament and of the Council on a Framework for the Recovery and Resolution of Central Counterparties and Amending Regulations (EU) No 1095/2010, (EU) No 648/2012, and (EU) 2015/ 2365, Brussels 28. 11. 2016, COM (2016) 856 Final' <https: //ec. europa. eu/transparency/ regdoc/rep/1/2016/EN/COM – 2016 – 856 – F1 – EN – MAIN. PDF> accessed 3 September 2017

European Commission, 'Report from the Commission to the European Parliament and the Council under Article 85 (1) of Regulation (EU) No 648/2012 of the European Parliament and of the Council of 4 July 2012 on OTC Derivatives, Central Counterparties and Trade Repositories' COM (2016) 857 final

Eversheds Sutherland, 'MiFID II and the Trading and Reporting of Derivatives: Implications for the Buy – Side' (23 September 2014) <http: //www. eversheds. com/global/ en/what/articles/index. page7Article ID = en/Financial _ institutions/MiFID _ II _ and _ the _ trading _ and _ reporting _ of _ derivatives> accessed 3 September 2017

FASB, 'News Release 04/09/09' (9 April 2009) Press Release < www. fasb. org/ news/nr040909. shtml> accessed 3 September 2017

Feder NM, 'Deconstructing Over – the – Counter Derivatives' (2002) 2002 Columbia Business Law Review 677

Federal Reserve Bank of New York, 'OTC Derivatives Supervisors Group' (3 September 2017） < https：//www. newyorkfed. org/markets/otc _ derivatives _ supervisors _ group. html#tabs – 1 > accessed 3 September 2017

FSB，‘Implementing OTC Derivatives Market Reforms’（25 October2010） < http://www. fsb. org/wp – content/uploads/r _ 101025. pdf > accessed 3 September 2017

FSB，‘Key Attributes of Effective Resolution Regimes for Financial Institutions’（15 October 2014） < www. fsb. org/wp – content/uploads/r _ 141015. pdf > accessed 3 September 2017

FSB，‘OTC Derivatives Market Reforms：Tenth Progress Report on Implementation’（4 November 2015） < http：//www. fsb. org/wp – content/ uploads/OTC – Derivatives – 10th – Progress – Report. pdf > accessed 3 September 2017

FSB，‘OTC Derivatives Market Reforms：Twelfth Progress Report on Implementation’（29 June 2017） < http：//www. fsb. org/wp – content/ uploads/P290617 – 2. pdf > accessed 3 September 2017

FSB，‘Review of OTC Derivative Market Reforms：Effectiveness and Broader Effects of the Reforms’（29 June 2017） < http：//www. fsb. org/ wp – content/uploads/P290617 – 1. pdf > accessed 3 September 2017

FSB，‘Addressing SIFIs’（3 September 2017） < http：//www. fsb. org/ what – we – do/policy – development/systematically – important – financialinstitutions – sifis/ > accessed 3 September 2017

FSB，‘Making Derivatives Markets Safer’（3 September 2017） < http：// www. fsb. org/what – we – do/policy – development/otc – derivatives/ > accessed 3 September 2017

G10，‘Consolidation in the Financial Sector’（January 2001） < www. bis. org/publ/ gten05. pdf > accessed 3 September 2017

G20，‘Declaration of the Summit on Financial Markets and the World Economy’（15 November 2008） < http：//www. g20. utoronto. ca/2008/ 2008declaration1115. html > accessed 3 September 2017

G20，‘G20 Leaders Statement：The Pittsburgh Summit’（25 September 2009） < http：// www. g20. utoronto. ca/2009/2009communique0925. html > accessed 3 September 2017

G20，‘Cannes Summit Final Declaration – Building Our Common Future：Renewed Collective Action for the Benefit of All’（4 November2011） < www. g20. utoronto. ca/summits/2011cannes. html > accessed 3 September 2017

Gara A，‘With a Stroke of the Pen，Donald Trump Will Wave Goodbye to Dodd –

Frank – Act' *Forbes* (New York, 3 February 2017) <https://www.forbes.com/sites/antoinegara/2017/02/03/with – a – stroke – of – the – pen – donald – trump – will – wave – goodbye – to – the – dodd – frank – act/#52e8a55c1148>

Giancarlo CJ, 'The Looming Cross – Atlantic Derivatives Trade War: "A Return to Smoot – Hawley"' (The Global Forum for Derivatives Markets, 35th Annual Burgenstock Conference, Geneva, September 2014)

Graber PM, 'The Collapse of the Bretton Woods System' in Michael D Bodo and Barry Eichengreen (eds), *A Retrospective on the Bretton Woods System: Lessons for International Monetary Reform* (University of Chicago Press 1993)

Grunewald SN, *The Resolution of Cross – border Banking Crisis in the European Union* (Kluwer Law International 2014)

Haene P and Sturm A, 'Optimal Central Counterparty Risk Management' (June 2009) 8

Haldane AG and Madouros V, 'The Dog and the Frisbee' (Federal Reserve Bank of Kansas City's 366th Economic Policy Symposium 'The Changing Policy Landscape', Jackson Hole WY, 31 August 2012) Heist O, 'Schwellenwertberechnung Und Hedging' in Rüdiger Wilhelmi and others (eds), *Handbuch EMIR* (Erich Schmidt Verlag 2016)

Hemmelgarn T and others, 'Financial Transaction Taxes in the European Union' (January 2016) No 62 – 2015 <http://ec.europa.eu/taxation_customs/resources/documents/taxation/gen_info/economic_analysis/tax_papers/taxation_paper_62.pdf> accessed 3 September 2017

Hermans L, McGoldrick P and Schmiedel H, 'Central Counterparties and Systemic Risk' (November 2013) 6

Hong Kong Securities Review Committee, 'The Operation and Regulation of the Hong Kong Securities Industry' (27 May 1988) Report of the Hong Kong Securities Review Committee <http://www.fstb.gov.hk/fsb/ppr/report/doc/DAVISON_E.PDF> accessed 3 September 2017

Huertas M, 'ISDA 2013 EMIR Portfolio Reconciliation, Dispute Resolution and Disclosure Protocol (the ISDA PortRec Protocol) and Other EMIR Relevant ISDA Documentation Solutions' in Rüdiger Wilhelmi and others (eds), *Handbuch EMIR* (Erich Schmidt Verlag 2016)

Hull JC, *Options, Futures and Other Derivatives* (6th ed, Pearson 2006) Hunt A and Wheeler B, 'Brexit: All You Need to Know about the UK Leaving the EU, BBC News'

BBC News (London, 13 July 2017) < http: //www. bbc. com/news/uk – politics – 32810887 > accessed 24 July 2017

ICMA, ‘What Does a CCP Do? What Are the Pros and Cons?’ (3 September 2017) < http: //www. icmagroup. org/Regulatory – Policy – and – Market – Practice/short – term – markets/Repo – Markets/frequently – asked – questions – on – repo/27 – what – does – a – ccp – do – what – are – the – pros – and – cons/ > accessed 3 September 2017

IMF, ‘Making Over – the – Counter Derivatives Safer: The Role of Central Counterparties’ in IMF (ed.), *Global Financial Stability Report April* 2010: *Meeting New Challenges to Stability and Building a Safer System* (IMF 2010)

IMF, ‘United States Financial Sector Assessment Program: Review of The Key Attributes of Effective Resolution Regimes for the Banking and Insurance Sectors – Technical Note’ (July 2015) IMF Country Report No 15/171 < https: //www. imf. org/external/pubs/ft/scr/2015/ cr15171. pdf > accessed 3 September 2017

IMF, ‘The End of Bretton Woods System (1972 – 81)’ (3 September 2017) < https: //www. imf. org/external/about/histend. htm > accessed 3 September 2017

International Law Association, ‘Draft July 2016, Johannesburg Conference’, *Twelfth Report* (2016) < on file with author >

Internet Encyclopedia of Philosophy, ‘Thales of Miletus (c 620 BCE c 546 BCE)’ (3 September 2017) < http: //www. iep. utm. edu/thales/ # H14 > accessed 3 September 2017

IOSCO, ‘Requirements for Mandatory Clearing’ (February 2012) < https: //www. iosco. org/library/pubdocs/pdf/IOSCOPD374. pdf > accessed 3 September 2017

IOSCO, ‘Risk Mitigation Standards for Non – centrally Cleared OTC Derivatives’ (28 January 2015) < https: //www. iosco. org/library/pubdocs/ pdf/IOSCOPD469. pdf > accessed 3 September 2017

ISDA, ‘Statement Regarding June 9 Meeting on Over – the – Counter Derivatives’ (9 June 2008) Press Release < https: //www2. isda. org/ attachment/MjE2Mg = =/ ma080609. html > accessed 3 September 2017

ISDA, ‘New York Fed Welcomes Expanded Industry Commitments on Over – the – Counter Derivatives’ (31 July 2008) Press Release < https: // www2. isda. org/attachment/MjE1OQ = =/an080731. html > accessed 3 September 2017

ISDA, ‘Credit Derivatives Determinations Committees and Auction Settlement CDS Protocol 2009' (12 March 2009) <http: //www. isda. org/ bigbangprot/docs/Big – Bang – Protocol. pdf> accessed 3 September 2017

ISDA, 'ISDA 2013, EMIR Portfolio Reconciliation, Dispute Resolution and Disclosure Protocol' (19 July 2013) <http: //www2. isda. org/ functional – areas/protocol – management/protocol/15> accessed 3 September 2017

ISDA, 'Cross – Border Fragmentation of Global OTC Derivatives: An Empirical Analysis' (January 2014) ISDA Research Note <http: //www2. isda. org/search? headerSearch = 1&keyword = cross + border + fragmentation> accessed 3 September 2017

ISDA, 'ISDA 2016 Variation Margin Protocol' (16 August 2016) <http: // www2. isda. org/functional – areas/wgmr – implementation/isda – 2016 – variationmargin – protocol/> accessed 3 September 2017

ISDA, 'Big Bang Protocol – Frequently Asked Questions' (3 September 2017) <http: //www. isda. org/bigbangprot/bbprot _ faq. html#sf9> accessed 3 September 2017

ISDA, 'European Market Infrastructure Regulation (EMIR) Implementation Initiatives' (3 September 2017) <http: //www2. isda. org/emir/> accessed 3 September 2017

ISDA, 'ISDA Focus: Dodd – Frank' (3 September 2017) <https: //www2. isda. org/dodd – frank/> accessed 3 September 2017

ISDA, 'Product Description and Frequently Asked Questions' (3 September 2017) <http: //www. isda. org/educat/faqs. html#1> accessed 3 September 2017

Jackson HE, 'Substituted Compliance: The Emergence, Challenges, and Evolution of a New Regulatory Paradigm' (2015) 1 Journal of Financial Regulation 169

Jones L, 'Current Issues Affecting the OTC Derivatives Market and Its Importance to London' (April 2009) <http: //bourse – consult. com/wpcontent/uploads/2014/03/OTCDerivativesReportv21. pdf> accessed 3 September 2017

Krantz T, 'Comment: Risks Remain in G20 Clearing Plan' *Financial Times* (London, 29 January 2014) <http: //www. ft. com/cms/s/0/ 60c82dec – 8827 – 11e3 – a926 – 00144feab7de. html#axzz3wHmPGGCh> accessed 3 September 2017

Kress JC, 'Credit Default Swaps, Clearinghouses and Systemic Risk: Why Centralized Counterparties Must Have Access to Central Bank Liquidity' (2011) 48 Harvard Journal on Legislation 49

Kroszner RS, 'Can the Financial Markets Privately Regulate Risk?' (1999) 31 Journal of Money, Credit, and Banking 596

Kroszner RS, ‘Central Counterparty Clearing: History, Innovation and Regulation’ (European Central Bank and Federal Reserve Bank of Chicago Joint Conference on Issues Related to Central Counterparty Clearing, Frankfurt, 3 April 2006)

Kunschke D, ‘EMIR Im Kontext Des Europaischen Aufsichtssystems’ in Rüdiger Wilhelmi and others (eds), *Handbuch EMIR* (Erich Schmidt Verlag 2016)

Kunschke D and Schaffelhuber K, ‘Die OTC – Derivate Im Sinne Der EMIR Sowie Bestimmungen Der Relevanten Parteien – Eine Juristische Analyse’ in Rüdiger Wilhelmi and others (eds), *Handbuch EMIR* (Erich Schmidt Verlag 2016)

Lamfalussy A and others, ‘Final Report of the Committee of Wise Men on the Regulation of the European Securities Market’ (15 February 2001) <http://ec. europa. eu/internal _ market/securities/docs/lamfalussy/ wisemen/final – report – wise – men _ en. pdf> accessed 3 September 2017

LCH. Clearnet, ‘ $ 9 Trillion Lehman OTC Interest Rate Swap Default Successfully Resolved’ (8 October 2008) Press Release <http://www. lch. com: 8080/media _ centre/press _ releases/2008 – 10 – 08. asp> accessed 3 September 2017

LCH. Clearnet, ‘CCP Risk Management Recovery & Resolution’ (3 September 2017) <http://www. lch. com/documents/731485/762448/ccp risk – management _ whitepaper. pdf/4afc698a – 2538 – 4f5b – b7fa – b8ade2dd59 4a> accessed 3 September 2017

LCH. Clearnet, ‘LCH. Clearnet's Default History’ (3 September 2017) <http://www. lch. com/documents/515114/515811/LCH + Clearnet's + default + history + May – 13 _tcm6 – 63482. pdf/245cb035 – 5755 – 48bf – 83d3 – 2 3b283764e56> accessed 3 September 2017

LCH. Clearnet, ‘Managing the Lehman Brothers’ Default’ (3 September 2017) <http://www. lchclearnet. com: 8080/swaps/swapclear _ for _ clearing _ members/managing _ the _ lehman _ brothers _ default. asp> accessed 3 September 2017

Lenzner R, ‘Warren Buffett Predicts Major Financial Discontinuity Involving Too Big To Fail Banks, Derivatives’ *Forbes* (New York, 30 April 2014) <http://www. forbes. com/sites/robertlenzner/2014/04/30/ seking – shelter – warren – buffett – limits – receivables – from – major – banks/> accessed 3 September 2017

Lewis M, *The Big Short: Inside the Doomsday Machine* (Norton & Company 2011)

Mägerle J and Nellen T, ‘Interoperability between Central Counter – parties’ (August 2011) 12

Marjosola H, 'Missing Pieces in the Patchwork of EU Financial Stability Regime?' (2015) 52 Common Market Law Review 1491

Markham JW, 'Super Regulator: A Comparative Analysis of Securities and Derivatives Regulation in the United States, The United Kingdom, and Japan' (2003) 28 The Brook Journal of International Law 356

Miller RS and Ruane KA, 'Dodd - Frank Wall Street Reform and Consumer Protection Act: Title VII, Derivatives' (November 2012) Congressional Research Service R41298

Moser JT, 'Contracting Innovations and the Evolution of Clearing and Settlement Methods at Futures Exchanges' (1998) 26

North D, Baer N and Plotnick D, 'The Regulation of OTC Derivatives in the United States of America' in Rüdiger Wilhelmi and others (eds), *Handbuch EMIR* (Erich Schmidt Verlag 2016)

Papathanassiou C, 'Central Counterparties and Derivatives' in Kern Alexander and Rahul Dhumale (eds), *Research Handbook on International Financial Regulation* (Edward Elgar 2012)

Pirrong C, 'The Economics of Clearing in Derivatives Markets Netting, Asymmetric Information and the Sharing of Default Risks Through a Central Counterparty' (January 2009) <https://papers.ssrn.com/sol3/papers.cfm?abstract-id=1340660>

Pirrong C, 'The Inefficiency of Clearing Mandates' (2010) 665 Cato Journal <https://object.cato.org/pubs/pas/PA665.pdf>

Pirrong C, 'The Economics of Central Clearing: Theory and Practice' (May 2011) 1

Pistor K, 'A Legal Theory of Finance' (May 2013) 315 - 330

Pozen RC, 'What Will Happen to Dodd - Frank under Trump's Executive Order?' (9 March 2017) <https://www.brookings.edu/blog/up-front/2017/02/06/what-will-happen-to-dodd-frank-under-trumps-executiveorder/> accessed 9 March 2017

Quaglia L, *The EU and Global Financial Regulation* (Oxford University Press 2014)

Quarry J and others, 'OTC Derivatives Clearing: Perspectives on the Regulatory Landscaper and Considerations for Policymakers' (31 May 2012) <http://www.oliverwyman.com/content/dam/oliver-wyman/global/en/files/archive/2012/OTC_Derivatives_Clearing.pdf> accessed 3 September 2017

Rauterberg GV and Verstain A, 'Assessing Transnational Private Regulation of the OTC Derivatives Market: ISDA, the BBA, and the Future of Financial Reform' (2013) 54

Virginia Journal of International Law 9

Redeke J, 'Corporate Governance von CCP' in Rüdiger Wilhelmi and others (eds), *Handbuch EMIR* (Erich Schmidt Verlag 2016)

Redeke J and Achtelik O, 'Zulassung Und Anerkennung von CCPs' in Rüdiger Wilhelmi and others (eds), *Handbuch EMIR* (Erich Schmidt Verlag 2016)

Rennison J and Stafford P, 'U. S. Derivatives Market Anticipates Modest Dodd – Frank Changes' *Financial Times* (London, 3 February 2017) < U. S. Derivatives Market anticipates modest Dodd – Frank changes > accessed 9 March 2017

Roig – Franzia M, 'Brooksley Born: The Cassandra of the Derivatives Crisis' *Washington Post* (Washington, DC, 26 May 2009) <http: // www. washingtonpost. com/wp – dyn/content/article/2009/05/25/AR2009 052502108. html > accessed 3 September 2017

Saguato P, 'The Ownership of Clearinghouses: When "Skin in the Game" Is Not Enough, the Remutualization of Clearinghouses' (2017) 34 Yale Journal 601

Schinasi G J, 'Defining Financial Stability' (October 2004) IMF Working Paper 04

Shearman & Sterling, 'Proposed US and EU Derivatives Regulations: How They Compare' (10 November 2010) < http: //www. shearman. com/ ~ /media/files/newsinsights/publications/2010/11/proposed – us – and – euderivatives – regulations – how – _/files/view – full – memo – proposed – us – and – eu – derivatives – re _/fileal. l. achment/fia111010proposedusandeuderivativesregulations. pdf > accessed 3 September 2017

Shearman & Sterling, 'EU – US Agreement on Regulation of Central Counterparties' (16 February 2016) < http: //www. shearman. com/ ~ / media/Files/NewsInsights/Publications/2016/02/EUUS – Agreement – OnRegulation – Of – Central – Counterparties – FIAFR – 021616. pdf > accessed 3 September 2017

Shearman & Sterling, 'Update on Third Country Equivalence Under EMIR' (17 March 2016) < http: //www. shearman. com/ ~ /media/Files/ NewsInsights/Publications/2016/03/Update – on – Third – Country – EquivalenceUnder – EMIR – FIAFR – 031716. pdf > accessed 3 September 2017

SIFMA, 'Volcker Rule Resource Center' (3 September 2017) < http: // www2. sifma. org/volcker – rule/ > accessed 3 September 2017

Sigmundt C, 'Die Wohlverhaltensregeln Der EMIR' in Rüdiger Wilhelmi and others (eds), *Handbuch EMIR* (Erich Schmidt Verlag 2016)

Sigmundt C, 'Interoperabilität Zwischen CCPs' in Rüdiger Wilhelmi and others

(*eds*), *Handbuch EMIR* (Erich Schmidt Verlag 2016)

Sigmundt C, 'Sachverhalte Mit Drittstaatberührung' in Rüdiger Wilhelmi and others (eds), *Handbuch EMIR* (Erich Schmidt Verlag 2016)

Singh M, 'Collateral Netting and Systemic Risk in the OTC Derivatives Market' (April 2010) 99

Singh M, 'Under – collateralisation and Rehypothecation in the OTC Derivatives Market' (2010) 14 Financial Stability Review 113

Singh M, 'Velocity of Pledged Collateral: Analysis and Implications' (November 2011) 256

SIX x – clear and LCH. Clearnet, 'Link Agreement Summary between LCH. Clearnet Ltd. and SIX x – Clear AG' (3 September 2017) < https: // www. six – securities – services. com/dam/downloads/clearing/about – us/inter operability/clr – x – clear – lchcearnet – link – agreement – en. pdf > accessed 3 September 2017

Stout LA, 'Legal Origin of the 2008 Financial Crisis' (2011) 1 Harvard Business Law Review 1

Straathof B and Calió P, 'Currency Derivatives and the Disconnection between Exchange Rate Volatility and International Trade' (February 2012) 203

Strupczewski J, 'European Commission Unveils Scheme for EU Deposit Guarantees' *Reuters* (London, 24 November 2015) < http: //www. reuters. com/article/eu – banks – deposits – guarantee – idUSL8N13J2DC20151124 > accessed 3 September 2017

The de Larosière Group, 'The High – level Group on Financial Supervision in the EU Report' (25 February 2009) < http: //ec. europa. eu/internal _ market/finances/docs/de _Larosière _ report _ en. pdf > accessed 3 September 2017

The Financial Crisis Inquiry Commission, 'The Financial Crisis Inquiry Report' (January 2011)

Tracy R, 'Volcker Bank – risk Rule Set to Start with Little Fanfare' *The Wall Street Journal* (New York, 21 July 2015) < http: //www. wsj. com/ articles/volcker – bank – risk – rule – set – to – start – with – little – fanfare – 14375170 61 > accessed 3 September 2017

Tucker P, 'Clearing Houses as System Risk Managers' (DTCC – CSFI Post Trade Fellowship Launch, London, 1 June 2011) < http: //www. bank ofengland. co. uk/archive/Documents/historicpubs/speeches/2011/speech 501. pdf > accessed 3 September

2017

Tucker P, ‘Are Clearing Houses the New Central Banks?’ (Over – the – counter Derivatives Symposium, Chicago, 11 April 2014)

Turing D, *Clearing and Settlement in Europe* (Bloomsbury Professional 2012)

University of Toronto, ‘G20 Members’ (3 September 2017) <http: // www. g20. utoronto. ca/members. html > accessed 3 September 2017

Weber RH and others, ‘Addressing Systemic Risk: Financial Regulatory Design’ (2014) 49 Texas International Law Journal 149

Wilhelmi R, ‘Regulierung in Drittstaaten Und Resultierende Friktionen’ in Rüdiger Wilhelmi and others (eds), *Handbuch EMIR* (Erich Schmidt Verlag 2016)

Wilhelmi R and Bluhm B, ‘Systemische Risiken Im Zusammenhang Mit OTC Derivaten’ in Rüdiger Wilhelmi and others (eds), *Handbuch EMIR* (Erich Schmidt Verlag 2016)

Wright D, ‘Markets in Financial Instruments Directive (MiFID)’ (MiFID – non – equities market transparency – Public hearing, Brussels, 11 September 2007) <http: // ec. europa. eu/internal _ market/securities/docs/ isd/ppp _ press _ conference _ en. pdf > accessed 3 September 2017

Yadav Y, ‘Clearinghouses in Complex Markets’ (2013) 101 Georgetown Law Journal 387

Yadav Y, ‘Clearinghouses and Regulation by Proxy’ (2014) 43 Georgia Journal of International and Comparative Law 161

Zeitz D, ‘Meldung an Transaktionsregister (Uberblick)’ in Rüdiger Wilhelmi and others (eds), *Handbuch EMIR* (Erich Schmidt Verlag 2016)

译后记

《金融衍生品监管：清算与中央对手方》是上海清算所中央对手清算译丛的又一译著，共包括8章。

本书由上海清算所组织翻译，翻译组成员包括王文琳（第1章、第2章）、林嘉琪（第3章、第4章）、刘旸（第5章、第6章）、林臻（第7章、第8章）。全书统稿工作由朱小川、蹇芮、徐浒、郁颖文负责。中国金融出版社给予了大力支持。

在各方的共同努力下，《金融衍生品监管：清算与中央对手方》终于与读者见面了。由于译者水平有限，书中难免出现疏漏，恳请读者批评指正。

本书翻译组

2024年11月